L

VIE

DE MGR DE SIMONY.

SOISSONS. — IMPRIMERIE DE EM. FOSSÉ DARCOSSE,
IMPRIMEUR DE L'ÉVÊCHÉ, RUE DES RATS, N° 10.

JULES FRANCQIS   DE SIMONY

Evèque   de Soissons.

Voyeux Solin, éditeur.

VIE
DE MGR DE SIMONY

ÉVÊQUE DE SOISSONS ET LAON,

PAR L'ABBÉ J.-M. PÉRONNE,
CHANOINE THÉOLOGAL,
PROFESSEUR D'ÉLOQUENCE SACRÉE ET D'ÉCRITURE SAINTE,
AU GRAND SÉMINAIRE DE SOISSONS.

> Primum placiditate mentis, et animi benignitate
> influamus in affectum hominum; popularis enim
> et grata est omnibus bonitas nihilque est quod
> tam facile illabatur humanis sensibus.
> S. AMBROS.

SOISSONS,
VOYEUX-SOLIN, LIBRAIRE-ÉDITEUR,
GRANDE RUE DU COMMERCE, 25.

1849.

A Monseigneur de GARSIGNIES,

Évêque de Soissons et Laon,

Doyen et premier suffragant de la province de Reims.

MONSEIGNEUR,

J'ai l'honneur d'offrir à Votre Grandeur le tableau de la vie et des vertus de Mgr de Simony, votre vénérable prédécesseur.

Vous avez été longtemps vous-même, Monseigneur, le témoin des vertus simples et douces de ce digne et pieux Pontife, dont le cœur était tout amour, et qui, comme son divin Maître, a passé sur la terre en faisant le bien et en soulageant toutes les douleurs.

Aussi sa mort vous le savez, Monseigneur, a été un sujet de deuil et de regrets universels, pour l'Episcopat dont il était le modèle, pour l'Eglise dont il fut la gloire et l'ornement, pour tout ce Diocèse dont il aimait à se dire le père bien plus que le chef.

C'est vous, Monseigneur, qui avez été choisi de Dieu pour nous consoler de cette perte immense ; c'est à vous que Mgr de Simony lui-même a voulu confier ce qu'il avait de plus cher, et donner, avec l'onction qui fait les Pontifes, son esprit de prudence et de conseil, sa sollicitude de pasteur et son cœur de père.

J'ose donc espérer, Monseigneur, que vous voudrez bien agréer ce faible essai destiné à perpétuer parmi nous le souvenir de ses vertus et les exemples de sa vie. C'est à la fois un dernier acte de piété filiale qu'un enfant bien-aimé consacre à la mémoire du plus tendre des pères, et un hommage des sentiments de respectueuse reconnaissance et de profonde vénération avec lesquels

Je suis,

Monseigneur,

De votre Grandeur,

Le très-humble et très-obéissant serviteur,

J.-M. PÉRONNE.

PRÉFACE.

En acceptant l'honorable et bien douce mission qui nous a été confiée de retracer la vie de Mgr de Simony, nous n'avons pu nous dissimuler les difficultés de cette entreprise. Mgr de Simony, par son éminente sainteté, par ses mœurs dignes des premiers siècles, par une piété angélique, une charité sans bornes, une prudence consommée, une humilité profonde, une douceur inaltérable, a été, sans contredit, une des gloires les plus pures de la Religion et de l'Episcopat. Toutefois, sa vie n'offre aucune de ces actions extraordinaires, aucun de ces traits mémorables, aucune de ces qualités brillantes qui ont le privilége d'attirer l'attention, et d'exciter l'admiration publique. C'est une vie admirable sans doute, mais c'est une vie toujours uniforme, toujours modeste et cachée, jusque dans la dignité la plus éminente de l'Eglise.

Nous avons cherché, cependant, à pénétrer dans le secret de cette vie intérieure, d'où nous pouvons dire aussi que vient à Mgr de Simony toute sa gloire, et quoique nous ayons été souvent arrêté par sa modestie qui lui a fait, non-seulement taire, mais détruire tout ce qui pouvait mettre sur la trace de ses vertus, des sources précieuses nous ont été ouvertes. Pour les faits antérieurs à son Episcopat, des notes de famille, quelques manuscrits, des lettres écrites dans l'abandon de l'amitié, et auxquelles, dans différentes circonstances de sa vie, Mgr de Simony a confié ses pensées les plus intimes, les souvenirs particuliers de quelques-uns de ses condisciples et amis, nous ont révélé une partie des trésors de grâce et de vertus dont son âme était ornée. Et ici, nous devons le proclamer hautement, il nous a été facile de remplir le devoir imposé à tout historien de dire exactement la vérité, sans altérer les faits, sans dissimuler les fautes et les faiblesses ; car dans cette vie toujours également vertueuse , il n'y a aucun aveu pénible à faire , aucun endroit faible à dissimuler ; tout y est noble, tout y est digne de la grandeur de l'homme et de la sainteté du chrétien.

Aussi n'avons-nous pas craint de puiser abondamment à des sources aussi pures, et de multiplier les extraits des écrits et des lettres de Mgr de Simony, puisqu'en l'absence des faits , c'était par ses écrits seuls qu'il pouvait être bien connu, et apparaître tel qu'il était véritablement. Nous nous sommes rappelé d'ailleurs que nous écrivions pour ses enfants la vie du meilleur des pères ; et nous avons espéré que leur tendresse filiale excuserait ce que les règles sévères de la narration ne pourraient pas toujours justifier.

Autant, du reste, nous avons été prodigue de citations , lorsqu'elles nous ont paru offrir quelqu'intérêt , autant nous avons été sobre de réflexions. Nous nous félicitons d'avoir pu écrire la vie presque toute entière de Mgr de Simony, d'après lui-même ; nous n'avons pas cherché

à y ajouter les ornements du langage ;
obligé de préférer la promptitude de l'œuvre à la perfection du style, nous n'am-
bitionnons d'autre mérite que celui d'avoir
recueilli et classé, avec une religieuse exactitude, les traits que les différents écrits
de Mgr de Simony nous ont offerts, et
les faits de sa vie qui nous ont été com-
muniqués.

La constante uniformité des actions qui
ont partagé la vie Episcopale de Mgr de
Simony ne nous a point permis de continuer à suivre, en les retraçant, un
ordre chronologique. Nous avons dû
réunir, sous trois ou quatre sections, les
faits les plus importants de son administration, comme aussi les actes de
vertu et les bonnes œuvres dont cette
partie de sa vie est pleine. Quelquefois
même, il a fallu nous borner à des appréciations générales, mais toujours certaines. Elles nous ont été fournies par
des Ecclésiastiques respectables qui ont
eu l'honneur d'approcher de plus près et
plus souvent Mgr de Simony, et qui,
sans pouvoir citer de faits particuliers,
nous ont garanti l'exactitude des impres-

sions générales qu'ils ont recueillies de leurs fréquents rapports avec lui.

Nous devons ici des remercîments à l'obligeante bienveillance de plusieurs de MM. les Ecclésiastiques du Diocèse, qui se sont empressés de mettre à notre disposition leurs souvenirs personnels, et les particularités édifiantes de la vie de Mgr de Simony qui étaient à leur connaissance. Nous regrettons que quelques autres de nos vénérables confrères ne nous aient pas transmis à temps des faits qu'ils regardaient comme indifférents ou comme trop particuliers ; ces faits, réunis à d'autres actions du même genre, eussent révélé avec plus d'éclat les éminentes qualités d'un humble et pieux Pontife qui a passé sur la terre en faisant le bien silencieusement, et en se cachant à lui-même, comme il cachait aux autres, la connaissance de ses bonnes œuvres et de ses vertus.

Soissons, le 15 août 1849.

FIN DE LA PRÉFACE.

VIE

DE MGR DE SIMONY.

<span style="text-align:center">~~~~~~</span>

CHAPITRE PREMIER.

ORIGINE, ANCIENNETÉ, ILLUSTRATION DE LA MAISON
DE SIMONY. — MONUMENTS DE SA RELIGION. —
ÉTABLISSEMENT DE CETTE MAISON EN FRANCE. —
VERTUS, PIÉTÉ DES PARENTS DE MGR DE SIMONY.

———

Nous croyons devoir commencer la vie de
Mgr de Simony, par faire connaître l'ancienneté
et l'illustration de ses ancêtres. Bien qu'on paraisse faire aujourd'hui bon marché des avantages
de la naissance, on nous permettra cependant de
dire d'un saint prélat, qui du reste n'a voulu tirer
son mérite que de ses bonnes œuvres et de ses
vertus, qu'il avait l'honneur de descendre d'une
ancienne et noble famille. Après tout, il n'y a ni
usage, ni coutume, ni décret, qui puissent faire
qu'on cesse de porter un nom recommandable
et historique.

Nous parlerons d'autant plus volontiers des
ancêtres de Mgr de Simony, que sa profonde
modestie, on le sait, lui a fait garder pendant

1

toute sa vie, le silence le plus absolu sur ces titres de gloire humaine. Personne ne fut moins infatué que lui des distinctions de la naissance, ni moins désireux de la considération qui pouvait lui en revenir. Ce n'est pas qu'il n'estimât ces distinctions, mais il ne pouvait souffrir qu'on les fît connaître ou sentir autrement que par une plus grande élévation de sentiments, et par une plus grande noblesse d'actions. Ainsi, pour n'en citer ici qu'un trait, lorsqu'il entra dans la maison de Sully, pour diriger l'éducation du jeune duc, on fut plusieurs années sans savoir qu'il était de famille noble, et on ne l'appelait pas autrement que M. Simony. C'est par le même principe, qu'en tête des maximes de conduite qu'il rappelait le plus souvent au jeune duc de Sully, il avait mis cette-belle pensée de Charron : « Ceux qui n'ont en soi rien de recommandable que cette noblesse de chair et de sang, la font fort valoir, l'ont toujours en bouche, en enflent les joues et le cœur.... mais c'est pure vanité, toute leur gloire vient par de chétifs instruments, *ab utero, conceptu, partu,* et est ensevelie sous le tombeau de leurs ancêtres. Comme les criminels poursuivis ont recours aux autels et sépulcres des morts, et anciennement aux statues des empereurs, ainsi ceux-ci destitués de tout mérite et sujet de vrai honneur ont recours à la mémoire et armoirie de leurs majeurs. Que sert à un aveugle que ses parents aient une bonne vue et à un bègue l'éloquence de son aïeul? »

La maison de Simony, originaire de la Toscane, est une de ces maisons de nom et d'armes qui se sont formées dans les temps anciens avec l'hérédité des fiefs et sont devenues célèbres par la valeur et les exploits militaires de leurs chefs. Les révolutions continuelles qui ont agité en tout sens les états d'Italie, le sac des villes et des châteaux ne permettent d'établir une filiation non interrompue dans cette famille qu'à commencer de la moitié du XIIIe siècle.

I. La ville de Sienne, seconde ville de la Toscane, et une de celles qui ont produit le plus de grands hommes en tout genre, fut selon toute apparence, le berceau de la famille de Simony et de la plupart de ses alliances. C'est dans une de ces guerres si fréquentes alors entre les petits états d'Italie, que nous voyons paraître le plus ancien représentant de cette maison, le chevalier Reynaud de Simony. En 1231, les villes de Florence, de Sienne, de Lucques et de Pistoja, quoique en guerre entre elles, étaient toutes réunies contre la ville de Pise, leur rivale. Le combat fut sanglant, et Reynaud de Simony y fut tué le premier jour d'août 1231. Son corps fut enterré dans la chapelle de St-Pierre qu'il avait fondée l'année précédente dans la vieille cathédrale de Sienne. On voit encore sa tombe dans cette église avec cette inscription :

HIC JACET REYNALDUS DE SIMONY EQUES
QUI HANC CAPELLAM FUNDAVIT ANNO 1230 OCCISUS
EST BELLO ANNO SALUTIS 1231 PRIMA AUGUSTI
REQUIESCAT IN PACE (1).

II. Il ne sera pas sans intérêt de remarquer que le monument le plus ancien que nous voyons érigé par la maison de Simony, est une chapelle consacrée au Prince des Apôtres, dans la cathédrale de Sienne; et le premier titre de cette famille, un acte de donation, par lequel Melitius de Simony, fils de Reynaud, donne à la même église une ferme ou métairie. Héritier de la pieuse magnificence de ses pères qu'il a même surpassée, Mgr de Simony pouvait dire en toute vérité, comme le grand Apôtre : « Dieu que ma famille a toujours servi et à qui je suis dédié par mes ancêtres. » *Deus cui servio a progenitoribus* (2). — II Tim. c. i. v. 3.

III. Hugues de Simony, fils de Melitius, épousa

_____

(1) Ci-gît Reynaud de Simony, chevalier, qui fonda cette chapelle, l'an 1230, et fut tué à la guerre, l'an de salut 1231, le premier jour d'Août. Qu'il repose en paix.

(2) Cet acte de donation est un parchemin écrit en latin revêtu d'un scel et contre-scel en cire rouge. Sur le scel est un chevalier, la lance en arrêt, armé de toutes pièces et monté sur un palefroi bardé; le scel est pendant à un cordon de soie bleu et rouge, couleur de l'écu de la famille de Simony, qui était primitivement, en termes de blason, partie de gueules et d'azur. Ces armes se voient encore sur la tombe de Reynaud, sur le

en 1312 Clara Politi, d'une noble famille de la ville de Sienne d'où est sorti Ambroise Politi, qui après avoir enseigné le droit pendant trente ans sous le nom de Lancelot Politi, prit celui de Catarin en devenant prêtre, parut avec éclat au Concile de Trente et mourut archevêque de Conza.

IV. Thiebaud de Simony jeta un nouveau lustre sur la maison de Simony, par son alliance

---

grand scel et contre-scel de l'acte de donation, et dans quatre endroits différents du vitrail de la chapelle de St-Pierre.

Le *Chirographum* est d'autant plus authentique qu'il est tiré d'un dépôt public et revêtu de toutes les formes requises. Le voici textuellement :

CHIROGRAPHUM.

Notum sit omnibus tam præsentibus quam futuris, quod ego Melitius de Simony, Eques, et uxor mea Eugenia Petrucio, filii mei, Hugo, Mattinus, Domicelli, et puella mea Felicia, concedimus et damus Ecclesiæ Sancti Petri Svenæ, domum seu villam de Franca, cum toto honore, sub expressa conditione quod quolibet anno vigiliæ defunctorum erunt decantatæ, prima die mensis septembris, pro animabus patris mei Reynaldi, genitricis meæ Prosperæ, pro me et uxore mea, pro filiis et filiabus meis. Hæc acta sunt in villa de Franca et data sub chirographo, die decima quinta calendis januarii, anno ub Incarnatione Domini MCCLXXXXII.

Qu'il soit connu à tous tant présents que futurs, que moi, Melitius de Simony, chevalier, et ma femme Eugénie Pétrucio, mes fils Hugues, Martin, Damoiseaux, et ma jeune fille Félicie, donnons et cédons à l'Eglise de St-Pierre de Sienne, notre maison ou métairie de Franca, avec tous les droits honorifiques, sous l'expresse condition que le premier jour du mois de Septembre de chaque année, on chantera les vigiles des morts pour les âmes de mon père Reynaud, de ma mère Prospère, de moi, de ma femme, de mes fils et fille.

Ces présentes lettres ont été faites à la métairie de Franca, et données sous le seing, le quinzième jour des calendes de janvier de l'an douze cent quatre vingt douze de l'Incarnation de Notre-Seigneur.

en 1347, avec Dona-Magdalena Picolomini, de cette illustre famille qui donna aux armées d'Italie de célèbres généraux, aux sciences d'habiles philosophes, à l'Eglise, deux évêques aussi savants que pieux, et deux papes : le célèbre Æneas Silvius, pape sous le nom de Pie II, et son neveu Pie III, tous deux petits-neveux de Magdeleine Picolomini.

V. André de Simony, fils de Thiebaud, fut gouverneur de la citadelle de Sienne en 1415. Son fils aîné, Pierre de Simony, lui succéda dans cette charge, et devint le chef de la branche aînée qui resta en Italie.

VI. François de Simony second fils d'André, vint s'établir en France, à la suite et comme chambellan de Jean II, duc de Lorraine, fils aîné de Réné, roi d'Anjou, lorsque ce prince, après d'inutiles efforts pour recouvrer le royaume de Naples, repassa en France l'an 1464. Nicolas d'Anjou, fils de Jean II, étant mort sans postérité, Réné II petit-fils du roi Réné par sa mère Yolande, hérita du duché de Lorraine, et continua sa confiance à François de Simony, qu'il avait en très-grande estime. A la fameuse bataille qui se livra devant Nancy, le 5 janvier 1477, et où Charles le Téméraire, duc de Bourgogne, fut tué et ses troupes défaites, François de Simony fut gravement blessé en combattant vaillamment aux côtés de Réné duc de Lorraine.

Sa bravoure, son mérite, et la charge qu'il exerçait le firent entrer dans une des premières familles de Bourgogne, par son mariage avec Guillemette de Taceponne de Vicanne. François de Simony devint ainsi le chef de la branche de Simony établie en France.

VII. Martin de Simony, son fils, épousa en 1494, Marguerite de Combles, qui lui apporta de grands biens; mais une des clauses rigoureuses du contrat de mariage fut que Martin de Simony et ses héritiers adopteraient à l'avenir les armes de la maison de Combles. Ces armes qui étaient celles de Mgr de Simony, portent: écartelé au premier quartier d'or; au deuxième de gueules, à une étoile d'or (Mgr portait à l'étoile d'*argent*); au troisième d'azur; au quatrième d'argent; à la croix de sinople brochant sur le tout.

VIII. — XV. Huit degrés ou générations séparent Martin de Simony de François de Simony, né en 1723, et père de Mgr de Simony. Pendant cet espace de temps cette famille, qui se partagea en plusieurs branches, contracta les alliances les plus honorables avec des maisons distinguées dans la noblesse et dans la magistrature. En 1626, nous voyons Claude de Simony, marié à une demoiselle de Monchette, tante maternelle de Bossuet, évêque de Meaux, et en 1684, Bossuet lui-même et son frère donner leur consentement, par acte notarié, au mariage de leur cousin germain, Bernard de Simony.

Cette illustration qui venait à la maison de Simony de son ancienneté, de ses services militaires, de ses dignités et de ses alliances n'était pas la seule qu'eût héritée François de Simony, seigneur de Broutières. Il tenait de ses ancêtres, et transmit à ses enfants un sentiment profond de cet honneur qui est la vie même du gentilhomme: un courage à toute épreuve, un désintéressement qui préférait la pauvreté à une bassesse, un amour de la vertu qui ne se démentit jamais. François de Simony, né en 1725, était le premier de onze enfants. Trois de ses frères, tous trois capitaines d'infanterie, furent tués dans différentes batailles; il entra lui même très-jeune au service du Roi comme lieutenant; son régiment ayant été réformé à la paix, il suivit, en qualité de page, le marquis de la Chétardie, ministre plénipotentiaire de France à la cour de Russie, près l'impératrice Catherine. De retour en France en 1743, il fut nommé lieutenant dans le régiment de Tournaisis, fit avec distinction les campagnes d'Italie, reçut un coup de feu à la jambe au siége de Tortone, et un à la tête au siége de Cazal. A la bataille de Plaisance, il défendit avec intrépidité le passage d'un ravin contre la cavalerie allemande, et reprit sur l'ennemi trois drapeaux. Il n'avait alors que vingt-cinq ans. Ces deux actions lui méritèrent les plus grands éloges de la part du maréchal de Maillebois, généralissime des troupes françaises, la croix de St-Louis, et et le brevet de capitaine avec une compagnie au même régiment de Tournaisis. Lors de la paix générale d'Aix la Chapelle (1748), il passa en Corse avec son régiment, dont le colonel le marquis de Cursay, était chargé de travailler avec le ministre de France à Gênes, à pacifier les troubles de cette île; il y resta jusqu'à la rentrée des troupes françaises, en 1754.

En 1755, il obtint la place d'aide-major de la place de Toulon, grade qui venait immédiatement après celui de gouverneur. Pendant trente ans qu'il en exerça les fonctions, M. de Simony jouit constamment de l'estime et de la confiance générale, et donna l'exemple de toutes les vertus. Malgré l'agitation et la licence des camps où il avait passé une grande partie de sa jeunesse, il avait su conserver la pratique de ses devoirs religieux; il en faisait hautement profession, sans s'inquiéter de ce qu'on en pourrait dire ou penser. Il disait, comme Turenne, qu'il ne craignait pas plus les phrases de ceux qui se conduisaient autrement que les boulets de canon. C'est à cette école de la religion et de l'honneur qu'il forma ceux de ses fils qu'il destinait comme lui au service du Roi. Deux d'entre eux : Louis-Marie et Louis-Victor de Simony, furent successivement enseignes, lieutenants, capitaines de vais-

seau, et moururent contre-amiraux. Un troisième,
Charles de Simony, lieutenant dans le régiment
de Royal-Louis, fut tué au combat du cap Brun,
près Toulon, le 15 octobre 1793, n'ayant encore
que dix-huit ans. Trois autres moururent en bas-
âge. Jules-François de Simony, dont nous écri-
vons la vie, fut le septième de douze enfants (1),
que M. de Simony eut de son union avec Marie-
Charlotte d'Astour, et celui que Dieu se réservait
dans cette famille vraiment patriarchale.

Cette vertueuse épouse, fille d'un capitaine des
vaisseaux du Roi, avait perdu sa mère dès ses
premières années. Son père ne pouvant veiller
lui-même sur son éducation, l'avait placée sous
la direction des religieuses de St-Sauveur de
Marseille, et recommandée à MM. de Sabran
et de Castillon, ses amis intimes. Elle se félicitait plus tard de ce qu'ayant été privée si jeune
des soins maternels, elle avait trouvé d'autres
mères dans les religieuses de Marseille, et une

---

(1) Les sœurs de Mgr de Simony, au nombre de cinq, furent Marie-Françoise de Simony, depuis Mme Estalle ; Made-
leine-Eugénie, Mme Durand ; Ursule-Victoire, Mme de Villers ; Mélanie-Louise, Mme de Roquefeuil, et Adélaïde. A
l'exception de cette dernière, morte très-jeune et de Mme de
Villers, morte en 1842, les autres sœurs de Mgr de Simony,
dont deux ses aînées, sont encore existantes. M. le comte Al-
phonse de Simony, fils du contre-amiral Louis-Victor de Simony, et marié à une de ses cousines, Melle Elisa de Villers,
est aujourd'hui le chef de cette branche de la maison de Simony, et le seul qui en porte le nom.

tendresse toute paternelle dans les hommes vertueux auxquels son père l'avait confiée. Mariée à l'âge de quinze ans à M. de Simony, elle ne se livra point aux plaisirs qu'une ville comme celle de Toulon, offrait à l'envi à une personne de son rang et de son âge. Elle avait toutes les qualités que le monde admire : de la beauté, de l'amabilité, de la bonté, tout cela joint à une instruction solide. Toutefois elle ne voulut paraître aux réunions, aux divertissements du monde que par convenance ou par obligation. Aussi avouait-elle par la suite à ses enfants, qu'elle croyait avoir conservé dans le monde la pureté de cœur qu'elle y avait apportée. Tous ses soins, toutes ses affections étaient concentrées dans sa nombreuse famille. « Uniquement occupée de ses devoirs de chrétienne, d'épouse et de mère, nous dit une de ses filles, c'était moins par ses paroles que par ses actions qu'elle nous instruisait, et jamais elle ne nous donnait un ordre pour nous faire remplir quelqu'un de nos devoirs, sans nous en donner en même temps l'exemple. »

CHAPITRE II.

PREMIÈRE ÉDUCATION DE MONSEIGNEUR DE SIMONY. — SA VOCATION A L'ÉTAT ECCLÉSIASTIQUE. — SON CARACTÈRE. — IL ENTRE AU COLLÉGE DES ORATORIENS DE TOULON; EXEMPLES QU'IL Y DONNE; SUCCÈS QU'IL Y OBTIENT; SA DOUCEUR ET SON AMABILITÉ; IL REÇOIT LA TONSURE CLÉRICALE. — OPINION QU'ON AVAIT DÈS-LORS DE SA PIÉTÉ.

Ce fut de ces vertueux parents que Mgr de Simony reçut avec la vie les germes de religion, de piété, de douceur et de bonté, dont l'Eglise devait un jour recueillir les fruits. Il naquit à Toulon, le 29 du mois de juillet de l'année 1770, et fut baptisé dans l'église de Saint-Louis, sa paroisse. C'est en reconnaissance de la grâce du baptême et des premières instructions qu'il reçut dans cette église, que Mgr de Simony légua par son testament, à la cure de St-Louis, une rente perpétuelle de deux cents francs, pour être employée en œuvres de piété et de charité.

Dès ses plus jeunes années, il fut destiné à

l'état ecclésiastique, moins par la coutume qui régnait alors dans les nombreuses familles, que par la piété de ses parents jaloux de consacrer à Dieu dans la personne de cet enfant, les dons d'une excellente nature; mais sa vertueuse mère en le vouant, comme le jeune Samuël, au service des autels, eut grand soin de le rendre digne de cette vocation. Une éducation profondément chrétienne, une vigilance de tous les instants, les leçons de la piété sortant de la bouche d'une mère aimée de Dieu, furent pour cet enfant offert au Seigneur, la sauve-garde de la pureté de ses mœurs, et la première préparation au sacerdoce. Mgr de Simony se souvint avec bonheur, toute sa vie, de cette première éducation qu'il avait trouvée à l'ombre des exemples et sous l'empire des leçons de sa mère. Son cœur s'ouvrait aux souvenirs les plus doux, aux sentiments les plus tendres, quand on lui parlait de mères vertueuses et chrétiennes, qui, animées du zèle de la maison de Dieu, inclinaient doucement le cœur de leurs enfants vers le service des autels. Il les regardait comme ses plus puissants auxiliaires pour augmenter la tribu sainte. Il était plus porté à l'indulgence pour les défauts de leurs enfants, et il conseilla souvent aux directeurs de ses petits séminaires d'user d'une plus grande patience à leur égard, parce qu'il les regardait comme prédestinés au bien par les vertus et par la piété de leurs mères : « Attendez encore une année, disait-il, il est impossible que la bonne semence de la première éducation ne produise pas enfin quelque fruit dans leur cœur. »

Grâce aux soins intelligents de cette pieuse mère, Jules de Simony justifia de bonne heure une vocation qui semblait lui avoir été imposée dès le berceau. Il eut tous les goûts de l'état ecclésiastique avant même d'avoir pu sentir que Dieu l'y appelait. On remarquait dès lors en lui une modestie, une dignité, une fermeté qui lui étaient comme naturelles, et qui ne sont ordinairement le fruit que de longues années. Ces qualités, toutes précieuses qu'elles étaient, eussent pu dégénérer facilement en hauteur et en ténacité, et il avouait, par la suite, qu'il lui avait fallu de grands et continuels efforts pour modérer la pente qui l'entraînait vers ces défauts. Heureusement Dieu lui avait donné un esprit droit, un cœur doux et tendre qui le rendaient docile aux leçons et aux reproches de l'amitié.

Il avait à peine sept ans, lorsque ses parents confièrent à des maîtres expérimentés le soin d'ouvrir son esprit aux premiers éléments des sciences, et de former son cœur à l'habitude des vertus chrétiennes. La ville de Toulon n'ayant pas de petit séminaire, Jules de Simony fut mis comme externe au collége de la ville, dirigé par les prêtres de l'Oratoire. Mme de Simony recommanda son fils, avec toute la sollicitude maternelle, aux Pères Simon et Garnier, l'un supérieur, l'autre préfet des études de cette maison. Elle leur fit connaître que sans vouloir se rendre aucunement l'arbitre de sa vocation, elle le croyait appelé à l'état ecclésiastique. Jules de Simony revenant tous les jours dans la maison paternelle, cette bonne mère s'estima heureuse de pouvoir ainsi lui continuer les soins vigilants, les sages leçons que lui inspirait sa tendre piété.

Nous n'avons pu recueillir que très-peu de détails sur les neuf ou dix ans pendant lesquels Jules de Simony fréquenta le collége de Toulon, où il fit ses premières études et ses humanités. Cependant nous devons aux souvenirs d'un prêtre respectable, son ancien condisciple au collége de Toulon, et aux notes de famille d'une de ses sœurs, quelques traits simples et touchants, où se révélaient, avant le temps, ces vertus qui devaient faire un jour l'honneur de l'épiscopat et l'édification de l'Eglise.

A peine sous la direction des prêtres de l'Oratoire, le jeune de Simony se fit remarquer par un caractère doux et toujours égal, par une parfaite régularité, par une piété tendre et constante. Les nombreux succès qu'il obtint dès le commencement et dans tout le cours de ses études furent moins, au jugement de ses maîtres, le fruit d'une imagination brillante, que d'un esprit juste, d'une grande rectitude de jugement, d'une conception pénétrante, et d'une forte application au travail. Ses condisciples lui pardonnaient volontiers ces succès parce que lui-même ne cherchait point à s'en prévaloir. Ils regardaient le jeune de Simony comme leur étant supérieur en tout, et ils se sentaient attirés vers lui par sa modestie, par sa douceur, par l'amabilité de son caractère. Comme preuve de cette douceur de caractère, qui lui gagnait déjà tous les cœurs, on nous permettra de citer un trait emprunté à son enfance. Jules de Simony accueillait tous ses petits amis avec une grande cordialité; au sortir du collége ils l'accompagnaient jusqu'à la maison paternelle, et lorsque la discrétion ou la timidité en retenaient quelques-uns, malgré leur désir, sur le seuil de la porte, ils le priaient en grâce de les prendre par la main pour les faire entrer à sa suite, en lui disant dans le langage et avec l'accent de la Provence : *Tirez-moi Monsieur l'abbé* (c'est le nom qu'il portait dès-lors), *tirez-moi Monsieur l'abbé;* certains qu'ils étaient d'être bien accueillis de la famille sous le patronage d'un si aimable introducteur.

Toutefois Jules de Simony avait une prédilection marquée pour la retraite, un attrait particulier pour la solitude, et il sacrifiait difficilement aux plaisirs de son âge les heures particulières qu'il destinait au recueillement et à la prière. Il fut tonsuré à l'âge de onze ans, le 17 avril 1781, par Mgr de Lascaris de Vintimille, évêque de Toulon. La réputation de vertu et de piété dont jouissait la famille de Simony, dans la ville de Toulon, le témoignage que les prêtres de l'Oratoire rendaient aux excellentes qualités de Jules de Simony, firent concevoir au sage prélat les plus douces espérances, et il présagea qu'une âme aussi prévenue des bénédictions du ciel, s'élèverait un jour à une éminente sainteté. Cette pieuse cérémonie, trop souvent sans résultat dans un âge si tendre, fit une profonde impression sur le cœur du jeune de Simony. Il prit au sérieux la promesse solennelle qu'il venait de faire à Dieu, et voulut toujours porter l'habit ecclésiastique comme souvenir continuel de sa séparation du monde et de sa consécration au service des autels. Il assistait, revêtu du surplis, à tous les offices de l'église de St-Louis où il édifiait tous les fidèles par son assiduité, par son zèle à remplir les saintes cérémonies, par la ferveur de sa piété et par une modestie toute angélique. On ne voyait qu'avec admiration ce jeune enfant, sur l'extérieur duquel l'innocence et la grâce semblaient avoir imprimé leurs traits les plus aimables. Une de ses sœurs dont nous parlerons bientôt, étant retournée en 1818 à Toulon, y retrouva encore vivantes, après tant d'agitations et de bouleversements, les impressions de piété que son frère avait produites

2*

dans son enfance, et elle se plaisait à le lui rappeler. M. de Simony dont le cœur fut toujours sans voile pour cette sœur, témoin d'ailleurs de l'innocence de ses premières années, lui répondit avec cet embarras d'une âme humble et pure dont le secret est découvert, et qui ne peut dissimuler les dons Dieu. « Il y a, disait-il, dans les impressions d'une enfance qui n'est pas gâtée, une innocence et une imprévoyance qui en rendent le sentiment tout pur, et d'une douceur qui, par la suite, ne se trouve plus guère qu'en s'élevant jusqu'au bon Dieu. Alors on me trouvait, dis-tu, la mine d'un saint. Hélas! je ne sais si j'en ai conservé la mine, mais je sais qu'il s'en manque étrangement que je ne le sois. Tes prières et celles de beaucoup de bonnes âmes qui s'intéressent à moi, me serviront à m'attirer un jugement de miséricorde, car sa justice me fait trembler. »

~~~~~~

CHAPITRE III.

ÉTAT DU DIOCÈSE DE TOULON EN 1786. — L'ABBÉ
DE SIMONY EST ENVOYÉ A PARIS POUR Y SUIVRE
LES COURS DE PHILOSOPHIE ET DE THÉOLOGIE. —
TENDRE ATTACHEMENT D'UNE DE SES SŒURS POUR
LUI. — LEUR CONSTANTE AMITIÉ ET LEUR COR-
RESPONDANCE. — MONSEIGNEUR CASTELLANE ET
L'ABBÉ DE SIMONY. — SÉMINAIRE DE ST-SULPICE.
— L'ABBÉ DE SIMONY ENTRE DANS LA COMMUNAUTÉ
DES CLERCS DE SAINT-SULPICE. — SES SUCCÈS EN
PHILOSOPHIE ET DANS LES SCIENCES POSITIVES. —
SA VERTU, SA PIÉTÉ. — SES DOUTES SUR SA VO-
CATION. — IL REÇOIT LES ORDRES MINEURS. —
ÉTROITE AMITIÉ QUI UNIT M. NAGOT A L'ABBÉ DE
SIMONY.

———

JULES DE SIMONY avait achevé sa rhétorique à
la fin de l'année 1786; ses parents furent quelque temps indécis sur le séminaire où ils l'en-
verraient faire son cours de philosophie et ses
études théologiques.

Le diocèse de Toulon n'avait plus de grand
séminaire depuis l'année 1762; Mgr Bonnin de

Chalucet, évêque de Toulon, qui par ses immenses libéralités, avait rebâti à neuf le palais épiscopal, agrandi l'hôpital général, donné une existence régulière à l'hospice des enfants trouvés, construit une nouvelle église paroissiale, décoré magnifiquement le portail de la cathédrale, avait encore trouvé le moyen de fonder à ses propres frais, en 1695, un grand séminaire dont il confia la direction aux prêtres de la compagnie de Jésus. Cet établissement dura jusqu'à la suppression des Jésuites, qui en furent les derniers directeurs. Le diocèse de Toulon, un des plus petits de l'Eglise de France, et qui ne comptait pas plus de vingt-quatre églises paroissiales, se trouvait alors dans la même position que plusieurs petits diocèses circonvoisins, qui ne pouvaient fournir assez de sujets pour former et entretenir un grand séminaire. Afin que ces petits diocèses ne fussent point entièrement privés de ressources, on avait établi à Toulouse le séminaire de St-Charles, distinct du grand séminaire, et qui était commun aux jeunes ecclésiastiques de plusieurs diocèses du Languedoc et de la Guyenne.

Cependant M. et Mme de Simony, résolurent d'envoyer leur fils au séminaire de St-Sulpice à Paris. Il leur en coûtait d'éloigner autant de la maison paternelle un enfant qui en faisait l'édification par sa piété et le charme par sa douceur.

C'était un premier sacrifice que Dieu leur demandait, et qui devait être suivi de bien d'autres; la pensée que cet enfant ne leur appartenait plus, mais à l'Eglise, et les instances d'un ami qui promit de veiller sur lui avec toute la tendresse d'un père, achevèrent de les déterminer.

La séparation n'en fut pas moins pénible à leur cœur, et cependant ils ne savaient pas qu'ils ne reverraient plus sur la terre cet enfant qu'ils accompagnaient de leurs vœux et de leurs larmes. Son départ affligea plus sensiblement encore une de ses jeunes sœurs, son aînée de deux ans seulement. Une heureuse conformité d'âge, de goûts, de sentiments avait comme fondu leur cœur l'un dans l'autre, et les avait unis dès l'enfance par les nœuds de la plus tendre amitié. « Jules, écrit cette bonne sœur dans ses souvenirs de famille, a toujours été mon ami le plus intime. J'étais chérie des autres, et je les aimais beaucoup, mais Jules qui me suit immédiatement dans l'ordre de naissance, avec lequel j'ai joui du bonheur de l'enfance, a toujours eu une place de prédilection dans mon cœur. On nous regardait dans la famille comme inséparables; il partit pour Paris, à l'âge de seize ans, cette séparation nous coûta bien des larmes et nos adieux furent bien tristes; en nous quittant, nous nous promîmes d'être toujours les mêmes l'un pour l'autre. Grâces au ciel, il m'a conservé sa tendresse et je l'aime comme toujours, ce qui est pour moi un grand bonheur. »

En effet, jamais frère et sœur ne furent unis par des liens ni si doux ni si puissants. Ils furent séparés l'un de l'autre pendant de longues années, surtout pendant cette tempête effroyable qui devait bientôt disperser toute leur famille. Aussitôt que le calme commença de renaître, ils s'empressèrent de se communiquer par lettres des sentiments qu'ils avaient tenus si longtemps comprimés; bientôt une correspondance régulière s'établit entre eux. Nous avons eu le bonheur de retrouver une partie des lettres de M. de Simony à sa sœur; c'est à ces lettres écrites avec tout l'abandon de l'amitié, que nous devons de pouvoir connaître les pensées les plus intimes de Mgr de Simony, dans plusieurs circonstances importantes de sa vie. Ces lettres respirent toutes une douce sensibilité, une piété solide, quelquefois un enjouement aimable, et presque toutes sont remarquables, par la facilité, par le naturel et par le bon goût. Tour à tour, conseiller et consolateur de cette sœur chérie, qui recourait à lui dans ses doutes comme dans ses peines, M. de Simony se montre dans cette correspondance intime, ce qu'il a toujours été, tendre, aimant, sage et profondément chrétien.

Avant son départ de Toulon, l'abbé de Simony avait été prendre congé de son évêque, et lui demander, avec sa bénédiction, l'autorisation nécessaire pour recevoir les ordres. Or, le premier pasteur du diocèse de Toulon était alors Mgr Elléon de Castellane, qui venait de succéder cette année-là même à Mgr de Vintimille, après avoir reçu la Consécration Episcopale dans la cathédrale de Soissons, des mains de Monseigneur de Bourdeilles, dont il était précédemment Grand-Vicaire. Soissons ne devait pas voir se renouveler avant 62 ans cette magnifique cérémonie du sacre d'un évêque, et cette fois, c'était le jeune abbé que Mgr de Castellane embrassait tendrement qui, après vingt-quatre ans d'épiscopat, plein de jours et de vertus, devait conférer l'onction sainte et la plénitude du sacerdoce à celui qu'il avait désiré et obtenu pour successeur.

Le séminaire de St-Sulpice se composait alors de cinq établissements ou communautés ; le grand séminaire, fondé par M. Olier ; le petit séminaire, établi par M. Brenier, et ainsi appelé parce que les bâtiments en étaient plus modestes que ceux du séminaire proprement dit, et la pension plus modique ; la communauté des philosophes, où l'on recevait les jeunes gens qui se disposaient à entrer au grand ou au petit séminaire ; la petite communauté des pauvres écoliers fondée en 1677, par M. Boucher, docteur de Sorbonne, et dite plus tard des

Robertins, du nom de M. Robert, l'un de ses supérieurs et bienfaiteurs; enfin la communauté des Clercs de St-Sulpice, rue Cassette. Cette dernière communauté dans laquelle fut placé le jeune abbé de Simony, et dont il fut un des premiers élèves, venait d'être établie par M. de Tersac, curé de Saint-Sulpice, de concert avec M. Nagot, alors supérieur du petit séminaire. Leur but, en fondant cette maison, était de former et d'entretenir les vocations ecclésiastiques, à une époque où les principes irréligieux se répandaient déjà dans un grand nombre de colléges et de pensionnats. On y enseignait les humanités, à commencer de la quatrième jusqu'à la philosophie inclusivement. Cependant, le cours de philosophie proprement dit, ne se faisait ni aux Robertins, ni dans la communauté des philosophes, ni dans celles des Clercs de Saint-Sulpice, mais les élèves de ces maisons suivaient les cours de philosophie de quelque grand collége de Paris, tel que le collége de Mazarin, d'Harcourt, etc. Il n'y avait dans ces différentes communautés que des conférences ou répétitions sur ce qui avait été dit au collége.

Le supérieur de cette maison, M. Savine, et M. Nagot, ne furent pas longtemps sans apprécier les heureuses dispositions du jeune abbé de Simony, pour les sciences et pour la vertu. Jules de Simony joignait, comme nous l'avons dit, à une candeur angélique, à un caractère doux, à une piété tendre, un esprit droit et ouvert et un goût prononcé pour les études sérieuses. Aussi, le vit-on se livrer avec ardeur à l'étude de la philosophie et des sciences positives, et y obtenir autant de succès que dans les lettres. Son esprit pénétrait sans peine dans les problèmes les plus abstraits des sciences mathématiques. Des notes et des explications écrites de sa main que nous avons trouvées jointes aux traités de mathématiques les plus complets et les plus estimés de ce temps, attestent sa rare facilité à comprendre et à exposer ce qui demeure souvent inintelligible pour des imaginations brillantes et pour des esprits distingués. La rigueur des démonstrations mathématiques, plaisait à son esprit exact et précis, *naturellement porté vers le doute*, et qui ne se rendait qu'à de fortes preuves, comme il l'avouait plus tard à l'un de ses frères. Jusque dans sa vieillesse, Mgr de Simony avait conservé le goût et l'intelligence des matières scientifiques, et malgré son attention extrême à taire ce qu'il en savait, on pouvait juger à la précision, à la justesse des termes avec lesquels il en parlait au besoin, qu'il en avait une connaissance plus qu'ordinaire.

Au séminaire de St-Sulpice, comme au collége de Toulon, Jules de Simony fut aimé et chéri de tous ses condisciples. On ne pouvait résister aux

grâces de son extérieur noble et simple, à l'a-
ménité de ses manières, à la douceur de sa
parole. Sa vertu aimable, l'innocence de ses
mœurs et la ferveur de sa piété inspiraient à
tous ceux qui l'approchaient, un sentiment
d'affection mêlé de vénération, sentiment que
ses condisciples ne croyaient pouvoir mieux tra-
duire, au témoignage de l'un d'eux, qu'en lui
donnant le nom de *petit Jésus.*

L'abbé de Simony tout en s'appliquant fortement à l'étude portait plus haut ses pensées. Il
n'oubliait point qu'il était venu dans cette maison
pour rendre certaine sa vocation et se préparer
à ce que Dieu demanderait de lui. Toute sa vie,
depuis son enfance, avait été une prédisposition,
disons-mieux, une préparation au sacerdoce, et
cependant il avait une si grande idée de la pureté et de la sainteté nécessaires au prêtre, que
ce n'était qu'avec crainte, qu'avec des incertitu-
des fondées, selon lui, sur son indignité, qu'il
envisageait de près ce ministère sublime. Destiné à l'état ecclésiastique, dès son berceau, il
regardait par là même sa vocation comme irré-
gulière et prématurée. Le désir et la volonté de
ses parents qui avaient été pour lui l'expression
de la volonté de Dieu, au lieu de le rassurer, lui
inspiraient quelquefois des scrupules, et il craignait par-dessus tout que des motifs humains
eussent la moindre part à une détermination

qui ne devait, disait-il, partir que du ciel.

Bien des fois, il alla trouver le sage et pieux
M. Nagot, son directeur. Il lui ouvrit son cœur,
lui fit connaître le sujet de ses doutes et de
ses inquiétudes. Ce sage prêtre ne vit dans
ces alarmes d'une conscience timorée qu'une
marque plus certaine de vocation. Il l'encou-
ragea, l'affermit et rendit à cette âme innocente
et craintive la confiance et la paix. Ce fut d'après
ses conseils que l'abbé de Simony reçut les ordres mineurs aux Quatre-Temps d'Avent, de
l'année 1788. M. Nagot ne put voir sans en être
vivement touché, une conscience aussi pure,
aussi délicate, aussi pénétrée des devoirs du sacerdoce et de la sainteté qu'il exige. Une sainte
amitié se forma dès-lors entre le pieux directeur et l'abbé de Simony. Les événements
qui se pressaient, et le départ de M. Nagot l'année suivante (1), pour le Nouveau-Monde, devaient bientôt les séparer pour toujours. Mais
les amitiés dont Dieu est le principe et le lien
sont à l'épreuve des distances comme des années.
Dix ans plus tard, M. Nagot, au milieu de ses

---

(1) M. Nagot et les jeunes ecclésiastiques qu'il emmenait
avec lui s'embarquèrent au mois d'avril 1791, sur le même
vaisseau qui transportait Châteaubriand en Amérique. « Ces
« compagnons de voyage, nous dit-il dans ses Mémoires, m'au-
« raient mieux convenu quatre ans plus tôt : de chrétien zélé
« que j'avais été, j'étais devenu un esprit fort, c'est-à-dire un
« esprit faible. »

occupations sans nombre aux Etats-Unis, alors
que sans autres ressources que son zèle, il fondait
un grand, un petit séminaire à Baltimore, et un
grand collége jouissant du privilége d'université,
se ressouvenait de son jeune ami et lui écrivait
cette lettre touchante dont nous donnons quelques extraits. Cette lettre, en prouvant la tendresse de M. Nagot, montre que l'abbé de Simony en était resté digne au milieu de ces
bouleversements où la vertu et la foi de tant
d'autres avait fait naufrage. Cette lettre datée de
Baltimore, 21 octobre 1798, porte sur l'adrésse :
au citoyen Simony.

« Quelle joie j'ai ressentie, mon cher Simony,
en ouvrant votre chère lettre et en retrouvant
dans ma main votre nom si chèrement gravé
dans mon cœur. Recevez ce petit mot, comme
le porteur de tous les sentiments que peut
m'inspirer la plus tendre amitié pour vous. J'ai
su votre histoire par M. Dubourg, et je l'apprends de nouveau de M. Guillemin. Que Dieu
conserve en vous les heureuses dispositions qu'il
y a mises, qu'il les perfectionne et qu'il vous
conduise vers le port, au milieu des écueils dont
vous êtes environné: c'est le vœu que je forme
pour vous de tout mon cœur et que j'y porte
habituellement, goûtant un doux sentiment de
joie à me ressouvenir de vous, et à penser que
Dieu ne nous retirera de ce monde que pour

nous réunir dans son sein avec tant de nos anciens amis qui jouissent à présent de la couronne de gloire que nous leur envions. O mon cher enfant, regardez-les souvent pour réclamer leur amitié et qu'il vous tarde de les embrasser dans le séjour des saints. . . . .

. . . .

« Prenez mon pauvre cœur dans vos mains, mon cher Simony, et faites-lui dire à madame Chervaux et à son enfant tout ce que le plus tendre souvenir devant Dieu peut m'inspirer. Qu'il les comble avec vous de ses bénédictions; dans ce désir que je forme en ce moment sous ses yeux, je me les représenterai demain devant moi lorsque j'étendrai la main pour bénir ceux qui seront à ma messe, et vous y êtes déjà, mon cher Simony, que je ne quitte que de corps, tant mon âme vous est dévouée en Notre-Seigneur. »

~~~~~~

CHAPITRE IV.

L'ABBÉ DE SIMONY ENTRE COMME PROFESSEUR DANS LA COMMUNAUTÉ D'ISSY, FONDÉE PAR MM. NAGOT ET DUBOURG. — SON ATTRAIT POUR LES ENFANTS. — SON TALENT PARTICULIER POUR S'EN FAIRE AIMER ET OBÉIR. — LA COMMUNAUTÉ D'ISSY EST VIOLEMMENT DISPERSÉE APRÈS LE 10 AOUT. — L'ABBÉ DE SIMONY SE RETIRE A BELLEGARDE.

L'ABBÉ DE SIMONY n'avait encore que dix-huit ans lorsqu'il termina sa philosophie. Avant de lui faire commencer son cours régulier de théologie, M. Nagot lui proposa d'entrer dans une institution qu'il venait de fonder, de concert avec un jeune prêtre, son élève, M. Dubourg, depuis supérieur du collége de Baltimore, aux Etats-Unis, évêque de la Louisiane, puis de Montauban, et enfin archevêque de Besançon. Le zèle de M. Nagot était infatigable et semblait croître avec les dangers qui menaçaient l'Eglise. Il avait été successivement professeur de théologie au séminaire de Nantes, supérieur de la communauté des Robertins, supérieur du petit séminaire de St-Sulpice, et directeur du grand séminaire. Mais quoique très-occupé du gouvernement et de la direction de ces différentes maisons, il trouvait encore le moyen d'entreprendre et de conduire à bonne fin beaucoup d'autres bonnes œuvres. La pensée qui le préoccupait surtout, était l'éducation chrétienne de l'enfance. Les doctrines irréligieuses et impies, semées à plaisir depuis un demi-siècle dans toute la France, s'insinuaient jusqu'au sein des familles chrétiennes, et menaçaient d'y corrompre dans les enfants, jusqu'aux germes de la société. Pour compléter ce qu'il avait commencé en fondant la communauté de la rue Cassette, M. Nagot établit à Issy, une maison qui devait lui servir comme d'école préparatoire; c'était une espèce de petit séminaire où l'on donnait aux enfants les premiers éléments de la religion et des lettres, jusqu'à la cinquième inclusivement. De là ils passaient à la communauté des clercs de St-Sulpice, où ils faisaient le reste de leurs études, y compris la philosophie.

L'abbé de Simony accepta avec joie la part qui lui était offerte dans cette œuvre de dévouement. D'ailleurs ses goûts l'y portaient comme naturellement. Dieu lui avait donné un attrait particulier pour les enfants. La candeur et l'innocence de leur cœur avait pour une âme aussi pure que la sienne, un charme dont il ne pouvait se défendre. Il se livra donc avec ardeur aux

modestes fonctions au milieu desquelles, par
suite d'événements qu'il ne pouvait prévoir,
il allait passer près de vingt ans de sa vie. Avant
tout, il y porta les pensées de foi qui étaient
l'âme de toute sa conduite, et considéra cette
mission comme venant directement du ciel.
« Est-il mission plus belle et plus touchante,
disait-il plus tard, que d'incliner de jeunes cœurs
à la piété, que de prémunir ces âmes encore
étrangères à l'idée du mal, contre les séductions
de l'erreur et du vice ? est-il un dépôt plus précieux, plus saint, qu'on doive garder avec plus
de fidélité, avec plus de religion, que le dépôt
de l'innocence des enfants que Dieu nous met
entre les mains ? » Aussi voyait-il avec peine, par
la suite, que de jeunes maîtres ne paraissaient
pas toujours comprendre l'importance des fonctions qu'on leur confiait dans les petits séminaires, et regardaient un an ou deux de profes-
sorat comme une simple trêve avec une vie de
règle et d'assujettissement. « Tout au plus, disait-il à ce sujet, s'appliquent-ils à ouvrir
l'esprit des enfants aux éléments des langues,
mais la partie la plus noble, le cœur de ces pauvres enfants, leur est indifférent ; il semble qu'ils
n'en ont point la charge, tant ils sont peu soigneux de veiller à ce que l'ivraie n'y soit jetée en
secret et ne vienne à s'y mêler au bon grain. »

M. Dubourg dut bientôt s'applaudir du coopé-

rateur plein de zèle que lui donnait M. Nagot pour
assurer le succès de son œuvre naissante. L'abbé
de Simony avait tout ce qu'il fallait pour réussir
auprès des enfants : une douceur inaltérable,
des manières aimables et engageantes, une égalité
d'humeur qui ne se laissait jamais surprendre
par la moindre impatience; et cependant un
ton ferme quand il le fallait, un talent particulier pour se faire obéir sans réplique, et
en même temps pour gagner l'affection des enfants, lors même qu'il les reprenait ou les pu-
nissait de leurs défauts. C'est qu'en effet il les
aimait lui-même tendrement, et qu'il ressentait
pour eux, au dire de ceux qui l'ont connu,
toutes les émotions, tous les empressements,
toutes les inquiétudes de l'amour maternel. Aussi,
en retour, les enfants aimaient M. de Simony
comme on aime une mère. Ils auraient voulu
toujours être avec lui, ils en faisaient leur conseiller de tous les instants, leur confident et leur
consolateur dans toutes leurs petites peines.
Quelques-uns de ces enfants appartenant à des
familles très-distinguées, se rappellent encore
avec délices, dans un âge avancé, leurs premières années passées sous la douce influence
des leçons d'un maître pour lequel ils ont conservé la plus tendre affection.

Malheureusement un établissement aussi utile
dura peu; depuis l'ouverture de l'Assemblée lé-

gislative, la persécution déclarée devenait de jour
en jour plus imminente pour le clergé demeuré
fidèle. A cette époque, comme on sait, les biens
du clergé avaient été envahis, la Constitution
civile décrétée, le serment prescrit à tous les
prêtres en place, sous peine de destitution ; bientôt des décrets atroces vinrent frapper de la dé-
portation tous les ecclésiastiques dont la conscience répugnait au serment. La royauté ayant
succombé de fait dans la nuit du 10 août 1792,
rien ne s'opposa plus à la promulgation de
ces lois cruelles, rendues contre les fidèles
ministres de l'Eglise. L'exécution en fut confiée
aux jacobins, qui se livrèrent aux recherches les
plus actives, aux visites domiciliaires les plus
sévères pour découvrir les prêtres non assermen-
tés, qu'ils entassaient par centaines dans les
cachots ou dans des couvents transformés en
prisons.

L'institution de M. Dubourg ne pouvait échapper au zèle soupçonneux de ces furieux démago-
gues. La maison fut livrée au pillage, les élèves
en furent expulsés violemment et les professeurs maltraités et poursuivis. Peu s'en fallut que
ces derniers n'allassent rejoindre avec M. Dubourg, les supérieurs et les directeurs de presque
toutes les communautés ecclésiastiques de Paris,
qu'on traînait dans les prisons à chaque heure
du jour et de la nuit. M. Dubourg et l'abbé de

Simony, tout en veillant à la sûreté des enfants qui leur avaient été confiés, parvinrent à se soustraire aux mains des brigands, ainsi que M. Lucotte, mort il y a quelque temps, chanoine de la métropole de Paris. Tous trois ayant pris des habits laïques partirent avec un de leurs jeunes élèves, qui appartenait à une bonne famille du Gatinais, et qu'ils reconduisaient à ses parents. Ils arrivèrent sans être arrêtés à Bellegarde, d'où M. Dubourg se rendit dans sa famille, à Bordeaux, et de là en Amérique.

Ce fut quelques jours après son arrivée à Bellegrade que l'abbé de Simony apprit les horribles massacres des 2 et 3 septembre, où la Religion et la Patrie virent couler sous le fer des égorgeurs, le plus pur de leur sang. Parmi les quatre cents prêtres environ qui succombèrent dans cette épouvantable boucherie, M. de Simony eut à pleurer plusieurs de ses anciens maîtres, et en particulier l'abbé Savine, supérieur de la communauté des clercs de St-Sulpice. Le règne de la terreur et du sang était inauguré, et ces scènes atroces allaient se reproduire sur tous les points de la France. L'abbé de Simony ne pouvait, sans s'exposer à un danger manifeste, retourner à Toulon où son père, déjà dénoncé comme suspect, était à la veille d'être destitué pour ses opinions religieuses et royalistes. La famille où il se trouvait, le pressa instamment de passer à

Bellegarde les jours mauvais et de continuer ses soins à leur enfant qui ne voulait plus se séparer de son jeune maître. L'abbé de Simony se rendit aux instances qui lui étaient faites après avoir obtenu le consentement de M. de Simony, son père.

Le malheur commençait à s'appesantir sur cette vertueuse famille, si digne d'un meilleur sort. La mort lui avait enlevé, deux ans auparavant, son ange tutélaire, Mme de Simony, modèle de piété et de vertu; Dieu avait voulu lui épargner le triste spectacle de l'infortune de son époux et de ses enfants, dépouillés bientôt de leurs biens et de leurs places; et presque réduits à l'indigence pour cause de fidélité à leur légitime souverain.

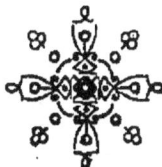

CHAPITRE V.

L'ABBÉ DE SIMONY EST APPELÉ A SERVIR DANS LES ARMÉES RÉPUBLICAINES. — ESTIME ET AFFECTION QUE SES CHEFS ET SES COMPAGNONS D'ARMES ONT POUR LUI. — SA FIDÉLITÉ A REMPLIR SES DEVOIRS RELIGIEUX. — MALHEURS DE SA FAMILLE APRÈS LE SIÉGE ET LA PRISE DE TOULON. — LETTRE A SA SŒUR, SUR LA MORT DE SON JEUNE FRÈRE, ET L'ÉMIGRATION FORCÉE DE SON PÈRE. — IL LA RASSURE SUR LE PRÉTENDU CHANGEMENT DE SES PREMIERS SENTIMENTS. — VISITE QUE SA SŒUR LUI FAIT A BELLEGARDE. — NOUVELLE LETTRE AU SUJET DE SES OPINIONS. — IL LUI FAIT PART DE SES ESPÉRANCES POUR L'AVENIR.

L'ABBÉ de Simony ne jouit pas longtemps de l'asile qui lui était si généreusement offert, et il fut bientôt lui-même soumis à de pénibles épreuves. Au commencement de l'année 1793, les échecs que les armées de la République venaient d'essuyer en Hollande et en Belgique, et l'insurrection de la Vendée, firent décréter la levée en masse de tous les jeunes gens, et bientôt des habitants de tous les districts voisins de la

Vendée, depuis l'âge de quinze ans jusqu'à cinquante. L'abbé de Simony fut contraint, à son grand regret, de faire partie de l'armée républicaine destinée à comprimer le mouvement de la Vendée. Fils d'un militaire, voué toute sa vie à la défense de son pays, ce n'étaient ni les fatigues ni les dangers de la guerre qu'il appréhendait. Il avouait plus tard, au contraire, que si ses parents l'eussent laissé libre, ses goûts lui auraient fait embrasser la carrière des armes. Aussi toujours il conserva pour cette profession une grande estime. En toute occasion il témoignait une affection marquée à ceux qui la suivaient ; il les accueillait avec empressement, et il relevait les sentiments d'honneur, de courage, de dévouement, de loyauté, de franchise, qui distinguent le soldat français et qui étaient héréditaires dans sa famille. Mais alors, quel honneur et quelle gloire les soldats français pouvaient-ils se promettre dans cette guerre exterminatrice faite aux malheureux Vendéens, « peuple naturellement porté à l'amour de la paix, au sentiment de l'ordre, au respect de la loi, pour qui la religion était devenue la plus forte et l'unique habitude de la vie (1), » et qui ne se fut point révolté contre les nouvelles institutions politiques, si on lui eut

_____

(1) Rapport de Gensonné et de Gallois à l'Assemblée législative, 9 octobre 1791.

laissé intacts sa religion, ses prêtres et ses autels.

Nous avons vu qu'il était dans la nature de M. Jules de Simony de produire dans tous ceux qui le voyaient, un sentiment involontaire de respect, de confiance et d'attachement, glorieux privilége d'une vertu qui n'a jamais faibli, et d'une douceur inexprimable qu'on voyait peinte dans son regard et dans tous ses traits. Ce double prestige de la vertu et de la bonté l'environna jusqu'au milieu des camps. Il n'était pas arrivé de quelques jours à l'armée, qu'il avait su gagner l'estime de tous ses chefs et, au témoignage d'un de ses compagnons d'armes, leur inspirer même une espèce de vénération. D'un commun accord, ils le dispensèrent de toutes les épreuves imposées aux jeunes soldats, et lui donnèrent un emploi dans la comptabilité des armées où il devint bientôt quartier-maître. Il bénit le ciel de lui avoir ainsi fait éviter ce qu'il regardait comme le plus grand des malheurs : combattre contre des frères et verser le sang français.

Ses fonctions le mettaient en rapport continuel avec toute l'armée, et il les remplit de manière à mériter bientôt la confiance et l'affection de tous sans exception. Il reçut encore, il y a quelques années, des témoignages bien touchants de cette affection. En 1845, au retour d'un voyage qu'il fit dans le midi, il s'arrêta quelques jours aux environs d'Orléans, dans cette même fa-

mille où il avait été reçu en 1792. Le maire
d'un village voisin, âgé de 75 ans, qui l'avait
connu à l'armée, et ne l'avait pas revu depuis,
fit tout exprès quatre lieues pour avoir, disait-il,
le bonheur d'embrasser son ancien quartier-maître. Ce bon vieillard avait conservé pour Mgr de
Simony une affection si vive, qu'il la lui témoigna, nous dit la personne qui nous transmet ce
trait, avec un enthousiasme qui n'est pas ordinaire aux gens de notre pays. On se fera du reste
une idée de l'ascendant que M. de Simony exerçait sur ses compagnons d'armes, et du respect
qu'il commandait, quand on saura que dans un
temps où l'on ne pouvait guère pratiquer sa religion sans s'exposer à être persécuté, et pendant
une guerre où le mépris et la profanation des
choses saintes étaient comme à l'ordre du jour,
M. de Simony demandait à ses chefs et en obtenait
la permission d'aller remplir ses devoirs religieux à la ville voisine.

Il eut bientôt besoin de toute la force qu'il
puisait dans la religion pour supporter les malheurs qui venaient de fondre sur sa famille. A
l'exemple des grandes villes du midi, Toulon
avait protesté contre le triomphe de la Montagne
sur le parti de la Gironde, au 31 mai 1793. Les
fédéralistes, maîtres de la ville, y avaient exercé
de sanglantes réactions. Deux conventionnels furent envoyés avec l'appareil des supplices et un

décret qui mettait la ville de Toulon hors la loi, et livrait en masse sa population au glaive. Réduite à cette extrémité, cette malheureuse ville prit le parti désespéré d'ouvrir son port aux alliés, défenseurs de Louis XVII et d'arborer le drapeau blanc. La ville fut reprise, en 1794, par les troupes de la République ; après un siége de plusieurs mois ; où le plus jeune des fils de M. de Simony fut tué. Les alliés, fort indifférents, il faut le dire, aux malheurs qu'ils attiraient sur la ville et sur ses habitants, livrèrent aux flammes, en partant, l'arsenal, les magasins de mâture et les vaisseaux désarmés dans l'intérieur du port. Les Toulonnais, de leur côté, avertis par le sort lamentable de la ville de Lyon des supplices que leur réservait la Convention, se précipitèrent en masse pour émigrer sur les vaisseaux ennemis, et échapper ainsi à un massacre inévitable.

La maison de Simony était en possession depuis plusieurs siècles de sacrifier sa fortune et son sang au bien de l'État. Pour cette noble cause, l'aïeul de M. Jules de Simony avait vendu la terre de Broutière, en Champagne, la dernière qu'il possédait en France. M. de Simony et ses enfants, dépouillés de tous leurs biens, n'avaient plus à donner à la France que leur vie, sacrifice alors inutile puisqu'ils ne pouvaient la perdre que sur l'échafaud, ou sous les mitraillades des proconsuls.

Ce vertueux père fut donc contraint, malgré son âge et ses infirmités, d'aller chercher avec ses enfants un asile et du pain sur une terre étrangère. Ces tristes nouvelles déchirèrent le cœur si tendre de son fils, M. Jules de Simony. Il ne se peut rien de plus touchant que ce qu'il écrivit alors à sa sœur : « Ta lettre m'a percé le cœur, ma chère amie. La mort affreuse de ce pauvre Charles laisse pour toujours mon âme en proie aux regrets. Hélas ! qui ne serait sensible à sa charmante douceur !... Combien j'ai de douleur de me le voir enlevé sans avoir pu lui faire le moindre bien ! Mais enfin notre père, notre respectable père, vit encore et je bénis la Providence. Cependant, à combien de chagrins sa vieillesse va-t-elle être en proie ! Il voit sa famille dispersée, et peut-être se voit-il lui-même privé du plus strict nécessaire. Pauvre papa ! que ne puis-je lui consacrer les travaux de ma jeunesse et le nourrir de mes sueurs ! Puisse le ciel lui donner la force de supporter le malheur de sa condition et exaucer les vœux que je lui adresse pour sa consolation ! »

Dans cette même lettre, M. de Simony crut devoir rassurer sa sœur et son mari (1) contre la crainte où ils étaient que ses sentiments ne se fus-

---

(1) Mlle Ursule-Victoire de Simony avait épousé le 2 février 1789, M. André-Marie Rosnay de Villers.

sent modifiés au contact journalier de l'esprit révolutionnaire et des préventions qu'il pouvait inspirer.

« Ne crois pas, lui disait-il, que j'ai besoin auprès de ton mari, de faire l'apologie de mes sentiments. J'ai l'exemple des vertus de mon père, puis-je aimer autre chose que la vertu? Les opinions politiques peuvent varier; mais les principes de justice restent toujours. Quelque lieu que j'habite, sous quelque gouvernement que je vive, j'aimerai toujours ma patrie, mes proches, et serai toujours prêt à donner ma vie pour le bonheur de tous. Au reste, j'abhorre tous les crimes, quelque soit le parti qui les commette, je hais partout l'ambition, l'imposture, la mauvaise foi, l'injustice, et que te dirai-je? je l'ai vue partout; mais partout j'aime l'homme sensé, religieux, fidèle à son devoir, qui le remplit sans crainte et marche droit dans la carrière de la vertu. Tels sont les sentiments de Jules, tu le connais mal si tu penses qu'il tienne à aucun parti. Il veut le bien de tous et donnerait son sang pour le procurer. »

On aime à voir dans un jeune homme, dévoué par tradition de famille, aux principes monarchiques, cette indépendance d'esprit, cette généreuse indignation qui s'élevant au-dessus des préjugés de parti réprouvent les excès sous quelque drapeau qu'ils se commettent, surtout à l'oc-

casion des guerres de la Vendée où s'exercèrent
de part et d'autre, de sanglantes représailles.

A la fin de décembre 1794, quelque temps
après le départ de son père et de sa famille pour
l'émigration, M. de Simony obtint un congé de
quinze jours et partit immédiatement pour Bellegarde, où Mme Chervaux le pressait de se rendre
au plus tôt. Une bien douce surprise l'y attendait. A son arrivée, il trouva Mme de Villers, sa
sœur, qui, de la Suisse où elle avait émigré avec
son mari, n'avait pas craint d'entreprendre un
voyage long et périlleux, avec sa petite famille,
pour voir son frère bien-aimé et pleurer avec lui
les malheurs qui venaient de les atteindre. Lais-
sons-la nous retracer elle-même cette courte
scène de bonheur au milieu de ces temps de
désolation.

« .....J'appris que mon frère chéri, mon cher
Jules, avait obtenu un congé de quinze jours.
Malgré tous les obstacles de ma position, les ri-
gueurs de la saison et les difficultés des temps,
je ne pus me refuser au bonheur de revoir mon
frère, peut-être pour la dernière fois, et je partis pour Bellegarde... Mon arrivée fut bien
agréable, la bonté et l'empressement de Mme
Chervaux et de son fils, qui avait treize ans, le
bonheur de retrouver l'ami de toute ma vie me
firent passer quelques-uns de ces jours que je ne
connaissais plus. Mais ce bon frère repartit bien-

tôt pour le camp de Concourson (à cinq lieues de Saumur). Il me recommanda beaucoup la confiance en Celui qui gouverne tout pour sa gloire, me dit que nous devions l'avoir en vue en tout, le désirer par-dessus tout, et que connaissant sa puissance et sa bonté, il ne fallait craindre que lui. Ses bons avis, sa tendresse pour mes petites filles et pour moi, me remontèrent beaucoup, et après son départ je restai affligée, mais soumise. »

M. de Simony avait eu besoin de toute sa logique pour persuader sa sœur qu'en servant forcément, mais fidèlement la République dans l'emploi qui lui était confié, il n'était nullement obligé d'approuver les principes et surtout les excès du Gouvernement qui pesait alors sur la France. Quelque temps après son retour à l'armée, elle lui renouvelait ses craintes à ce sujet. Au lieu d'une apologie en forme, il lui répondit par cette lettre familière, enjouée et entremêlée d'innocentes railleries : « Mme Ursule mérite d'être grondée bien fort pour sa petite tête mal montée et pour son attachement à des préventions mal fondées. Mais bien que je sois fort tenté de me fâcher contre elle, elle a une façon de gronder si honnête que j'ai beau m'exciter à lui en vouloir, je ne puis. Comment, petite opiniâtre, lorsque je t'assure que je ne suis pas autre quant à la façon de penser, que ce que tu m'as toujours connu; que si tu en as jugé autrement, ce n'est qu'en saisissant mal certaines opinions qui n'appartiennent point du tout au fond de la question, et qui pourraient fort bien être raisonnables, tu ne cesses de me harceler, et tout en parlant de paix, tu ressuscites la guerre ; va, tu es heureuse que je ne sois pas près de toi pour te punir de ton acharnement. Je t'attaquerais avec tant et de si fortes raisons que tu rougirais de m'avoir si longtemps contrarié, et peut-être faudrait-il encore que je me misse en frais pour t'empêcher de te désespérer à force de regrets. Allons, petite femme, coudre et filer, c'est à quoi doivent se borner vos occupations. Cependant ce n'est pas ta faute si tu as de l'esprit et encore plus de raison, ce serait grand dommage qu'il ne te fût pas permis de t'en servir, et puis j'y perdrais aussi de mon côté ; ainsi, toute réflexion faite, je veux bien encore que tu te mêles de raisonner, la République n'y perdra guère et j'y gagnerai beaucoup, pourvu qu'il me soit permis de ne pas me rendre toujours tant que j'aurai ou que je croirai avoir la raison de mon côté. »

Un petit trait qui se trouve à la fin de cette lettre montre que si M. de Simony savait mériter les distinctions et les récompenses, il se consolait facilement de les voir obtenir par d'autres. Il était question pour lui d'un nouveau grade, et ses chefs le lui avaient promis. Cependant la place vacante fut donnée à un autre. M. de Simony apprenant cette nouvelle à sa sœur, l'accompagne de cette seule réflexion qui peint toute la noblesse de son âme : « Je suis bien aise, puisqu'il y avait quelqu'un qui pût aspirer à cette place, de ne l'avoir pas à son détriment. »

Cependant la guerre civile touchait à sa fin dans la Vendée (Février 1795) ; les hostilités commençaient à se ralentir et l'on écoutait de part et d'autre des propositions de paix. M. de Simony conçut l'espérance d'obtenir prochainement son congé, et il écrivait à sa sœur, ces lignes que la plus pure amitié semble avoir dictées. « Je touche, ma chère amie, au moment d'être libre enfin. J'irai auprès de nos bons amis. Je m'emploierai à former du mieux qu'il me sera possible le cœur qui m'est confié, puissé-je l'attacher immuablement à la vertu ! Si nos espérances ne sont pas vaines, un jour viendra où nous nous réunirons à toi, bonne Ursulette, à ton cher et estimable époux. C'est alors seulement que je pourrai compter quelques jours de bonheur. Il n'est pour moi que dans l'amitié, et je suis assez heureux pour avoir placé la mienne dans ce qu'il y a de plus estimable au monde, car je ne crois pas qu'il puisse y avoir un cœur au-dessus du tien, ma chère amie. Dieu a répandu ses plus précieuses faveurs sur ta personne, il t'a ravi celles de la fortune, tu n'es pas assez injuste pour te plaindre de la part qu'il te fait. J'espère enfin qu'il joindra les unes aux autres, et qu'il tempérera par des douceurs la coupe amère dans laquelle il te fait boire. Puissé-je y contribuer pour quelque chose ! Ton bonheur, celui du cher André, de ta charmante famille, sera toujours le mien. Je ne pourrai jamais être heureux si vous ne l'êtes tous. »

CHAPITRE VI.

M. ET Mme DE SULLY PRIENT M. DE SIMONY DE SE CHARGER DE L'ÉDUCATION DE LEUR FILS. — MOTIFS QUI LE DÉTERMINENT. — PIÉTÉ, VERTU DE M. ET DE Mme DE SULLY. — CARACTÈRE DU JEUNE MAXIMILIEN. — MORT DU PÈRE DE M. DE SIMONY. — LETTRE A SA SŒUR A CE SUJET. — LETTRE SUR LA RÉSIGNATION ET L'ABANDON A LA PROVIDENCE.

M. DE SIMONY obtint un congé provisoire à la fin de l'année 1795, vers le temps où la convention fit place au directoire. Il revint à Bellegarde, et reprit dans la même famille les modestes fonctions de précepteur, qu'il avait acceptées par amitié et par reconnaissance. Ce fut alors que M. et Mme de Sully, pendant le séjour qu'ils faisaient au château de Sully (Gatinais), entendirent parler avec éloge du mérite distingué, de la rare vertu de M. de Simony, et du talent particulier qu'il avait de rendre aimables aux enfants les premières leçons de la vertu et de la science. Ils eurent occasion de le voir; sa figure noble et calme, son regard intelligent et bon, avaient à la fois quelque chose d'imposant et de doux qui prévenait en sa faveur. Sa conversation pleine d'intérêt, de réserve et d'à-propos achevait ce que son extérieur seul avait commencé. M. et Mme de Sully n'eurent pas de plus vif désir que de voir leur fils unique, alors âgé de dix ans, sous la direction d'un précepteur qui réunissait tant d'excellentes qualités. Pour prévenir toute difficulté, Mme de Sully fit à Mme Chervaux la proposition de prendre chez elle le jeune élève de M. de Simony, afin de procurer à son propre fils dont le tempérament délicat exigeait encore les soins maternels, le bonheur d'une éducation semblable. M. de Simony n'accepta cette nouvelle charge qu'après de mûres réflexions. En temps ordinaire, il n'eut point suivi cette voie, et ses parents d'ailleurs s'y seraient opposés. Mais les troubles qui continuaient d'agiter la France et l'empêchaient de reprendre ses premiers desseins, la dispersion et les malheurs de sa famille, l'espoir de lui être utile, enfin la pensée que ce nouvel emploi était encore pour lui l'œuvre de Dieu continuée par des moyens différents, lui firent donner son consentement. Il ne crut pas au-dessous de lui et de sa naissance de se dévouer tout entier à faire de l'unique héritier d'une illustre maison un homme vertueux, un bon chrétien, et de le préparer à servir utilement sa patrie dans les hautes fonctions qu'il pouvait être appelé un jour à remplir.

La réputation de vertu et de piété qui était acquise depuis longtemps à la maison de Sully, fut un nouveau motif, et comme un attrait, qui porta M. de Simony vers cette famille dont il allait bientôt devenir le conseil et l'ami. On verra ici, avec plaisir, le témoignage qu'il rend lui-même aux vertus de M. et Mme de Sully. Nous avons extrait ce qui suit de notices que M. de Simony a composées, après leur mort, sur les différents membres de cette famille :

« M. de Sully n'a pas été mêlé aux grandes affaires de son temps, il n'a exercé aucune charge importante, ses jours se sont passés dans l'obscurité d'une vie privée, mais cette vie, bien que modeste et cachée, n'en a pas moins été une suite continuelle d'actions grandes et généreuses. Né dans une condition et dans une fortune où trop souvent on aime à se persuader que la volonté tient lieu de justice, et le caprice de loi, il ne se souvint de son rang que pour s'en représenter les devoirs. D'une indépendance complète de tout ce qui n'est que coutume et préjugé, il professait une soumission absolue pour tout ce que lui dictaient les lois de la religion et les lumières de la raison. Simple dans son extérieur, plus simple encore dans ses mœurs, d'un commerce facile, il charmait par sa douceur tous ceux qui l'abordaient, s'oubliait constamment lui-même pour se prêter aux jouissances de ses amis, mais ne se livrait aux hommes qu'en proportion de leur vertu. L'égalité d'humeur et la sérénité d'âme qu'on remarquait en lui, étaient le fruit de victoires continuelles sur un naturel impatient et colère. Sa grandeur d'âme le rendit constamment insensible aux pertes qu'il éprouva dans sa fortune, et lui fit supporter sans émotion, les mesures violentes qui dans ces temps de délire tendaient à lui en ravir les débris. Sa foi vive et forte, reposait sur une conviction raisonnée, sur une persuasion si intime de la vérité qu'il ne pouvait imaginer que des hommes raisonnables pussent se refuser à tant de lumières. Pour résumer dans une seule vertu toutes celles qu'il a pratiquées, il mettait une si grande réserve dans tous ses discours que jamais il ne laissa échapper une parole indiscrète, un jugement précipité, un seul mot qui pût faire tort au prochain. Si nous étudions bien, continue M. de Simony, le penchant malheureux qui nous porte sans cesse à nous élever sur les ruines d'autrui, et qui nous fait trouver dans les fautes des autres un aliment à notre gaieté et à la satisfaction de notre amour-propre, nous verrons que ce dernier trait suffit peut-être seul à son éloge. »

Dieu avait donné à M. de Sully une épouse

digne de lui dans Melle Alexandrine - Hortense
d'Espinay St-Luc, duchesse de Sully. « Jamais
personne, dit encore M. de Simony, ne réunit
à un plus haut degré la justesse du sens, la force
de l'esprit, l'énergie du caractère, à la bonté,
à l'affabilité, à la complaisance et à la délicatesse des soins propres à son sexe. Toutes ses
vertus étaient marquées de ce caractère de grandeur qui lui était naturel, et animées de l'esprit
de foi qui dirigeait toute sa conduite. Sa générosité ne connaissait point de bornes. Jamais il
ne se présenta une occasion de faire le bien
qu'elle ne l'ait saisie avec empressement. Aussi,
bien qu'elle ait caché avec soin ses bonnes œuvres, ses bonnes œuvres elles-mêmes l'ont trahie.
La vie simple et retirée qu'elle mena, surtout
depuis la mort de M. de Sully, l'ordre qu'elle
avait mis dans ses affaires, et les privations
qu'elle s'imposait, lui permirent de satisfaire
le généreux penchant qui la portait à faire du
bien, et d'employer presque toute sa fortune
à soulager la misère des pauvres. »

Il ne restait plus à M. et Mme de Sully, de trois
enfants qu'ils avaient eus, qu'un fils âgé de dix
ans. C'était l'unique espérance de leur maison,
et toutefois ils songeaient bien plus à lui assurer
l'héritage de leurs vertus que celui de leur nom
et de leur fortune. M. de Simony s'inspira de
cette pensée toute chrétienne et reçut de leurs

mains ce précieux dépôt, avec le sentiment d'un respect religieux. Son objet, son application furent d'abord, comme il nous l'apprend lui-même, de connaître à fond et de suivre à chaque moment les instincts et les moindres mouvements de ce jeune cœur qu'il devait former à la vertu. M. de Simony était doué pour cela d'une perspicacité, d'un discernement admirables, qui avaient sans doute leur principe dans les dons que Dieu lui avait départis, et dans une observation constante et judicieuse des hommes, mais aussi dans les lumières que donne la piété et dans le privilége que semblent avoir les âmes pures de pénétrer plus facilement le secret des cœurs. Jamais homme ne se défia davantage de son propre jugement et de ses appréciations, et cependant personne ne jugeait et n'appréciait les hommes d'une manière plus juste et plus certaine.

La tâche qui venait de lui être confiée n'était pas sans difficulté, « le jeune Maximilien de Sully, nous dit M. de Simony, avait apporté en naissant l'instinct de toutes les vertus; mais en même temps un caractère vif et impétueux, qui le portait avec violence vers tout ce qu'il désirait, annonçait que l'âge des passions serait pour lui une véritable tempête. Heureusement une âme droite, un jugement sain, un tact précoce pour distinguer le bien du mal, une franchise, une bonté de cœur toute particulière, et plus que tout cela, l'exemple, la vigilance et les prières de ses vertueux parents contrebalancèrent et finirent par vaincre entièrement l'impétuosité de ses penchants. » M. de Simony s'efface complètement lui-même en racontant cette victoire à laquelle cependant il eut la plus grande part; mais sa modestie ne pouvait commander le silence à un père, à une mère qui aimaient à reconnaître en toute occasion, l'heureux changement dont ils lui étaient redevables. « Je ne m'étendrai pas, écrivait Mme de Sully à Mme de Villers, sœur de M. de Simony, sur tout le bien que j'ai et que j'aime à dire de Maximilien. Vous savez à qui, après Dieu, nous le devons; ce bienfait de la Providence est l'objet de mes actions de grâces de tous les instants. »

M. de Simony était à peine de quelques mois dans la maison de Sully, entouré de toute la considération due à sa vertu, honoré de l'affection et de la confiance de M. et de Mme de Sully, tendrement aimé de son jeune élève, qu'il éprouva la peine la plus déchirante pour le cœur d'un fils, et surtout pour un cœur aussi tendre, aussi aimant, aussi sensible que le sien. Il apprit de sa sœur que M. de Simony, son père, venait de succomber aux infirmités de la vieillesse et aux douleurs de l'exil, et qu'il était mort à Carthagène, en Espagne, sans avoir eu la consolation de bénir ses enfants, et d'espérer qu'ils viendraient pleurer et prier sur sa tombe. M. de Simony eut besoin de tout le courage que donne la foi pour supporter avec résignation un coup aussi douloureux. Il se jeta aux pieds de son crucifix pour faire à Dieu ce nouveau sacrifice, puis il écrivit à sa sœur la lettre suivante, monument touchant de sa tendresse filiale et des vertus de celui dont il déplore la perte.

« Ma chère amie, nous avons perdu le meilleur, le plus tendre des pères ; que te dirai-je de plus ? Mon cœur est oppressé de douleur, il se décharge dans le tien ; j'ai donné les premiers moments aux larmes, tous ceux qui les suivront seront consacrés à la douleur. O tendre amie ! je ne baiserai plus ses mains chéries, je ne pourrai plus jouir de l'exemple de ses vertus ; hélas ! il m'a été ravi sans que j'aie pu lui prouver toute l'étendue de ma tendresse, et jusqu'à quel point je lui étais dévoué. Que dis-je ? il la voit maintenant plus clairement qu'il n'eût pu faire ici-bas, cette idée ranime mon cœur ; il verra combien je souhaitais me sacrifier pour lui, je tâcherai de lui payer ma dette par mes vœux et par mes prières. Il sera toujours présent à mon cœur, et le souvenir de ses vertus me confirmera dans le bien. Ma chère Ursulette, que sa bonté, sa franchise étaient aimables ! Comme il était attaché à ses devoirs, et dévoué au véritable honneur ! Il méritait d'être heureux, et cependant sa vie ne fut qu'un tissu d'infortunes. Dieu s'est réservé sa récompense, cet espoir me soutient, mon Ursulette ; que la religion est belle et consolante dans ces moments de privation et de douleur ! La séparation des personnes qui s'aiment, n'est point éternelle, elle est un moyen de réunion ; nous retrouverons notre père, nous serons un jour unis à lui pour l'éternité.

« Je t'écris, ma chère amie, au moment où j'ai reçu ta lettre, après avoir été puiser des forces auprès de celui qui en donne ; tu es ma consolation comme tu es digne de mes affections ; si mon amitié pour toi avait jamais eu des bornes, je pourrais dire que la perte que je viens de faire l'a augmentée ; la mort des personnes que nous aimons semble nous attacher davantage à celles qui nous restent ; mais comme la conformité de nos sentiments nous unissait dans la tendresse filiale que nous portions à ce bon père, elle nous réunira dans les regrets éternels que sa perte nous laisse. André connaissait assez ce bon papa pour sentir vivement sa perte ; il savait que son cœur était tout entier à ses enfants, que tout le bien qu'il n'a pas fait pour eux, il l'a toujours voulu faire, et que son impuissance en cela a été la cause de ses plus cuisants chagrins. Tous ceux qui ont connu notre père l'auront vivement regretté, il avait été cher à tous les honnêtes gens ; mais il est mort sur une terre étrangère,

où l'on ne pouvait apprécier tout ce qu'il va-
lait.

« Je te quitte pour écrire à Eugénie ; je veux
savoir quelles ont été les dernières volontés de
mon père. Je veux recueillir ses dernières paroles , les circonstances de ses derniers moments ;
tout est cher et tout est vénérable dans un père
tel que celui-là. »

Depuis quelques années , comme on l'a vu,
M. de Simony avait été soumis à de douloureuses
épreuves. Les malheurs particuliers de sa famille
s'étaient joints , pour l'affliger, aux désastres de
son pays. Ces leçons du malheur ne furent point
perdues pour lui. Loin d'en être abattu , il s'en
servit pour fortifier son cœur contre une excessive sensibilité, et pour acquérir cette constante
égalité d'âme, cette grandeur, cette générosité
de sentiments, cet esprit de détachement , qui
plus tard se sont trouvés naturellement et sans
effort, à la hauteur des plus grands sacrifices. Il
s'appliquait en toute occasion à faire passer ces
mêmes sentiments dans l'âme de sa sœur. Elle
recourait à son frère comme à celui que Dieu lui
avait donné pour la consoler dans ses peines , et
il lui écrivait à quelque temps de là :

« ... Tes deux lettres m'ont fait le plaisir que
je ne puis m'empêcher d'éprouver quand tu me
parles cœur à cœur, mais j'y ai vu en même
temps avec peine que la tristesse s'empare peu à

peu de ton âme. Fais un appel, chère amie, à ta philosophie toute raisonnable, je veux dire, à ta religion, et rejette sur le Seigneur toute ta sollicitude. C'est lui qui se chargera de te nourrir, de te fortifier ; il a promis au juste de ne point le laisser toujours dans la misère et l'embarras. D'ailleurs, les peines et les douleurs ne sont-elles pas le partage de tout homme vivant sur la terre ? je n'ai pas besoin d'aller en chercher bien loin des exemples, tu sais tout ce qui afflige le cœur si sensible et si aimant de Mme de Sully, sa religion seule lui fait éprouver quelque calme et Dieu ne lui épargne pas les maux parce qu'il veut que la résignation embellisse chaque jour sa couronne. Je vois bien quelques personnes qu'on appelle heureuses ; mais, ou elles n'ont pas le bien véritable, je veux dire la grâce de Dieu, ou il faut les attendre à une certaine époque de la vie, où Dieu prend soin de leur montrer que la vie n'est qu'un passage, un moment d'épreuve, un jour de travail et de peine, et qu'il faut garder le repos et les jouissances pour le jour où il n'y aura ni variation, ni incertitude, ni révolution, ni terme enfin, ni durée. Je ne crois pas, ma chère, que tu trouves que ce que je viens de te dire est pure *dévotion* et mysticité. Il me semble que ce n'est autre chose que la raison. Je crois tellement que c'est la vérité, je me suis tellement convaincu par mon expérience personnelle et par ce que j'ai vu

chez les autres, que nous sommes tout à fait aveu-
gles dans nos désirs, et que ce que nous souhaitons est souvent ce qui doit nous être funeste,
que je ne sais plus demander à Dieu autre chose
que sa charité, et que sa volonté. Du reste je me
laisse sans crainte balloter à sa providence, bien
assuré de deux choses : l'une que Dieu sait mieux
ce qui me convient que je ne le sais moi-même ;
l'autre qu'il ne me manquera jamais. Chère amie,
ce que je puis donc te dire de plus utile, c'est de
ne point établir ton bonheur sur telle et telle position que tu regardes comme avantageuse, sur
tel ou tel état, sur tel et tel événement, mais sur
la bonté et la miséricorde de Dieu. Les biens du
monde, il ne faut qu'un petit ver pour les corrompre et les détruire. La confiance en Dieu est
inébranlable comme sa bonté et sa puissance,
et éternelle comme lui...... »

CHAPITRE VII.

DIRECTION QUE M. DE SIMONY DONNE A L'ÉDUCATION
DU JEUNE DE SULLY. — SAGES AVIS QU'IL LUI
ADRESSE RELATIVEMENT AUX RÉSOLUTIONS DE SA
PREMIÈRE COMMUNION. — Mme DE VILLERS FAIT
UN SECOND VOYAGE EN FRANCE POUR VOIR SON
FRÈRE. — JOIE QU'EN ÉPROUVE M. DE SIMONY. —
CONSEILS SUR LA MANIÈRE DE SE FAIRE OBÉIR DES
ENFANTS. — MALADIE ET MORT DU DUC DE SULLY.
— SENTIMENTS CHRÉTIENS DE M. DE SIMONY SUR
CET ÉVÉNEMENT.

—

M. DE SIMONY dirigea l'éducation du jeune
Maximilien de Sully, depuis 1796 jusqu'en 1807,
époque de la mort de son élève. Les faits particuliers de sa vie, pendant cet intervalle, nous
sont peu connus. M. de Simony, comme on sait,
gardait un silence absolu sur tous les souvenirs
qui pouvaient lui être honorables; d'un autre
côté, presque tous ceux qui ont été alors les
témoins constants de ses vertus, l'ont précédé
dans la tombe. Nous ne pouvons nous empêcher

de regretter les précieux détails que le jeune duc de Sully nous aurait transmis, s'il eût assez vécu, sur la vie intime de celui qu'il appelait son second père et son ami : son cœur nous eut redit tout ce qu'il devait à ces sages leçons et aux exemples de cette vertu consommée, qui pendant douze années entières, ne laissa jamais remarquer, au témoignage de Mme de Sully, la plus légère apparence de faiblesse ou d'inconstance. Quelques lettres écrites à l'occasion d'événements plus importants, des notes sur divers points d'instruction et d'éducation, et un opuscule que M. de Simony composa tout exprès pour servir de guide au jeune de Sully, à son entrée dans le monde, sont donc les seuls documents que nous ayons sur cette époque de sa vie. Il est vrai de dire, que si les faits particuliers nous manquent, ce dernier écrit nous en dédommage amplement ; car nous y trouvons un excellent résumé de tout ce que M. de Simony a fait pour former l'esprit et le cœur de son élève, et ce qui est plus précieux encore, toute la vie de M. de Simony lui-même, réduite en abrégé, et proposée au jeune de Sully sous la forme de préceptes et de conseils. Quant aux notes écrites de sa main, elles attestent un savoir aussi profond que varié. Nous insistons sur ce point, parce que l'humilité de M. de Simony, non moins grande que son savoir, a pu donner de lui quelquefois

une opinion contraire. Non-seulement les auteurs classiques lui étaient familiers, mais parmi
les langues vivantes, il savait à fond l'anglais et
l'italien, et composait facilement lui-même des
exercices sur ces deux langues. Personne assurément ne s'est jamais douté que Mgr de Simony
parlait l'italien aussi bien que le français, et que
jusqu'à la fin de sa vie il aimait à lire les écrits de
quelques bons auteurs Italiens, en particulier les
Sermons du P. Segneri, les Annales des sciences
religieuses, et quelques ouvrages ascétiques. Nous
avons dit l'étendue de ses connaissances dans les
sciences positives, nous pouvons ajouter qu'il
n'était presqu'aucun ouvrage sérieux de philosophie ou de religion qu'il n'eût lu, analysé et
annoté, pour l'instruction de son élève.

Toutefois, la partie de l'instruction fut celle qui
coûta le moins de peine à M. de Simony. Maximilien de Sully, sans être brillant d'esprit et d'i-
magination, avait autant d'ardeur que d'ouverture pour l'étude. Mais il était beaucoup plus
difficile de dompter son naturel fougueux, ses
penchants violents, joints à une crainte excessive
des jugements des hommes et à une certaine facilité qui l'exposait à céder à toutes les impressions. M. de Simony ne chercha point à briser
tout d'un coup ce caractère emporté, mais il
s'appliqua fortement à le tourner au bien, à lui
faire embrasser la vertu avec ardeur, à lui ins-

pirer des goûts, des inclinations, des habitudes qui lui rendissent facile, l'accomplissement de ses devoirs. Ce fut à l'aide de la religion seule qu'il voulut réussir dans cette œuvre difficile. Il était persuadé que les motifs qu'elle présente, que les sentiments qu'elle inspire, que la pratique des devoirs qu'elle prescrit, suffiraient pour calmer peu à peu cette nature impétueuse, qu'une résistance trop brusque ne ferait qu'irriter. La suite prouva qu'il ne s'était point trompé. Tous ces défauts qui avaient donné de si vives inquiétudes pour l'avenir disparurent successivement, et dans un âge comme dans une fortune qui ne permettent ordinairement rien de modéré, le jeune de Sully devint un modèle de raison, de sagesse et de vertu.

Ce fut surtout à l'époque de sa première communion qu'on vit s'opérer une révolution complète dans toutes les parties de son caractère. M. de Simony l'avait préparé à cette grande action avec tout le soin qu'on pouvait attendre d'un cœur nourri depuis longtemps du goût et des sentiments d'une piété tendre et affectueuse. Cette touchante cérémonie fit sur Maximilien de Sully, une impression profonde. Le lendemain, il vint en offrir les premiers fruits à son précepteur, en lui présentant les résolutions qu'il avait prises la veille. Ces résolutions que M. de Simony conserva précieusement, montrent que son jeune élève ne se dissimulait aucun de ses défauts, et qu'à cette connaissance si rare, pour son âge, il joignait un vif désir de s'en corriger, une foi simple, une piété sincère, une vive horreur du mal, et un grand amour de la vérité. M. de Simony voulut lui marquer à son tour sa reconnaissance et son affection par cette lettre où il mêle sagement les avis aux félicitations.

« Je bénis Dieu, mon cher ami, des bonnes résolutions qu'il vous a inspirées, et auxquelles j'espère qu'avec sa grâce, vous serez fidèle. Vous vous souviendrez, mon enfant, que c'est sans trouble et dans la paix, qu'il faut servir le Seigneur: son joug est doux et son fardeau est léger. Pour lui être agréable, il ne faut ni contention d'esprit, ni crainte servile. Beaucoup de simplicité et une bonne volonté parfaite, voilà tout ce qu'il demande de vous. Si donc il vous arrive quelquefois de manquer à vos bonnes résolutions, ne vous effrayez point, gardez-vous de croire pour cela que vous ayez perdu le fruit de vos efforts précédents, contentez-vous de vous humilier de votre faiblesse et de votre légèreté, revenez ensuite avec plus de courage à la pratique de votre règlement. Vous avez en effet à craindre le découragement. Si vous trouvez pénible d'être assujetti à une règle que vous vous êtes imposée à vous-même, souvenez-vous qu'en l'accomplissant, c'est la loi de Dieu que vous accomplissez, puis-

que les devoirs que vous vous êtes prescrits sont
ceux que la foi vous dicte et auxquels tout homme
vraiment sage et honnête doit être fidèle toute
sa vie.

« Comme vous n'avez pas d'ami plus tendre et
plus affectionné que moi, je vous invite, lorsque
vous vous sentirez moins de force pour accomplir votre règlement, de venir déposer dans le
sein de l'amitié vos peines et vos dégoûts. Vous
puiserez quelque force dans ces communications
intimes. On est heureux d'avoir un ami qui nous
connaisse bien et qui puisse bien nous faire connaître à nous-même.

« Après le découragement que vous devez craindre, redoutez aussi les tentations de l'amour-propre. Il vous persuadera souvent que vous êtes
assez raisonnable pour vous conduire d'après vos
propres idées, il vous donnera une certaine confiance en vos forces, ce qui est un écueil bien redoutable et auquel vous succomberiez certainement si vous ne conserviez pas précieusement
cette heureuse simplicité, cette docilité parfaite
qui sera votre sauve-garde tant que Dieu vous
conservera des guides en qui vous puissiez
avoir une entière confiance.

« Vous faites bien, mon enfant, de prendre la
résolution de parler peu. Ecoutez les personnes
raisonnables, et profitez de ce que vous leur entendez dire de bon. Interrogez quelquefois;

mais gardez-vous toujours de prendre un ton
confiant et décisif, la modestie est la vertu de
tous les âges, mais elle fait surtout l'ornement
du vôtre. Elle donnera du prix à vos paroles et
les fera recevoir avec intérêt. Un ton tranchant
est révoltant dans l'homme fait, et ridicule dans
la jeunesse.

« Accoutumez-vous de bonne heure, à ne point
sentir vivement les contrariétés auxquelles il est
impossible qu'on ne soit à chaque instant exposé.
Vous avez coutume, dans les occasions où vous en
ressentez, de ne convenir de rien, de disputer sur
le mot le plus indifférent, sur les circonstances
les plus minutieuses, et vous interprêtez alors à
votre désavantage tout ce qu'on dit même de
moins fâcheux pour vous ; vous cherchez à prouver uniquement que vous avez droit de vous
plaindre, et peu vous importe alors que vous
n'obteniez point ce que vous désiriez, pourvu que
vous satisfassiez votre amour-propre en montrant
que vous aviez lieu d'être mécontent. Vous pensez à vous exclusivement, et n'êtes obligeant à
l'égard des autres qu'autant qu'il ne vous en
coûte rien. Si un service à rendre à autrui s'oppose à votre désir, vous ne le rendez pas ou ne
le rendez que de mauvaise grâce, vous n'êtes
point prévenant surtout lorsque vous avez quelque sujet d'être occupé de vous.

« Mais l'écueil le plus dangereux que vous

ayez à craindre, ce sont les mauvaises sociétés. Avec un caractère facile comme le vôtre, vous devez craindre de vous livrer trop aisément. Faites-vous des principes sûrs d'après lesquels vous puissiez juger les hommes. Ne donnez votre confiance qu'à ceux que vous connaissez déjà pour être de fidèles serviteurs de Dieu, ou à ceux que la pratique constante des vertus, la fidélité aux devoirs de l'honnête homme et du chrétien, rendront dignes de votre estime. En général, défiez-vous des maximes que vous entendez débiter dans le monde, des exemples que vous y trouverez. Souvent des personnes qui ont une réputation de vertu mettent en avant des principes faux. Notre siècle est livré à une philosophie perfide qui, couverte du masque de la vérité, séduit les faibles et les présomptueux. Vous avez une règle sûre à suivre : l'Evangile et l'enseignement de l'Eglise. C'est à la lumière de ce double flambeau que vous pouvez marcher avec sécurité, sans craindre de vous égarer.

« Livrez-vous à l'étude avec ardeur et constance, que les difficultés ne vous arrêtent pas ; travaillez comme si vous deviez toujours vivre. Mettez de l'ordre dans vos travaux, accoutumez-vous à ne rien faire sans réflexion, rendez-vous raison à vous-même de ce qui fait la matière de vos études, mettez autant que vous le pourrez vos réflexions par écrit, tâchez d'ennoblir votre travail par votre intention, en lui donnant une fin sublime, je veux dire Dieu. »

A la joie bien légitime que devait éprouver M. de Simony, en voyant que le jeune cœur qu'il cultivait répondait si bien à ses soins, s'en joignit une autre non moins douce pour lui. Au mois de juin 1798, sa sœur dont la vie était comme une partie de lui-même, et qui était encore en émigration, fit un second voyage en France. M. de Simony, obligé de retarder de quelques jours le plaisir d'aller la trouver à Bellegarde, lui écrivait ainsi qu'à Mme Chervaux :

« J'ai eu ce matin, mes chères amies, une des plus grandes joies que j'aie jamais éprouvées. J'étais levé, mais hors d'état de paraître encore, quand le postillon de M. Bonet est arrivé; on a appliqué l'échelle à la fenêtre pour m'avertir et sans avoir achevé de lire la précieuse lettre, je me suis mis en devoir d'aller à Villeneuve St-Georges, remercier mille fois M. Bonet pour tout le bien qu'il m'avait fait. J'ai lu et relu chemin faisant votre lettre et la sienne, et enfin je l'ai rencontré sur le chemin où il se promenait en m'attendant; je l'ai abordé comme si je l'eusse reconnu et je l'ai embrassé. Il m'a parlé de toi, mon Ursulette, comme s'intéressant vivement à ton sort, et tout ce qu'il a fait pour toi, me l'a rendu véritablement cher. J'ai causé avec lui de vous tous, jusqu'à neuf heures, qu'il est parti

pour Paris. — Il m'a dit quel était son espoir
d'être utile à Jules (Chervaux). J'avoue que l'i-
dée de le voir séparé en même temps de vous et
de moi, ne m'a nullement flatté. Je n'ai point
cependant rejeté l'offre de M. Bonet, d'autant
qu'il m'a dit que peut-être pourrait-il n'avoir
Jules, au moins dans les premiers temps, que
pour la forme. Il faut avouer cependant qu'une
place dans les haras vaut mieux que de servir dans
des armées telles que les nôtres, où on court plus
encore risque des mœurs que de la vie. Vous êtes
étonnées, mes chères amies, que je ne vous aie
pas encore parlé du jour de mon départ pour Bellegarde; hélas! s'il n'y avait à consulter que son
cœur, j'eusse été aujourd'hui à Paris, demain à
Montargis, et après-demain dans vos bras; mais il
faut sacrifier ses jouissances au bien que l'on peut
faire; ma présence sera nécessaire ici mercredi et
jeudi; vendredi nous irons à Paris: si ce jour ne
suffit pas, il faudra bien y joindre le lendemain,
peut-être serai-je obligé à quelques démarches relativement à mon congé, car si la dernière loi n'est
pas mieux conçue que le projet que j'en ai vu, il
faudra nécessairement de la part du gouvernement une explication qui, j'espère, ne souffrira
pas de difficulté. Je ferai ce que je pourrai pour
arriver en un jour à Bellegarde...... Mais n'est-il
pas vrai, bonne Ursulette, que tu me saurais
mauvais gré de venir près de toi avec des

regrets? il faut que je jouisse pleinement du plaisir de te voir.

« Adieu, bonsoir, chères amies, j'embrasse ces chers enfants; il me semble que je suis auprès de tout ce monde-là, qu'on m'embrasse, qu'on m'appelle Jules, mon oncle, ma biche, tous ces noms si rares pour moi depuis longtemps. Mon Dieu! que de grâces j'ai à vous rendre!.... J'ai bien admiré, bonne amie, sa providence sur toi, il te mène comme par la main...... » Nous nous plaisons à rapporter ces détails, quelque petits qu'ils paraissent, ils peignent au naturel un cœur tendre et affectueux qui se prête avec abandon aux joies simples et pures de la famille et de l'amitié.

Deux années plus tard, en 1800, il conduisit le jeune de Sully aux eaux de Plombières. Il eût bien voulu pouvoir à son tour visiter sa sœur qui, comme nous l'avons dit, demeurait alors en Suisse........... « J'ai passé bien près de toi, mon enfant, lui écrivait-il, il ne m'eût fallu qu'une petite journée pour aller t'embrasser; mais il a fallu me contenter de penser à toi, et au plaisir que j'avais de me sentir dans ton voisinage, s'est bientôt joint le regret de ne pouvoir me réunir à toi et de m'éloigner davantage. Enfin, me voici dans les gorges de Plombières pour deux mois au moins, et qui sait si la Providence nous permettra, au bout de ce terme, de nous revoir? Au moins tu peux être sûre, chère bonne,

que de près comme de loin, je t'aime en bon
frère et encore plus en véritable ami, et que je
suis tout à toi. Je penserai à toi, tu ne m'oublie-
ras pas, nos cœurs s'entendront toujours, et quoiqu'à une grande distance, nos âmes demeureront
unies. »

Mᵐᵉ de Villers instruisait son frère en détail
de tout ce qui avait rapport à ses enfants, elle
le mettait au courant de leurs bonnes qualités,
de leurs défauts, de ses craintes comme de ses
espérances pour leur avenir. « Ce que tu me dis
de tes enfants, lui répondait-il, me fait craindre
que tu n'aies bien à travailler pour détruire le
mal que la dissipation leur aura fait. Tu feras
bien de veiller particulièrement sur le travail
des mains et sur leur caractère, il faut leur donner l'habitude d'être continuellement occupées
et de t'obéir sur-le-champ. Je te conseille de peu
raisonner avec elles, d'exiger qu'on obéisse
promptement et sans réplique, de parler le
moins possible ; point de gronderies, rien n'est
plus opposé au but ; point d'impatience, les enfants s'en prévalent, ou au moins s'habituent au
ton grondeur, ce qui est pire. Des ordres précis,
si on n'obéit pas promptement, un *moustachon*,
sans impatience, et accompagné d'un seul mot,
obéissez. Quand j'ai assez de courage pour prendre ce ton avec mon élève, il me réussit. Quand
je raisonne, il se trouve qu'il en fait autant que

moi et qu'entraîné par son caractère il oublie mon raisonnement et le sien et suit son penchant. Surtout diligente-les, et pour cela, commence par te diligenter toi-même; toi et moi nous avons besoin de cette leçon. Il est urgent qu'elles prennent l'habitude de l'activité et de l'ordre à tout ce qu'elles font. J'aimerais mieux qu'elles ne sussent pas lire et qu'elles fussent rangées et exactes, c'est surtout dans leurs jambes et dans leurs doigts que doit être leur science; le reste est d'agrément et ajoute la grâce à l'édifice, mais les premières qualités sont tout le solide. »

La joie que goûtaient M. et Mme de Sully à la vue du changement admirable qui s'était opéré dans leur fils, objet unique de leurs affections, ne fut pas de longue durée, et Dieu leur rappela bientôt que le bonheur ici-bas n'est jamais sans mélange. « Plusieurs fois, depuis longtemps, écrivait M. de Simony à sa sœur, en voyant cette famille si unie, ce mari si respectable, cette femme si vertueuse et si tendre, cet enfant qui annonçait de si heureuses dispositions, le bonheur, me disais-je, doit être au sein d'une semblable union; mais ce calme profond n'est-il pas le précurseur de la tempête? Je ne saurais te dire combien de fois cette idée est venue traverser la joie que j'éprouvais à l'aspect de ces nœuds si doux, et que la vertu elle-même s'était plu à former. »

Ces craintes ne tardèrent pas à se réaliser.

Depuis quelque temps, la santé de M. de Sully
paraissait s'affaiblir. Les médecins ordonnèrent
les eaux de Plombières. M. de Sully avait une
répugnance très-forte pour ce voyage dont le
terme devait être aussi celui de sa vie. Cependant
il le fit par obéissance. Ce fut pendant le voyage
même que se déclara tout à coup la maladie
qui devait le conduire au tombeau. Dès lors il
n'eut plus un moment qui ne fût marqué par
d'affreuses douleurs. « Dès lors aussi, nous dit
M. de Simony, témoin de ses maux et de sa
constance, il fit paraître un courage inébranlable, une résignation parfaite, un abandon total
de lui-même au bon plaisir de Dieu, une bonté,
une douceur, une sérénité qui ne le quittèrent
pas un seul instant. Un de ses médecins, par des
remèdes peu mesurés, avait sans aucune utilité
augmenté visiblement ses souffrances, et aggravé
son état. M. de Sully ne répondit à cette impru-
dence qu'en témoignant à celui qui en était l'auteur plus de sensibilité et de reconnaissance pour
les bons offices qu'il en recevait. Un seul instant
il parut ému ; ce fut celui où faisant ses derniers
adieux à sa famille, il se représenta l'état de délaissement où sa mort allait laisser son épouse et
son fils, et où, réunissant toutes ses forces, il
leva les mains sur la tête de son enfant pour lui
donner sa bénédiction et ses derniers avis. « Mon
fils, lui dit-il, sois bon chrétien, c'est le vœu le

plus ardent de ton père et le seul moyen d'être
heureux en cette vie et en l'autre. » Il laissa alors
échapper quelques pleurs, tandis que tous ceux
qui l'environnaient fondaient en larmes. Mais bientôt revenant à la pensée de Dieu dont son cœur
était plein, il reprit ce calme que rien ne fut plus
capable d'altérer jusqu'à son dernier moment. »

M. de Simony, en nous retraçant la mort édifiante du duc de Sully, supprime un trait qui lui
fait trop d'honneur pour ne pas être rappelé.
Maximilien de Sully s'empressa d'écrire, pour
les conserver, les dernières paroles que son père
venait de lui adresser. Or, à la suite de celles que
nous avons citées, le duc de Sully ajouta :
« Respecte et aime bien ta mère, sois-lui toujours soumis, rends-la heureuse par ta conduite,
tu seras sa seule consolation. Aime bien aussi
M. de Simony, c'est lui qui désormais te tiendra
lieu de père. Tu as bien des grâces à rendre à
Dieu pour te l'avoir donné, pour t'avoir mis entre ses mains. C'est une bien grande consolation
pour moi de penser qu'en mourant je te laisse un
tel ami. Tu as eu bien des torts envers lui, tâche
de les réparer, de ne jamais lui manquer, soyez
toujours bons amis, tu me promets bien tout
cela, mon enfant. Tu es un bon enfant, je connais
ton cœur. Que Dieu soit toujours le mobile de ta
conduite et ton soutien. Ne t'attache point à
cette vie, elle passe bien vite. J'espère que nous

serons bientôt réunis tous ensemble à côté de lui. » Ces dernières paroles avaient quelque chose de prophétique. Sept ans plus tard, le jeune de Sully quittait la vie à la fleur de l'âge, et l'année suivante, Mme de Sully, âgée seulement de quarante ans, allait rejoindre, dans la tombe, son époux et son fils.

La religion, que le duc de Sully avait honorée par une vie toute de vertus, lui prodigua ses consolations au milieu de ses cruelles souffrances; il eut le bonheur d'être assisté au moment de sa mort par un confesseur de la foi, qui, depuis les premiers jours de la persécution, menait une vie errante, exposé à mille dangers pour secourir ses frères. Ce saint prêtre lui administra les derniers sacrements et ne le quitta que lorsqu'il eut passé à une vie meilleure (16 octobre 1800), en prononçant ces paroles de l'Écriture : « Que je meure de la mort des justes. »

M. de Simony était trop uni à la famille de Sully pour ne point ressentir vivement le coup qui venait de la frapper; mais il était trop sincèrement chrétien, pour ne pas tirer de ce triste événement les graves leçons qu'il renfermait. C'est sous l'impression de ce double sentiment qu'il écrivit à sa sœur, le 14 octobre : « Je viens me consoler avec toi, bonne amie, du spectacle de désolation qui m'environne; l'état de M. de Sully est désespéré, son heure dernière approche; son fils vient de déposer dans mon sein sa profonde douleur. Mme de Sully est auprès de son mari, la désolation dans le cœur, le calme sur le visage, et me donnant tout à craindre pour elle des suites de sa douleur et des fatigues inouïes qu'elle éprouve depuis près d'un mois. Le présent et l'avenir, tout est affligeant pour moi, quand je considère tout ce qui m'environne. . . . . Ainsi, ma chère amie, il n'est point de bonheur tant soi peu durable sur la terre; ainsi Dieu n'épargne point ici-bas ses plus fidèles serviteurs. Souvent il se plaît à les frapper des coups les plus terribles. Il est donc une autre vie que celle-ci où il paie avec usure l'intérêt de ce que sa providence nous fait éprouver de maux ici-bas. Ainsi cette vie n'est qu'un court passage où nous avons marché constamment sur des épines, afin que nous ne soyons pas tentés de nous y établir. Les noms de plaisir, de bonheur, de contentement sont donc de vains noms sur la terre, et il ne faut s'attendre à en voir la réalité que dans l'autre vie. Voilà, chère amie, les réflexions toutes naturelles que j'ai faites constamment depuis que je suis témoin de tant de maux, et aussi de tant de courage et de résignation. Tu sentiras que le but de la Providence dans les maux de cette vie est d'en détacher les justes pour se les attacher sans réserve, et de s'en faire aimer par-dessus toutes choses.

7*

Tu ne trouveras pas étonnant que je te fasse part de mes réflexions, car tu les entendras et tu les comprendras mieux que personne. Inculque - les bien dans le cœur de tes enfants, c'est l'héritage le plus précieux que tu puisses leur laisser; donne-leur non-seulement de la religion, mais de la piété, elle est le gage du seul bonheur dont on puisse jouir sur la terre, et de celui auquel nous aspirons dans le ciel. »

Deux jours après, il lui envoyait ces quelques lignes : « Tu n'auras qu'un mot aujourd'hui et qu'il sera triste ! M. de Sully a fini ses jours hier. Dieu lui a donné la récompense de ses douleurs et de ses vertus. Juge de ma situation au milieu de cette famille désolée. Mon amie, il n'y a rien de bon et de solide que Dieu, lui seul est immuable, et lui seul peut donner de véritables consolations. Que Mme de Sully est grande au milieu de sa douleur ! Que de foi et de soumission !.... » C'est ainsi que tout élevait jusqu'à Dieu cette âme généreuse et chrétienne. M. de Simony s'habituait à voir, dans chacune des peines que Dieu lui ménageait, l'impression de sa main divine qui voulait le détacher de plus en plus de tout ce qui est mortel, et le préparer, par des renoncements successifs, au sacrifice de tout lui-même. Il fut obligé de différer encore ce sacrifice de quelques années, mais ce délai ne servit qu'à le rendre plus parfait.

CHAPITRE VIII.

LA MORT DE M. DE SULLY DÉTERMINE M. DE SIMONY A
PROLONGER SON SÉJOUR DANS LA MAISON DE SULLY.
— HAUTE IDÉE QUE Mme DE SULLY AVAIT DE SA
VERTU. — CONSEILS DE M. SIMONY A MAXIMILIEN
DE SULLY, POUR DIRIGER SA CONDUITE AU MILIEU
DU MONDE. — TENDRE ATTACHEMENT DE M. DE
SIMONY POUR LE JEUNE DUC DE SULLY. — TABLEAU
QU'IL LUI FAIT DU MONDE.

LA mort du duc de Sully privait le jeune
Maximilien des exemples toujours si puissants
d'un père vertueux, et lui rendaient plus nécessaires les sages conseils et la tendre amitié de
M. de Simony. A peine son père eut-il rendu le
dernier soupir, que, sous l'impression d'une
douleur difficile à décrire, il était venu se jeter
dans les bras de son ami et le conjurer de vouloir
bien lui servir, longtemps encore, de guide et
de père. M. de Simony nourrissait toujours le
projet de suivre sa première vocation, aussitôt
que le rétablissement du culte en France le lui

permettrait. Cependant il ne put refuser cette
nouvelle preuve de dévouement aux larmes d'un
enfant qui lui avait été confié, plus particulièrement encore, par la tendresse d'un père mourant.
Mᵐᵉ de Sully, de son côté, ne pouvait supporter
l'idée de voir, de longtemps, son fils séparé d'un
guide aussi utile au milieu des écueils dont il allait être environné. Depuis la mort de son mari,
cette pieuse dame, imitant ces veuves, dont
parle saint Paul, vivait plus retirée que jamais (1), ne voyait plus le monde que pour en
soulager les infortunes, et ne demandait tous les
jours à Dieu qu'une grâce, celle de voir revivre
dans son fils, les vertus de l'époux qu'elle pleu-
rait. Elle avait la plus grande idée de la vertu de
M. de Simony; elle recevait avec déférence, et
provoquait même ses observations et ses conseils
sur ce qui la concernait. On peut juger par la
lettre suivante, de la confiance qu'elle avait en
lui, et des sentiments de haute piété qui la soutenaient au milieu de ses peines.

---

(1) Mᵐᵉ de Sully habitait la plus grande partie de l'année, son château de Mousseaux, commune de Draveil,
près Paris. Elle légua, par testament, cette terre à Mᵐᵉ de
Polignac, sa parente. Elle avait fixé le lieu de sa sépulture
dans la chapelle du château, entre son mari et son fils, avec
le désir qu'une messe fût dite tous les jours à perpétuité pour
le repos de leurs âmes. Le château de Mousseaux ayant été
vendu depuis, les corps de MM. et de Mᵐᵉ de Sully furent
exhumés et transférés dans le cimetière de la paroisse de Draveil.

« Je vous remercie de la franchise avec laquelle vous me parlez, vous savez combien je désire qu'on l'emploie toujours vis-à-vis de moi ; c'est le retour que demande la mienne. L'augmentation de tristesse que vous avez cru remarquer, vient de ce que vous m'avez vu plus longtemps de suite. Lorsque vous ne passez que deux jours ici, je me force davantage vis-à-vis de vous et de Maximilien pour qu'elle s'aperçoive moins, et je ne me laisse pas aller autant à la triste, mais bien réelle, satisfaction de parler de mon malheur et de tout ce qui peut y avoir du rapport ; mais cet état de mon âme n'influe nullement sur ma santé, je suis touchée de l'intérêt que vous y prenez, n'en ayez aucune inquiétude ; dans les moments les plus heureux de ma vie, elle n'a jamais été meilleure. Dieu la conserve vraisemblablement pour cet enfant auquel, suivant tous les calculs humains, il ne paraissait pas que je dusse jamais être nécessaire. Il faut adorer ses décrets ; il a donné la meilleure part à M. de Sully, c'est juste, il la méritait bien mieux que moi. Vous savez que j'ai la confiance qu'il sera encore plus utile à son fils dans le séjour du bonheur qu'il ne l'aurait été dans ce malheureux monde. Si Dieu m'a choisi pour coopérer à un si grand bien, je ne veux pas m'en plaindre, je lui devrai même des actions de grâces, si la prolongation de ma triste vie peut être de

quelqu'utilité à un être si cher ; mais je vous l'ai
dit bien des fois, s'il lui plaisait de disposer de
moi, je penserais alors que je n'étais point utile
à l'accomplissement de ses desseins sur lui, et je
serais sans inquiétude comme sans regret à ce
sujet. Je vous assure que je ne me refuse point à
recevoir les consolations bien réelles que Dieu me
donne, et qui sont mille fois plus grandes que je
ne le mérite ; vous savez combien la conviction
où je suis du bonheur de M. de Sully m'est
douce et a de prix pour moi. Les bonnes dispositions de mon fils, ses progrès, l'amélioration de
sa santé, le bienfait inappréciable de lui avoir
donné un guide et un ami tel que vous, sont des
objets d'actions de grâces continuelles ; il n'est
point de jour qu'en les offrant à Dieu, je ne lui
demande de se charger lui-même d'acquitter mes
dettes de reconnaissance, lui seul en a la possi-
bilité ; mais tous ces biens ne m'empêchent pas
de sentir vivement ce que j'ai perdu ; et la nécessité de porter plus haut mes espérances, puisque
rien dans ce monde ne peut plus m'y faire goûter
de bonheur et que réellement il n'en existe pas
lorsqu'on est toujours à la veille de la perdre. Il
y a aujourd'hui vingt-deux ans que j'ai été mariée ;
quelques douleurs que cette union si douce m'ait
causées, depuis qu'elle est rompue, ce jour m'est
bien cher, il n'est point de bonheur en ce monde
que je voulusse mettre en comparaison avec celui

d'avoir été la femme de M. de Sully, d'avoir pos-
sédé son cœur, reçu ses exemples, ses conseils,
et d'être assurée de sa protection. Puissai-je, si
je suis destinée à vivre encore longtemps ici-bas,
le voir revivre en son fils ! »

Ce vœu de son cœur maternel s'accomplissait
sous ses yeux. Maximilien de Sully comprit les
nouvelles obligations que la mort de son père lui
imposait. Le souvenir de ses vertus demeura vivement empreint dans son âme, et il fit voir que
son désir le plus vif était de les retracer dans
toute sa conduite. Il était dans un âge où l'on
s'empresse ordinairement de secouer le joug des
leçons et des conseils. Pour lui, dit M. de Simony, il continua de se soumettre volontairement
au guide de son enfance. Il discutait avec lui, il
est vrai, les motifs de ses actions, mais le plus
grand bien une fois reconnu, il l'embrassait avec
courage et le poursuivait avec persévérance. Son
rang l'obligeait à paraître dans les brillantes
réunions du monde, il le fit toujours avec une
prudence et des précautions qui rendirent ces
plaisirs sans danger pour lui. Lorsque sa santé,
toujours délicate, lui eut fait un devoir d'y renoncer, il accepta cette privation avec une résignation toute chrétienne. Il ne vit dans la continuité des peines qu'il éprouvait que la sollicitude
du père céleste à écarter de lui les dangers et les
illusions du monde. « Que sais-je, disait-il, ce

que je serais devenu avec un caractère si emporté que le mien, sans le frein qu'il a plu à Dieu d'y mettre. »

Cependant le moment approchait pour lui de prendre dans le monde la place que lui assignait sa naissance, son nom et sa fortune. M. de Simony le préparait depuis longtemps à cette nouvelle épreuve. Toutefois il ne voulut pas le laisser entrer seul dans le monde, sans lui avoir fait connaître en détail la route qu'il devait y suivre et les écueils qu'il devait y éviter.

Cette carte du monde, c'est le nom que donne M. de Simony lui-même aux sages conseils qui vont suivre, est trop savamment tracée, pour qu'on ne nous sache pas gré d'en reproduire ici la plus grande partie. Un autre motif doit nous rendre chères ces règles de conduite, c'est qu'elles renferment tout le secret de la vie de M. de Simony. C'est l'histoire intérieure de son âme, c'est l'exposé des principes de religion, de sagesse, de prudence, de bonté, de délicatesse, de générosité, qui dirigèrent toutes ses actions; c'est aussi la continuation des sages leçons qu'on a pu recueillir de sa bouche pendant de longues années ; elles auront même ici quelque chose de plus sacré en sortant de sa tombe, ou plutôt en descendant du ciel où son âme, nous en avons la confiance, contemple maintenant dans sa source, la vérité qu'il a tant aimée sur la terre.

L'exorde, ou si l'on veut, la dédicace de ce petit écrit, respire l'amitié la plus tendre. Le cœur de M. de Simony s'y révèle tout entier. Sa maxime avait toujours été de ne parler à la raison de son élève qu'après avoir gagné son affection. « En fait d'éducation, comme en fait « de religion, disait-il, on ne parvient à l'es- « prit que par le cœur, on ne fait entrer dans « la vérité que par la charité. » Aussi comme il sait bien se rendre maître de ce cœur et con- cilier à ses paroles l'autorité dont elles ont besoin !

« Je vous aime, mon cher fils, votre cœur qui répond si bien à ma tendresse, vous le dit mieux encore que ne le pourraient faire toutes mes paroles; mais s'il vous en fallait une nouvelle preuve, vous la trouveriez dans les sentiments qui m'ont dicté les conseils que je vous offre renfermés dans ce petit écrit. Les heureuses et si douces espérances que vos dispositions et votre conduite jusqu'à ce jour m'ont fait concevoir, me persuadent qu'il ne sera pas inutile entre vos mains. Je ne chercherai donc point en commençant, à donner du poids à mes paroles, et de l'autorité à mes instructions; non, quand je ne tiendrais pas du père que le ciel vous avait donné, et qu'il ne vous a ravi que pour le ré- compenser plus tôt de ses vertus, et son titre et ses droits, je les trouverais écrits dans votre cœur par la reconnaissance. Vous payez trop

bien, cher ami, mes sentiments par les vôtres,
pour que je ne croie pas que tout ce qui vient de
ma part, ne soit reçu de vous, et avec respect
comme de la part d'un père et avec joie comme
de la part d'un ami.

« Du reste, croyez que ce n'est pas ma voix
toute seule que vous allez entendre ici; cette
mère dont la tendresse a fait jusqu'ici vos plus
plus douces jouissances et dont les vertus ont
toujours commandé votre confiance et votre admiration, veut aussi que je vous parle en son
nom. Ah! qu'il m'est doux de vous présenter
ainsi mes sentiments confondus avec les siens! »

Après ce préambule, M. de Simony entre en
matière; sans adopter une division rigoureuse, il
pose d'abord les principes généraux de toute
conduite chrétienne et raisonnable, il descend
ensuite aux devoirs qu'il appelle personnels et
à ceux qui ont les autres pour objet.

Avant tout, il croit nécessaire de donner à
son élève le signalement de ce monde contre
lequel il veut le mettre en garde. Voici le tableau
qu'il en fait, non pas à plaisir, mais d'après
nature. Chaque trait de ce tableau décèle un
coup-d'œil observateur, un esprit juste, qui
sans rien exagérer, fait à chacun la part qui lui
revient; au monde qui vit sans règle et sans
frein au gré de ses désirs, comme à celui qui
se couvre des apparences de la régularité.

« Jusqu'ici le cri des passions ne s'est fait
entendre que de loin et n'est pour ainsi dire parvenu jusqu'à vous que par échos. Les fausses
opinions du monde ne se sont présentées à vous
qu'avec leur correctif; un heureux naturel et des
principes solides auxquels vous étiez rappelé
sans cesse par nos soins formaient un obstacle
presqu'invincible au torrent qui en entraîne
tant d'autres. Maintenant, d'autres voix vont
peut-être se faire entendre. Le monde que vous
allez fréquenter sait quelle a été votre conduite
jusqu'à ce jour; il s'empressera d'en sonder les
fondements. Elle a été trop opposée à celle qu'il
tient lui-même pour qu'il ne triomphe pas, s'il
les trouve faibles; et il n'épargnera rien pour les
renverser. Il est expert dans l'art de tromper la
jeunesse, et ses moyens sont grands. Je vais
avant tout, essayer de vous les détailler en peu
de mots.

« Sa figure est séduisante, tout d'abord y respire le plaisir et la gaîté. C'est à qui en augmentera
l'éclat. C'est le séjour de la liberté, j'entends
celle des passions. Combien d'autres sortes de
contraintes y règnent? Là, les louanges sont pour
tout ce qui peut flatter les goûts et la fantaisie;
là, le frein des vices est adouci; là, l'empire est
donné aux sens, la raison est devenue captive.
Les préjugés y tiennent lieu de principes, chacun
s'y laisse doucement entraîner à l'opinion, et

l'opinion est toujours en faveur de ce qui est le plus commode. De lois rigoureuses, on n'en connaît pas, on n'y reconnaît que celles qui se prêtent mollement aux caprices et aux volontés particulières. La loi éternelle y est refondue et remoulée pour ainsi dire au gré des passions.

« Dans le monde, se rencontrent ces plaisirs qui frappent la vue, ébranlent l'imagination et livrent les sens à une sorte d'ivresse qui ne laisse que bien peu la faculté de réfléchir.

« C'est dans le monde que l'on arrive à s'oublier soi-même, c'est-à-dire, son âme et sa conscience. Une suite de distractions agréables y tient chacun hors de soi et l'empêche d'entendre ce témoin et ce juge intérieur qui le rappelle au devoir et à la vertu.

« Le monde a des vertus qu'il préconise, vertus qui n'ont d'autres fondements que les passions et dont l'éclat ne laisse guère aux yeux des hommes la faculté d'en apprécier la valeur.

« Faut-il beaucoup plus que de telles armes pour subjuguer un cœur novice encore et qui ne connaît le monde que par de tels dehors?

« Peut-être m'opposez-vous déjà qu'on peut distinguer un monde d'un autre monde, certaines sociétés honnêtes et réglées de celles où dominent le luxe et l'amour des plaisirs, et où la morale et la religion sont comptées pour rien? Oui assurément; mais dans ces sociétés même réglées, chacun n'y apporte-t-il pas une certaine portion de l'esprit de ce monde dont nous venons de parler ? On y reconnaît des devoirs, je l'avoue, mais le plus grand nombre de ceux qui s'y rendent, n'a-t-il pas soin d'élargir la voie de la vertu ? Et chacun, dans le point qui le blesse, ne fait-il pas prêter la morale et la religion au gré de ses habitudes et de ses désirs ? Là comme ailleurs, n'y met-on pas les richesses et tout ce qui dans les idées du monde constitue le bonheur au premier rang des biens désirables ? L'amour d'une vie commode et aisée ne se montre-t-il pas en toute rencontre ? L'oisiveté, la mollesse, la sensualité n'y font-elles pas l'objet de tous les soins, de toutes les recherches ? La frivolité, en un mot, ne règne-t-elle pas avec empire dans ce monde ? Et si on ne peut pas dire que Dieu soit tout à fait banni du cœur du grand nombre de ceux qui le composent, en est-il moins vrai qu'on a honte d'y prononcer son nom, et d'y faire profession d'attachement à sa loi ?

« En faut-il davantage, mon cher enfant, pour vous faire comprendre de quelle nécessité il est pour vous de ne venir au milieu de tant d'écueils que comme un pilote dans des mers difficiles, la carte à la main, avec une route toute tracée par l'expérience et à l'aide de laquelle vous soyez à l'abri du naufrage où tant d'autres périssent malheureusement. »

—

CHAPITRE IX.

SUITE DES CONSEILS DE M. DE SIMONY AU JEUNE DUC DE
SULLY.— PRINCIPE FONDAMENTAL DE LA CONDUITE
D'UN HOMME RAISONNABLE ET CHRÉTIEN. — NÉ-
CESSITÉ DE RENDRE SA VOLONTÉ INDÉPENDANTE.
— NE POINT SE CONDUIRE PAR IMPRESSIONS. —
AMOUR EXCLUSIF DE LA VÉRITÉ. — MALHEUREUX
FRUITS DE L'AMOUR-PROPRE. — SAGE CONDUITE
D'UN HOMME QUI VEUT SUIVRE LA VÉRITÉ AUX
DÉPENS DE L'AMOUR-PROPRE. — OBLIGATION DE
S'ÉTUDIER SOI-MÊME. — LA MÉDITATION, UNIQUE
MOYEN DE PARVENIR A LA CONNAISSANCE DE DIEU
ET DE SOI-MÊME.

———

QUEL sera maintenant le principe fondamental, ou si l'on veut le point de départ qu'un
homme sage doit adopter pour assurer sa route
au milieu du monde ? Personne ici ne peut poser
un autre fondement que celui qui a été posé de la
main de Dieu lui-même. « C'est donc cette
idée, conclut M. de Simony, que nous sommes
faits pour Dieu et que notre bonheur est de le
posséder, qui doit être le fondement de tout l'é-

difice de notre vie ; c'est de cette idée que tout dans notre conduite doit partir, c'est vers elle que tout doit être ramené. »

De ce principe fécond, qu'il vient d'exposer, il se hâte de déduire les conséquences pratiques les plus générales. Les biens de ce monde ne sont que des moyens dont il ne faut user que selon les vues de la Providence. — Servir Dieu, doit être notre plus beau titre de gloire; publier ses bienfaits, notre plus douce occupation; s'attacher étroitement à lui, notre unique devoir.

Le jeune de Sully était naturellement porté, comme la plupart des jeunes gens, à se laisser dominer par les premières impressions, et plus encore par le respect humain. Voici par quelles considérations M. de Simony cherche à le rendre entièrement maître de lui-même. « Cet unique mobile de toutes nos actions étant supposé, je veux dire le désir de plaire à Dieu et de mériter de le posséder, je crois que le principal soin d'un homme véritablement raisonnable est de s'efforcer d'acquérir cette pleine liberté de la volonté qui la rend indépendante de tout ce qui n'est que goût, caprice, fantaisie, passion, sentiment, pour la soumettre à la raison. Le sentiment est un guide aveugle et corrompu; celui qui s'abandonne à son attrait sans réflexion, non-seulement court risque de s'égarer, mais doit être certain qu'il se perdra. Le sentiment, en effet, est pres-

que toujours décidé par la première apparence
du bien, et gâté qu'il est par le péché originel,
son penchant est toujours pour les objets sensibles et le plus souvent pour les satisfactions
même les plus opposées à la vertu. Travaillez
donc de toutes vos forces à rendre à la raison
l'exercice de tous ses droits, qu'elle domine
sur tous vos goûts, sur vos moindres appétits;
accoutumez-vous à considérer la raison de chaque chose à sa véritable valeur, pour ne vous y
attacher qu'autant qu'elle le méritera par les
rapports que vous y trouverez avec le véritable
bien. Commencez par vous défier toujours du
premier sentiment et ne vous y livrez qu'après
un mûr et sérieux examen. Habituez ainsi votre
âme à ne s'attacher qu'après avoir reconnu les
qualités réelles de l'objet vers lequel elle se
porte d'abord sur les simples apparences. De
même, quand vous aurez reconnu qu'un objet
est digne de votre estime, poussez votre cœur à
l'aimer en proportion du mérite réel que vous y
avez reconnu. Je ne vous donne pas ceci, très-
cher ami, comme une vertu dont l'acquisition
soit aisée et à la portée de vos seules forces. Devenir ainsi maître de soi-même et acquérir cette
vraie liberté, qui est, je puis bien le dire, le bien
le plus précieux, puisqu'il est la source de tous
les autres, ne peut être que l'ouvrage de la grâce,
secondée par des efforts multipliés. Il faut s'es-

sayer fréquemment à se surmonter soi-même, et
par de petites victoires dans les occasions les
moins importantes ; prendre petit à petit sur soi
cet ascendant et cet empire qui fait qu'un homme
sensé peut se rendre raison de chacune de ses
actions, et voir distinctement le but auquel elles
tendent et le bien qui doit en résulter. La perfection de cette vertu n'est point, je l'avoue, à la
portée de chaque homme, mais c'est vers elle
qu'il doit tendre sans cesse comme vers la perfection de l'homme et du chrétien : perfection
que Jésus-Christ nous commande par ces paroles : Que celui qui veut être parfait porte sa
croix et me suive.

« Telle est la vraie philosophie, car il en est
une, la seule digne de porter ce nom, philosophie
toute renfermée dans la religion et qui consiste
dans la connaissance de Dieu, dans l'amour qui
en est la conséquence, et enfin dans cette liberté
de faire le bien dont on jouit à proportion qu'on
a soumis ses passions par les efforts d'une volonté
efficace, déterminée et soutenue par la grâce. »

Pour exciter dans le cœur de son élève un vif
désir de cette vraie liberté, M. de Simony lui
montre les biens qu'elle procure, les maux
qu'elle fait éviter, les règles de conduite qu'elle
fait suivre. « Si tous vos efforts tendent ainsi à
acquérir cet empire sur vous-même, si nécessaire à qui veut être sûrement et solidement ver-

tueux, le premier fruit, et un des plus précieux
que vous retirerez, sera un amour exclusif de la
vérité. Ce qui s'oppose en nous au règne de la
vérité est ce malheureux amour-propre qui,
comme une racine maudite, ne produit que des
fruits gâtés et qui infecte jusqu'à nos penchants
les plus nobles. C'est lui qui fait de chacun un
centre auquel il veut tout ramener et il n'y a pas
jusqu'à l'inflexible vérité qu'il désirerait faire
plier à son gré. Heureux qui s'efforce de bonne
heure de le soumettre et qui, s'il ne peut le déra-
ciner, ne laisse à aucun de ses rejetons le temps
de prendre de la vigueur et de la consistance!
C'est cependant là le soin auquel les hommes se
livrent le moins ; aussi les voit-on sans cesse di-
visés, toujours attaquant et toujours attaqués,
du reste ne sachant jamais céder. La vérité est
une, et on dirait, au spectacle de contradiction
que donne le monde, qu'il y en a autant d'opposées qu'il y a d'individus qui le composent. On
discute, mais est-ce pour voir de quel côté se
trouve la vérité ? Non, c'est pour faire triompher
son opinion ; on n'a point d'oreilles pour les raisons qui appuyent le sentiment contraire, point
d'intelligence pour les comprendre. On les combat par les plus mauvais et souvent par les plus
ridicules raisonnements. Si la réplique manque
enfin, on se tait, mais on ne se rend pas, et on
aime mieux se donner pour un esprit faux, ou

encourir le reproche de mauvaise foi que d'avouer qu'on s'est trompé. C'est bien pis encore dans tous les points qui touchent l'intérêt personnel. La cupidité et les passions aveuglent l'esprit, on ne voit, on n'entend plus rien que ce qui leur est favorable, et on travestit la justice de son mieux, afin de pouvoir l'invoquer jusque dans ses plus injustes désirs.

« La punition la plus prochaine qui suit ce mépris de la vérité, c'est qu'après nous être trompés nous-mêmes volontairement, nous nous faisons une telle habitude de notre erreur que l'esprit finit par la prendre opiniâtrément pour la vérité. Ce n'est pas que celle-ci perde jamais tous ses droits, non, l'homme le plus séduit conviendra volontiers des vérités générales et les suivra même dans leurs conséquences, tant qu'elles n'en viendront pas au point de contrarier ses goûts, ses habitudes, ses préjugés ; qui est-ce, par exemple, qui ne convient pas en général qu'il peut se tromper, qu'il peut faillir ? Mais combien peu confessent qu'ils ont erré, ou avouent une faute de bonne foi !

« Quant à vous, cher ami, décidé que vous serez à n'être soumis qu'à la raison et à aimer la vérité aux dépens de l'amour-propre :

« 1° Ne jugez rien d'après les apparences, cherchez toujours à pénétrer le fond. Par exemple : la figure du monde est brillante ; mais

voyez comme bientôt elle est passée ; la jouis-
sance des plaisirs nous promet le bonheur, mais
ce bonheur ne dure qu'un instant ; mais ce bonheur est l'écueil de la vertu et la cause de tous les
vices. Les jugements des hommes sont redouta-
bles et imposent le respect humain ; mais ils sont
rarement fondés sur la vérité, et l'homme vertueux et sensé ne peut balancer entre la raison
du monde variable, comme les passions, et la raison éternelle qui nous jugera. C'est ainsi que
vous pèserez dans la balance d'une raison saine
et d'un cœur droit ce que tant d'autres admirent,
recherchent ou rejettent sur la simple apparence
et que vous ne vous déciderez qu'en faveur du
bien réel et que contre le mal véritable.

« 2° N'admettez rien par préjugé ou par passion ; mais avant d'affirmer, examinez de près,
pesez, discutez les preuves contradictoires et
suspendez votre jugement jusqu'à ce que vous
ayez reconnu clairement la vérité ; vous accou-
tumant à distinguer soigneusement ce qui n'est
que probable d'avec ce qui est certain. Ecoutez,
combien peu le savent faire ! Écoutez, car le plus
savant ignore bien des choses, et le plus sage est
encore sujet à l'erreur ; jugez sans impartialité
et sans avoir égard au caractère, aux manières,
aux mœurs, aux principes mêmes de la personne,
et encore plus à vos dispositions personnelles
pour elle, sans oublier cependant que celui qui ne

mérite pas l'estime, ne mérite pas la confiance.

« 3° Défiez-vous de vous-même et persuadez-vous que vous êtes sujet à l'erreur, vous le reconnaîtrez au reste d'autant mieux que vous veillerez davantage et de meilleure foi pour ne point vous y exposer.

« 4° Travaillez sans cesse à vous rendre maître de votre volonté pour ne la déterminer jamais que sur les motifs certains de votre plus grand bien. Soyez de bonne foi avec vous-même, et lorsque la raison combat un désir, ne vous payez pas de ces motifs, de ces excuses qu'on se donne à soi-même quand on veut se faire illusion. Ceci arrive plus souvent qu'on ne pense, et on ne saurait trop y veiller. Tenez-vous aussi en garde contre ce premier attrait qui aveugle l'esprit et se rend maître du cœur, si on ne l'arrête dès son principe ; la passion est faible à son commencement, et si on la tient constamment soumise à la raison, elle peut souvent servir d'instrument pour le bien ; mais si on la sert, ou seulement si on la néglige, elle est bientôt en effervescence, et prenant l'empire, elle soumet toutes nos facultés et obscurcit tout à fait la raison.

« 5° Enfin, sincèrement ami de la vérité, allez la chercher là où les hommes craignent ordinairement de la trouver, je veux dire, au dedans de vous-même.

« Ce mot me conduit à parler d'un des de-

voirs les plus étroits qu'un homme sage doive
s'imposer, j'entends l'obligation de s'étudier soi-
même. La curiosité est une espèce de besoin que
l'homme s'empresse souvent avec passion de satisfaire, et ce penchant à connaître, Dieu ne l'a
pas mis sans dessein dans notre âme. Le malheur
est que les hommes se trompent presque toujours
sur l'objet qu'ils doivent y donner ; et que ceux-
là même qui se proposent un bien moins frivole,
s'arrêtent à ce qui ne leur devrait servir que de
degré pour parvenir à la connaissance de la souveraine vérité. Ils négligent et ce qui leur est le
plus près et ce qu'ils ont le plus d'intérêt à connaître : Dieu et leur âme. Non-seulement ils négligent, mais ils craignent cette connaissance. Pourraient-ils, en effet, connaître Dieu et ne pas
renoncer pour lui aux objets qui flattent leur
orgueil ou captivent leurs sens ? Pourraient-ils se
chercher sans retrouver au-dedans d'eux-mêmes
ce témoin qu'ils redoutent, parce qu'il est si
difficile à séduire : la conscience !

« Pour vous, mon cher enfant, qui avez commencé d'apprécier les choses selon leur véritable
valeur, l'objet direct de vos recherches sera toujours Dieu ; et persuadé que la vertu est le véritable et l'unique repos de l'homme, vous ne
craindrez pas de descendre avec le flambeau de
la religion jusque dans les replis les plus cachés
de votre cœur, et vous tâcherez de faire pendant

votre vie ce que la foi nous dit qu'un juge inexorable fera lui-même après la mort. »

Il n'est personne qui ne convienne de l'importance de connaître Dieu et de se connaître soi-
même, mais le moyen de parvenir à cette double
connaissance est aussi négligé dans le monde qu'il
est inconnu. Le monde renvoie l'usage de la méditation aux religieux et aux personnes pieuses.
Voici comment M. de Simony combat ce préjugé :

« Pour parvenir à cette double fin, la connaissance de Dieu et de soi-même, je vous conseille (et cet avis est peut-être le plus important
que je puisse vous donner) de passer à peine un
seul jour sans employer au moins quelques courts
instants à réfléchir sur la grandeur, la bonté, la
justice, la miséricorde de Dieu, en un mot, sur
ses divins attributs et sur les preuves qu'il nous
a données de son amour, sur sa loi et les moyens
de l'accomplir fidèlement ; de n'en passer aucun
sans jeter au moins quelque regard sur vous-
même, pour vous étudier sans cesse, c'est-à-dire,
pour chercher à connaître vos penchants, vos
défauts, vos vertus. Vos penchants, pour les déterminer vers le bien ; vos défauts, pour vous en
corriger ; vos vertus, pour vous animer à les perfectionner et remercier celui de qui seul nous les
tenons. Telle était la pratique même des philosophes païens ; combien donc doit-elle l'être davantage celle d'un chrétien ?

« Certaines personnes qui ont même de la bonne volonté, se font de la difficulté de la méditation une excuse pour s'en dispenser ; mais de bonne foi, quel est l'homme si simple, l'esprit si léger qui ne puisse considérer un instant une des perfections adorables de Dieu pour s'y attacher, la frivolité et la vanité des biens qui passent pour s'en détacher, quelqu'un des mystères de la religion et des autres bienfaits de Dieu, pour l'en remercier, quelqu'un des devoirs de l'honnête homme et du chrétien pour en reconnaître l'obligation et y conformer sa conduite ? Quand je parle de la méditation, je ne parle pas de l'oraison sublime des parfaits, qui est un don du ciel, mais de la réflexion d'un homme sensé et touché de la bonté de Dieu, qui cherche de son mieux, et sans prétention à le connaître, à l'aimer, à le servir, qui s'efforce de mettre dans son cœur l'amour de la vertu et la haine du vice, de concevoir un regret véritable de ses fautes et d'en obtenir le pardon. Rien de plus à la portée de l'esprit le plus ordinaire ; les secours d'ailleurs ne manquent pas, et combien de faibles, d'ignorants et de simples qui, par ce moyen, sont arrivés à une philosophie qui eût fait rougir ces sages si renommés des anciens temps. »

CHAPITRE X.

SUITE DES CONSEILS DE M. DE SIMONY AU JEUNE DUC DE SULLY. — NÉCESSITÉ DE SE PRÉMUNIR CONTRE L'EMPIRE DE LA COUTUME ET DE L'OPINION. — INCONSÉQUENCES DES GENS DU MONDE QUI VEULENT ENCORE SE DIRE CHRÉTIENS. — NÉCESSITÉ ET AVANTAGES D'UNE VIE LABORIEUSE ET OCCUPÉE. — VIGUEUR DE CARACTÈRE, FERMETÉ D'AME QUI EN RÉSULTENT. — RÈGLES PARTICULIÈRES DE CONDUITE.

M. DE SIMONY revient à plusieurs reprises, dans cet écrit, sur la pernicieuse influence de l'opinion et du respect humain. On voit que c'était le côté faible qu'il s'agissait de fortifier. Il décrit en détail et au naturel les étranges contradictions du monde, indulgent pour les vices les plus honteux, inexorable pour les moindres ridicules; il fait ressortir en même temps avec autant de force que de justesse les inconséquences de ces chrétiens bâtards, dont Tertullien faisait autrefois un portrait si fidèle, lorsqu'il les appelait

9*

« chrétiens en l'air, et fidèles si vous le voulez. »
Plerosque in ventum et si placuerit christianos.

« Du reste, ce que je vous propose ici, mon cher enfant, n'est point le travail d'une âme commune. Rechercher les vrais fondements de la vertu, méditer la loi éternelle, se faire une règle invariable de conduite calquée sur les commandements du Seigneur, scruter sans cesse son cœur pour voir s'il y est fidèle, ce ne sont pas là des soins que se donne un homme ordinaire. *Tout le monde pense ainsi : tout le monde fait de même,* ne sont-ce pas là deux raisons décisives pour la plupart ? A quoi si l'on ajoute ce mot magique qui transforme en ténèbres les idées les plus claires : *Que dira-t-on, que pensera-t-on de moi ?* on aura tous les mobiles de conduite de presque tous les hommes. De là, non-seulement on travaille à attirer les regards du monde par ces recherches d'ajustements, de décorations, en un mot, par toutes les frivolités qui ornent à l'extérieur, mais on lui sacrifie les ornements de l'âme. On lui cache avec soin ce qui est le plus estimable, et on fait vanité de ce qui, dans le vrai, est le plus honteux. Ainsi on étale à ses yeux une froide indifférence pour les biens les plus précieux de l'âme, ou si l'on paraît les estimer, ce n'est qu'à la mode du monde, c'est-à-dire en termes généraux et dans cette étendue qui ne gêne personne, tandis qu'on rougit de paraître soumis à Dieu et reconnaissant envers lui, à qui l'on doit tout. On admet par air et sans discussion les opinions les plus opposées aux lumières du bon sens, on se prête à des usages, à des plaisirs, à des lectures, à des conversations qu'au fond du cœur on détesterait pour peu qu'on voulût laisser parler la conscience ; en un mot, on se façonne au gré de l'opinion et de la mode, et on perd ainsi cette noble liberté d'une âme raisonnable et forte, d'une âme éclairée des lumières de la foi et conduite par la grâce.

« Ah ! cher ami, après la grâce de Dieu qui est la source de tout bien, je ne puis ni ne veux vous en souhaiter aucun plus vivement que l'indépendance absolue du monde et du respect du monde, qu'un mépris réel pour tout ce qui s'appelle la vie du monde, pour cette vie dont la majeure partie est employée aux soins du corps, aux repas, à des conversations dont la frivolité est ce qu'il y a de moins condamnable, et dont le reste se passe dans l'inquiétude et le trouble des passions, ou se consume à rouler et à exécuter des projets dont le but est de les satisfaire. Ah ! malheur à vous, si contraint de connaître et de voir le monde, vous ne vous environnez pas de précautions pour y conserver votre liberté, si au moyen d'un plan inviolable de conduite vous ne vous faites pas un rempart insurmontable, si dès les premiers pas vous ne vous montrez pas tel que vous devez y être toute votre vie, c'est-à-dire ferme dans vos principes, réglé dans vos actions, religieux, sobre de plaisirs et de passe-temps, occupé à des œuvres sérieuses et comptant enfin pour ce qu'elles valent les occupations des gens du monde......

« Je ne parle point du danger des sociétés plus intimes qu'on est exposé à former dans le monde. Je sais que vous devez à Dieu qui vous l'a inspiré, un absolu dégoût pour toute société où vous ne trouvez pas d'abord un véritable esprit de religion, esprit sans lequel il n'y a en effet ni véritable vertu, ni sûreté dans le commerce de la vie. Cette heureuse disposition me donne aussi la confiance que le monde n'aura pas pour vous plus de charmes et qu'il vous suffira des premiers essais pour qu'il excite votre dédain et vous inspire de l'éloignement. Il me reste pourtant une crainte, c'est celle de ce danger auquel le plus sage succombe quelquefois, au moment qu'il s'y attend le moins, et que la jeunesse évite difficilement : je veux dire le respect humain et la crainte des jugements des hommes; mais Dieu me donne chaque jour, en vous faisant croître en sagesse et en force, l'heureuse assurance que sa grâce l'emportera toujours et que vous mettrez votre honneur et votre gloire à paraître à l'extérieur franchement et solidement vertueux; que vous ne rougirez pas du

titre d'enfant et de serviteur de Dieu, et que
tandis que les hommes semblent faire tous leurs
efforts pour se rapprocher des êtres sans raison,
vous montrerez que vous jugez plus beau de vous
rapprocher de Dieu et d'aspirer à vivre de sa
propre vie.

« Eh ! n'y eût-il d'ailleurs dans une conduite
équivoque, telle qu'on la voit mener à certaines
gens de ceux même qui se disent chrétiens, que
la honte de l'inconséquence, c'en devrait être
assez pour la faire redouter et fuir. Que de gens
cependant on rencontre qui, n'ayant pas perdu
tout à fait la foi, seraient bien fâchés de ne pas
se croire chrétiens, mais qui, plus empressés
encore à satisfaire leur goût pour une vie commode, sensuelle, indépendante, choisissant entre
toutes, quelques pratiques de religion peu assu-
jettissantes, et s'y soumettent volontiers, parce
qu'elles ne leur coûtent pas, en font leur appui
pour vivre sur tout le reste dans l'indépendance.
Elles veulent bien se dire à elles-mêmes qu'elles
sont chrétiennes, mais elles n'ont rien cependant dans leur conduite qui les distingue de celles
que Jésus-Christ appelle ses ennemis. Les voit-on,
en effet, se refuser aux plaisirs dangereux, mener
une vie réglée et occupée, détester le commerce
des libertins et des impies ? Les voit-on sérieusement penser à une autre vie, rechercher autre
chose que de se satisfaire en tout, que de vivre

dans la mollesse, l'indolence et les plaisirs ? Les
voit-on soumises et aux lois de Dieu et à celles
de l'Eglise, prendre sérieusement les moyens que
Dieu nous a préparés dans la religion pour nous
élever à lui et le servir fidèlement ? Non, et le
moins qu'on puisse leur reprocher, c'est une parfaite indifférence pour tout ce qui regarde Dieu.
Ce sont des êtres indéfinissables ; ils croient en
Dieu, et ils n'osent le nommer ; ils sont chrétiens,
et ils n'osent le paraître ; ils savent qu'ils ont des
devoirs à remplir, et ils négligent de s'en instruire ; ils attendent une autre vie, et vivent
comme s'il n'y en avait pas ; ils ne doutent pas
qu'au jour fatal ils seront jugés, et ils ne font
rien pour se préparer un jugement favorable ; ils
savent de quel prix est un avenir sans fin, et ils
ne songent qu'au moment présent ; ils sacrifient
tout à un peu de vanité, ils s'endorment tranquillement au bruit des plaisirs et prolongent autant qu'ils peuvent un sommeil dont le réveil
sera fatal. Jugez vous-même, cher ami, une
telle conduite, et voyez si elle est digne d'un
homme sensé. Pour vous, muni et fortifié de
toutes parts de principes inébranlables, confor-
mez-y votre conduite. Quelle honte, si sachant
tout ce que vous devez à Dieu et par quels liens
d'amour et de reconnaissance vous lui êtes attaché, vous veniez à le sacrifier à un exemple si
méprisable. Je sais que le monde a un diction-

naire au moyen duquel il ennoblit ses vices et ravale les vertus qui lui sont opposées; mais ne vous en tenez pas aux mots toujours séduisants dans sa bouche, allez toujours au fond et vous ne vous laisserez pas surprendre. Vous apprécierez au juste ce que veulent dire ces beaux noms de biens, de plaisirs, de gloire, d'honneur, de sensibilité, de vertu même, dans la bouche du monde, et vous jugerez ce qu'il entend par les mots de préjugés, fanatisme, bigoterie, simplicité, sottise, etc. »

Ce jugement que M. de Simony porte sur les inconséquences du monde, en matière de religion paraîtra peut-être sévère, mais il est mérité. Est-ce à dire cependant qu'il faudra se refuser rigoureusement à tous les usages du monde? Non, la religion ne l'exige pas, et la prudence conseille le contraire; voici seulement dans quelles limites doit se renfermer cette condescendance :

« Cette indépendance du monde, dont je souhaite tant que vous vous fassiez un devoir et un honneur, n'empêchera pas que vous vous assujettissiez raisonnablement à ses usages indifférents auxquels sa frivolité met tant d'importance et qu'un homme sage sait apprécier à leur juste valeur, mais auxquels, pour ne point paraître bizarre, il se soumet autant qu'il n'en résulte aucun déchet dans la règle de ses actions, et toujours avec d'autant plus de liberté, que n'exigeant que bien peu du monde, le monde a aussi bien peu à lui demander. »

Cette dernière pensée amène le sage précepteur à parler à son élève de la vie laborieuse et occupée, et à condamner dans certaines classes et dans certaines personnes ce qu'on serait tenté d'appeler le droit à l'oisiveté.

« Ceci suppose qu'une vie occupée et bien remplie de bonnes œuvres, que l'amour du travail vous aura établi dans cette heureuse assiette dans laquelle on ne sent pas le besoin d'aller décharger sur autrui le pénible fardeau de son existence, et qu'il aura placé en vous-même des ressources toujours prêtes pour occuper vos moments et profiter du temps, que pour l'ordinaire, les personnes d'un certain état n'abrégent qu'en le perdant.

« Le travail est un de ces mots qu'en général les personnes riches ou seulement aisées ne croient pas être fait pour elles. Elles s'incorporent tellement avec ce qu'elles appellent facultés, moyens, c'est-à-dire avec leur argent, qu'elles s'imaginent avec une pièce de monnaie dont elles paient la peine de leurs semblables, s'acquitter de tout devoir. Elles ne pensent pas d'abord combien il est honteux de recevoir de tous sans rien donner à personne, et de n'avoir d'autre valeur sur la terre que celle de ses écus :

ensuite que quelque riche, quelque puissant qu'on soit, rien n'exempte de l'obligation que Dieu a imposée à tous sans distinction de travailler. »

Mais à quoi doivent s'occuper ceux qui n'ont besoin de rien, ceux à qui la fortune fournit tout abondamment, et laisse à peine le temps de désirer : le voici :

« Le plus difficile pour bien des gens est peut-être de savoir à quoi ils doivent s'occuper, mais Dieu ne leur a-t-il pas donné une intelligence qu'ils peuvent étendre et perfectionner, un cœur qu'ils doivent maîtriser et dont ils sont obligés d'étudier les mouvements pour ne pas se laisser égarer ? N'ont-ils pas une religion sublime dans laquelle il leur est permis de creuser sans cesse, sous la direction de la foi, pour connaître toujours davantage Dieu dans l'immensité de ses œuvres et la grandeur de ses miséricordes, ennoblir ainsi leur raison en l'élevant jusqu'à lui, et échauffer leur cœur en contemplant cette bonté souveraine à qui il ne manque que d'être assez connue, pour être aimée par-dessus tout ? N'ont-ils pas enfin autour d'eux des larmes à essuyer, des malheurs à réparer, des consolations et des secours à distribuer, etc. ? Non, si la mollesse et l'indolence ne nous retenaient, le temps seul et le pouvoir nous manqueraient, et non les œuvres. Nous en rendrons compte un jour de ces œuvres omises, pensons-y bien !! »

M. de Simony voyait, dans cette vie de travail, autre chose que l'accomplissement d'un
devoir rigoureux et indispensable ; il voulait que
son élève comprît bien que là seulement se
forme et se développe cette vigueur de caractère,
cette fermeté d'âme sans lesquelles il n'y a point
de vertu possible. Aussi cherche-t-il par tous les
moyens imaginaires à rendre sa volonté indépendante de tous ces besoins qui retiennent
captifs et qui énervent la plupart des hommes.

« Du reste, poursuit-il, les avantages que l'on
retire d'une vie occupée et laborieuse sont inap-
préciables, et si je n'en fais pas ici le détail,
c'est que je sais que vous les connaissez. Il en est
un cependant que je ne veux pas passer sous silence, c'est la vigueur de caractère et la fermeté
d'âme que l'on y puise. Vous savez combien est
méprisable un esprit léger et inconstant, faible
et prêt à renoncer aux meilleurs desseins, lorsque pour les mener à leur fin il faut résister à
l'amour-propre, au respect humain, à la séduction de l'exemple et de l'opinion ; eh ! quelle
force cependant reste-t-il pour soutenir de pareils combats à celui que l'oisiveté et la mollesse
mettent en présence de ces ennemis, et qu'elles
affaiblissent sans cesse en lui faisant de ses goûts,
de ses caprices et de sa vanité des liens dont il
ne peut se dégager ?

« Un moyen également puissant pour acquérir cette fermeté, c'est de se faire un principe et une habitude d'une indépendance entière de ces besoins factices dont on s'entrave aisément et volontiers, dès qu'on jouit de quelqu'aisance, car facilement on se persuade qu'il n'est aucune commodité à laquelle on doive renoncer dès qu'on a le moyen de se la procurer. On s'incorpore tellement ainsi une foule d'objets étrangers que sitôt qu'on en est privé, on se trouve comme séparé d'une portion de son existence, et de là naît, entre autres maux, un certain malaise qu'on redoute plus que des maux plus grands et auquel, pour l'éviter, bien des gens ont sacrifié jusqu'à leur vertu.

« Vous rougiriez, j'espère, d'un esclavage aussi honteux; mais pour ne pas y être exposé, accoutumez-vous par de fréquentes privations à vous rendre indépendant de tout autre besoin que de ceux qui sont attachés nécessairement à la nature. En un mot, essayez et apprenez à vous priver de tout ce dont un homme peut se passer. Sur ce point comme sur tous ceux où il s'agit de constance et de fermeté, n'allez pas chercher bien loin des exemples; souvenez-vous d'un père qui savait si bien que la vraie grandeur est dans la vertu, et la vraie liberté dans l'empire sur tous ses sens et l'indépendance de tout ce qui ne sert qu'à les flatter; regardez une mère qui par sa force d'âme et son oubli total d'elle-même est autant au-dessus des personnes de son sexe par ses sentiments élevés, que par l'excellence de sa raison.

« Pour achever enfin d'acquérir cette fermeté de caractère si désirable, persuadez-vous tellement que les contradictions et les contrariétés sont le partage de l'homme ici-bas, que vous n'en soyiez jamais surpris ; c'est le moyen de les supporter avec patience et même de n'en éprouver que le moins possible les désagréments. Ce point est essentiel, car comme il est impossible qu'elles ne soient point fréquentes, si on ne s'est pas formé par la patience à les supporter, elles troublent la paix de l'âme, et rendent moins propre à toutes sortes de biens par la crainte qu'elles inspirent.

« Le fruit d'une vie que vous aurez ainsi rendue supérieure à ces mille entraves qui en arrêtent tant d'autres, à chaque pas qu'ils veulent faire dans la vertu, sera de ne pas craindre en homme pusillanime la pratique du bien, de subordonner tout le reste à cet unique objet, en un mot, d'acquérir cette simplicité qui marche avec aisance et droiture dans le chemin de la vertu. »

A ces principes généraux, M. de Simony ajoute quelques règles particulières remarquables par le même esprit de sagesse et d'observation. Ces règles ont pour objet la défiance de soi-même, l'indécision dans les affaires, l'emploi du temps, l'usage des biens de la fortune, le profit qu'on doit tirer du mal, le choix des conseillers.

« Après les différents points que je viens de traiter, dit M. de Simony, il ne me reste plus, cher ami, qu'à vous en rappeler quelques-uns qui sont à la vérité renfermés dans ces premiers, mais qui sont d'un usage si essentiel que je veux vous y faire faire une attention particulière.

« Le premier est quelqu'effort et quelque progrès que vous ayiez pu faire, de conserver cette heureuse défiance qui fait craindre le danger du péché autant que le péché même ; cette défiance n'est nullement opposée à la noble confiance d'un véritable enfant de Dieu et au courage qu'elle inspire. Elle est fondée sur deux vérités que la foi et l'espérance démontrent également : la première, qu'il n'est rien de plus faible que l'homme livré à ses seules forces ; la seconde, que Dieu n'a promis son secours que pour les dangers auxquels sa volonté même nous appelle. Hélas ! à combien n'a-t-il pas suffi d'un instant pour souiller la plus belle vie !...

« Le second, c'est de ne pas flotter dans ses desseins. Il faut agir en tout avec prudence et réflexion, mais quand un parti est pris, après qu'on a mûrement considéré et reconnu le meilleur, il faut le suivre avec fermeté et constance. Combien de gens qui toujours indécis, incertains, ne savent jamais ni ce qu'ils font, ni ce qu'ils veulent être. La dernière personne qui leur parle est toujours celle qui a raison, le dernier objet qui se présente, celui qui mérite la préférence. Il ne faut que la voix de quelqu'un d'entre ces mille conseillers que l'on trouve à chaque pas dans le monde, pour les rendre irrésolus et leur faire mettre dans la pratique de ce qu'ils ont jugé meilleur après un mûr examen, une réserve et une timidité qui les rend pour ainsi dire le jouet du premier venu : qu'il n'en soit pas ainsi de vous. Il y a des points indubitables tels que les points fondamentaux de la religion et de la morale; il y en a de douteux : quant aux premiers, n'hésitez, ne tergiversez jamais, souvenez-vous que le moindre pas en arrière, en entraîne mille autres, et que la conduite la plus aisée à tenir est celle d'un homme qui se prononce tout de suite et sans la moindre honte pour le bien. Celui qui veut biaiser au contraire, s'exposant sans cesse à tomber dans des contradictions au moins apparentes, donne prise à toutes les attaques du monde et finit ordinairement par céder tout à fait au respect humain. Dans les choses douteuses, si elles regardent la religion ou les mœurs, tant que dure le doute, abstenez-vous, ou prenez le parti le plus sûr, quoiqu'il doive vous en coûter, et en cherchant une décision, gardez-vous de chercher

comme tant d'autres, non la plus conforme à la
justice, mais la plus favorable à vos désirs ; si
elles regardent des choses indifférentes à ces
deux points sur lesquels il ne peut jamais y
avoir de tempérament, vos intérêts temporels
par exemple, pesez mûrement, si vous en avez
le temps, les raisons pour et contre ; écoutez
celles des personnes qui peuvent vous bien conseiller, et tout étant bien considéré, décidez-
vous si le temps presse. Tâchez de conserver le
calme et le sang-froid nécessaires pour que les
facultés de l'entendement ne soient pas obscur-
cies, mais sachez vous décider. La chose étant
faite par vous ou par autrui, suivant toutes les
règles de la prudence humaine, gardez-vous d'en
juger d'après l'événement et de concevoir des
regrets sur ce qui n'a pu être ni prévu ni empêché.

« Le troisième est de considérer le temps
comme le bien de cette vie le plus précieux, de
songer au compte sévère qu'il en faudra rendre
et que chaque instant bien employé peut ajouter
un prix infini à notre couronne. Retranchez-en
autant que vous le pourrez au lit, à la table, à la
toilette, aux visites, aux conversations qui n'ont
d'autre but que de faire passer le temps, et vous
en trouverez suffisamment pour toutes les occupations sérieuses et pour les distractions honnêtes
et nécessaires. Quelques affaires que vous ayiez,

souvenez-vous que ce n'est pas le temps que l'on donne à l'accomplissement de ses devoirs, à la prière, à la réflexion qui fait tort aux autres occupations; mais celui qu'on perd à rien faire ou à faire des riens. Faites-vous une règle invariable d'en employer chaque jour une partie; premièrement : A réfléchir comme je l'ai dit sur quelque point de religion ou de morale chrétienne; deuxièmement : A lire l'Écriture-Sainte ou quelque livre capable d'instruire de l'esprit de l'Évangile et d'inspirer le désir de s'en pénétrer, ou encore ceux dans lesquels un esprit éclairé peut s'instruire de la religion, en étudier les preuves, et puiser la connaissance de Dieu et de cette œuvre sublime où reluisent, avec des traits si grands et si frappants, les merveilles de sa puissance et de sa charité envers nous. Quelle honte et quelle folie que des chrétiens connaissent si peu les titres de leur céleste origine et les preuves qu'ils ont reçues de la bonté paternelle de Dieu ! J'ajoute en passant que dans les objets que vous jugerez devoir faire la matière sérieuse de vos études, vous devez tâcher de ne vous pas arrêter à des connaissances superficielles, mais d'arriver toujours au fond.

« Le quatrième est de bien vous défendre de l'idée que les biens de la fortune que vous posséderez soient tellement à vous, que vous puissiez en user selon votre fantaisie; et les consumer à votre gré. Tout est à Dieu : naissance, biens, talents, amis, parents ; tout vient de lui, tout doit être employé pour lui et selon sa volonté ; or, la volonté de Dieu est que chacun ne se regarde que comme dépositaire de ce qu'il lui a départi pour le faire valoir. Chacun de nos semblables, comme faisant partie de la grande famille dont Dieu est le père, et dont l'héritage est commun, a son droit sur nos facultés. Les pauvres, les malheureux quels qu'ils soient, ont donc sur tout ce qui est en notre pouvoir, non-seulement un droit de charité, mais encore un droit de justice. Au reste, cher ami, je consens que vous oubliiez ce que vous devez au prochain à titre de justice, pourvu que votre cœur soit rempli de charité.

« Le cinquième est de tourner à votre profit le mal même, les vices et les défauts d'autrui, en ne les remarquant jamais sans un retour modeste sur vous-même, pour voir si votre cœur n'y est pas enclin, et si vous possédez la vertu opposée ; les médisances et les calomnies, en examinant si vous n'y avez pas donné occasion, et vous excitant à rendre votre conduite encore plus irréprochable ; le spectacle des désordres publics et particuliers en cherchant à y remédier par les moyens qui sont en votre pouvoir et en vous élevant à Dieu pour le glorifier et le remercier de ce qu'il a bien voulu vous préserver de la corruption générale. Vous vous ferez ainsi un fonds de vertu et de perfection, là même où d'autres ne trouvent qu'une occasion de chute et de scandale, ou des motifs de plaintes et de ressentiments.

« Le sixième, et celui-ci mérite toute votre attention, c'est de savoir chercher des hommes sages de qui vous puissiez prendre conseil en toute occasion, et de vous rendre digne d'en trouver. Demandez-les d'abord à Dieu, car des amis sûrs et fidèles sont le présent qu'il fait à ceux qu'il chérit. N'épargnez aucun moyen pour les connaître et les éprouver, et sachez vous les attacher par votre empressement à suivre un bon avis sitôt qu'il vous est connu, et par cet amour exclusif de la vérité qui lui sacrifie jusqu'à l'amour-propre, et sait reconnaître et avouer un défaut sitôt qu'une main amie nous le signale et nous engage à le corriger.

CHAPITRE XI.

SUITE DES CONSEILS DE M. DE SIMONY AU JEUNE DUC DE SULLY. — DEVOIRS QUI ONT LES AUTRES POUR OBJET. — SENTIMENT DE BIENVEILLANCE POUR TOUS. — ÊTRE MÉNAGER D'ESTIME, PRODIGUE DE BONTÉ. — JUSQU'OU DOIT DESCENDRE LA BONTÉ DANS LES RAPPORTS AVEC LES PAUVRES ET LES MALHEUREUX. — COMMENT IL FAUT FAIRE LE BIEN. — INDULGENCE POUR LES DÉFAUTS D'AUTRUI. — GÉNÉROSITÉ QUI CONVIENT AUX PERSONNES DE FORTUNE ET DE CONDITION. — FAUSSE BONTÉ, FAUSSE GÉNÉROSITÉ DU MONDE. — CE QUE DOIT ÊTRE LA POLITESSE POUR UN HOMME VERTUEUX.

———

APRÈS ce coup d'œil jeté sur les devoirs que M. de Simony appelle devoirs personnels, il en vient à ceux qui ont les autres pour objet. Les principes qu'il pose tout d'abord et d'où découlent tous nos devoirs envers les autres hommes, sont d'autant plus importants à rappeler aujourd'hui, qu'ils condamnent plus hautement tous ces proclamateurs d'égalité et de fraternité, qui

après dix-huit siècles de christianisme, préten-
dent nous donner, comme leurs inventions, des
théories dont la religion chrétienne enseigne depuis si longtemps la véritable pratique.

« Il faut d'abord vous accoutumer à respecter
dans chacun sa qualité d'homme, et vous souvenir qu'il est votre frère. Dans sa qualité d'homme,
vous verrez l'être le plus parfait qui soit sorti
des mains de Dieu quand il a créé ce monde,
une image de la divinité sur la terre, une âme
que Dieu a jugée digne de tous ses soins, depuis
l'origine du monde, qu'il a appelée à partager
ses divines perfections, en un mot, une âme qu'il
a tant aimée, qu'il a donné son Fils unique pour
son salut. Méditez bien de tels titres, et si vous
vous pénétrez bien de tout ce qu'ils ont de grand,
de sublime, vous verrez que l'homme le plus dépourvu des biens terrestres et des avantages temporels mérite tous vos respects ; et sous les haillons de la misère et l'extérieur le plus dégoûtant,
vous découvrirez un être cher à Dieu et digne de
tous vos égards.

« Ce sera bien plus encore si avec autant de
justice vous considérez que le dernier des humains est véritablement votre frère. Pensez-y
bien : il n'est ni naissance, ni dignité, ni richesses
qui puissent vous élever au-dessus de l'origine
commune à tous les hommes. Tous, nous sortons
des mains de Dieu, tous, nous venons du même

père, que sera-ce encore si nous considérons cette fraternité que tout enfant de l'Eglise a en Jésus-Christ, si nous considérons que tous les biens célestes qui nous ont été acquis par le sang de Jésus-Christ sont communs à tous, que tous sans distinction de grands et de petits, de pauvres et de riches, nous avons part à cette glorieuse adoption qui nous fait véritablement enfants de Dieu, que tous nous sommes assis au banquet où Jésus-Christ nous appelle, que tous ceux qui portent le caractère de la foi par le baptême ne sont véritablement qu'un dans ce sauveur qui a donné le même prix pour racheter chacun de nous.

« De ces principes vous aurez peu de peine à déduire tous les devoirs qui lient les hommes entre eux, et qui feraient le bonheur de la société s'ils étaient bien étudiés ou plutôt s'ils n'étaient pas le plus souvent sacrifiés à l'intérêt personnel. »

M. de Simony connaissait trop bien les sentiments de probité, de délicatesse que le jeune de Sully avait reçus avec la vie, pour insister sur les devoirs essentiels de justice, dont la violation ébranle la société jusque dans ses fondements. Il le prémunit contre des injustices d'un autre genre, contre ces injustices secrètes, adroitement colorées, d'autant plus faciles à commettre que l'amour-propre, que l'égoïsme nous en rendent les complices souvent à notre insu.

« L'amour-propre, dit M. de Simony, fait ordinairement de chacun de nous comme un centre auquel il rapporte tout, et ce sentiment déjà si injuste est poussé quelquefois à un tel point, que lors même que le bonheur d'autrui ne nuit point au nôtre, il ne laisse pas de nous faire ombrage. C'est de ce funeste principe appelé égoïsme, mot que chacun proscrit, principe que chacun a dans le cœur si la religion ne l'en chasse, que naît le plus grand nombre des désordres qui affligent la société. Notre devoir est donc de le détruire ou au moins de le combattre sans cesse dans nos cœurs.

« Persuadez-vous donc bien que loin que tous les autres soient faits pour vous, vous êtes fait pour les autres, que chaque homme est débiteur de tout ce qu'il est et de tout ce qu'il peut à la société, que c'est dans cette communauté générale que chacun doit venir puiser la portion de biens qui lui revient; mais que tout homme qui rapporte tout à soi et ne s'emploie point pour autrui, est indigne de partager les biens qui résultent des efforts communs des membres de la société. Pensez à quoi vous seriez réduit si vous étiez laissé à vos propres moyens, et combien de travail et de peine ont coûté à d'autres vos moindres jouissances. Un peu d'argent les paie à la vérité, mais dites-moi où est l'équilibre entre le travail et la sueur de l'homme, et l'écu que lui donne son semblable.

« Ne perdez donc jamais de vue que vous êtes redevable à chacun des autres hommes, et que si pour l'ordre de la société, Dieu vous a donné quelque avantage sur eux, vous n'avez pas lieu de vous croire moins obligé de payer la dette commune, en contribuant de tout votre pouvoir dans les petites comme dans les grandes choses au bien de tous en général et de chacun en particulier.

« Observez du reste tout ce qu'il vous revient d'avantages, quand vous trouvez dans ceux qui vous environnent, la noblesse des sentiments, l'esprit de politesse et surtout de charité, la douceur des mœurs, toutes ces qualités, en un mot, qui rendent utile et agréable aux autres, et jugez si l'on n'est pas en droit de les demander de vous.

« Mais qu'il vous suffise plutôt de descendre au fond de votre cœur, et d'y écouter, toute cupidité à part, la voix que Dieu y fait retentir sans cesse, je veux dire la voix de la nature, la voix de la religion, et je suis assuré que tout vous portera à aimer le prochain, non comme le monde, de bouche et en paroles, mais en œuvres et en vérité.

« Je crois, mon bien-aimé fils, que pour un cœur tel que le vôtre, il doit me suffire d'indiquer rapidement les devoirs qui sont d'un usage plus commun, afin de vous les rappeler si déjà vous n'y avez pas fait attention ; ils n'auront besoin vis-à-vis de vous ni d'être prouvés, ni d'être présentés avec chaleur pour vous les faire adopter. Dieu qui a mis dans votre cœur, non pas la bienfaisance humaine, mais sa charité, vous éclairera et vous excitera suffisamment par sa grâce, et ce que d'autres font peut-être par ostentation, vous le ferez en suivant le mouvement et l'inspiration de Dieu même.

« Je vous recommande d'abord de placer bien avant dans votre cœur des sentiments de bienveillance pour tous les hommes en général, et pour chacun en particulier, quelqu'il soit, quelque basse que soit son extraction. Quelque vil qu'il paraisse à l'extérieur, percez à travers les haillons, à travers ce corps négligé et déformé, pour y voir une âme aussi noble, aussi chère à Dieu que la vôtre, et qui après quelque peu de jours sera placée au-dessus de vous dans le ciel. De ces sentiments naîtront des égards qui sont la première et la plus juste consolation qu'on doive au malheur.

« Prenez garde à ne point vous laisser prendre comme la plupart des hommes le font, à tout ce qui est extérieur à la personne, à l'éclat de la naissance, aux richesses, au luxe des vêtements, à la somptuosité des meubles et des bâtiments, aux titres, à l'appareil de grandeur, etc., etc. Sachez bien qu'un grain de vertu mérite mille

fois mieux vos hommages, et soyez bien plus flatté
d'avoir accès dans le cœur d'un pauvre, qui a
pour tout cortége la grâce de Dieu, que d'être
bienvenu de tous ceux que le monde nomme
grands.

« Honorez donc et respectez dans les puissants du siècle la dignité dont ils sont revêtus,
tel est l'ordre de la Providence ; mais gardez l'estime et la vénération profonde pour l'homme
vertueux, cherchez-le partout où vous pouvez
le trouver, et ne craignez pas, dans quelque bas
degré que vous le rencontriez, de l'élever dans
votre cœur et de lui marquer dans quelle estime
vous l'avez.

« Déjà vous avez l'heureux penchant de ne
donner votre estime qu'à ceux que la vertu vous
a montrés en être dignes, remerciez Dieu chaque
jour de votre vie d'avoir ainsi façonné votre
cœur ; mais ne vous fiez pas trop à ce premier
tact qui n'est pas sûr, même après l'expérience
de toute la vie ; étudiez, sondez avec prudence
et sagesse, écartez d'abord cet extérieur trop
séduisant, ces grâces aimables, ce ton vertueux
qui quelquefois peut couvrir un cœur perfide ; ne
vous arrêtez pas non plus à un extérieur déplai-
sant, à certaines manières désagréables, à un
ton peu aimable ; souvent l'écorce la plus rude
cache la plus belle âme ; mais pratiquez les
hommes avant de les juger. Vous le savez, il

n'est point de véritable et constante vertu, si elle
n'est établie sur la crainte de Dieu et son amour;
que votre premier soin soit donc de ramener
chacun de ceux que vous avez à connaître, à cette
pierre de touche. Du reste, je ne prétends pas
que vous refusiez à la plus petite vertu, au plus
mince mérite le degré d'estime qui lui est dû ; je
souhaite au contraire que la raison soit assez la
maîtresse chez vous, pour que les défauts, les
vices même d'un homme ne vous empêchent pas
de voir toujours ce qu'il peut y avoir de bien en
lui et de l'apprécier en conséquence.

« Mais quant à cette estime qui commande la
confiance, gardez-vous de la profaner, en la
donnant à tout autre qu'à l'homme sincèrement
religieux; je dis sincèrement religieux, car la
religion n'est ni en paroles, ni en grimaces, elle
n'est vraie que quand la conduite y répond constamment; quelque preuve donc qu'un homme
vous ait donnée de ses sentiments et de ses principes, sitôt que vous ne le trouverez plus d'accord avec la loi de Dieu, commencez à vous en
défier et ne vous livrez plus à lui qu'avec pré-
caution. »

Il est impossible de tracer d'une main plus
sûre, avec plus de tact et de discernement cette
différence de conduite qu'il faut tenir vis-à-vis des
hommes selon la différente mesure de leur vertu,
tout en ayant pour tous, sans exception, des sen-

timents de bienveillance et de bonté. Mais peut-on quelque chose de plus touchant et qui nous fasse mieux connaître jusqu'où M. de Simony poussait l'indulgence, que ce qu'il recommande à l'égard même de ceux qui ont perdu tout droit à l'estime de leurs semblables.

« Au reste, si vous devez être ménager de votre estime, vous devez être prodigue de bonté. C'est par la bonté que notre cœur prend l'empreinte du cœur de Dieu même; ne craignons donc pas de la verser comme lui sans mesure, et qu'aucun homme n'en soit réellement exclu. Non, il n'est aucun homme quelqu'inconnu, quelque vicieux, quelque scélérat qu'on le suppose, pour lequel nous ne devions sentir s'émouvoir des entrailles de bonté et de miséricorde. Si Dieu nous aime parce que nous sommes l'ouvrage de ses mains, comment n'aimerions-nous pas nos semblables qui sont les os de nos os, et la chair de notre chair? Ah! que votre joie la plus vive, que votre occupation la plus douce soit de multiplier les bienfaits autour de vous. Si vous ne pouvez en répandre de grands, n'en négligez aucun des plus petits; souvent même ceux-ci ont un prix qui se fait plus vivement sentir au cœur de nos semblables, parce qu'ils marquent un soin plus direct, une attention plus prochaine; d'ailleurs si votre cœur est bien rempli de ce sentiment qui lui est si naturel et qui ne demande

qu'à être développé, il sentira vivement le besoin
de se décharger et n'en négligera aucune occasion.

« Il y a un obstacle aux effets de la bonté
dont il est important que vous vous défiiez, c'est
l'embarras, je veux dire, une certaine crainte de
se communiquer aux autres, de se rapprocher
d'eux, d'entrer dans le détail de ce qui les
intéresse, et une idée trop vive des obstacles qui
peuvent s'opposer au bien que l'on veut faire.
Dégagez-vous, j'y consens, de tous ces com-
merces, de toutes ces sociétés, de toutes ces
liaisons qui sont inutiles ou superflues, ne re-
cherchez point les heureux du siècle ; la portion
d'oisiveté ou d'ostentation qu'ils déchargeraient
sur vous, d'autres seront assez empressés à les en
délivrer ; mais le malheureux, mais l'ouvrier la-
borieux, mais ces hommes qui ne connaissent
les égards que par ceux qu'ils rendent aux autres,
et les douceurs de la vie que par les privations
qu'ils en éprouvent, qu'un visage ouvert, des
manières engageantes, un ton et des paroles qui
marquent l'intérêt, leur montrent un cœur à qui
ils ne sont pas indifférents, et que des services
réels, suivant le pouvoir et l'occasion, leur prouvent solidement que vous vous intéressez à eux.
Ils-vous verront toujours avec plaisir vous rapprocher d'eux, vous informer de ce qui les touche,
ou seulement vous en occuper ; vos questions ne

les importuneront pas, parce qu'ils y verront un intérêt auquel ils ne sont pas accoutumés.

« Observez en passant, cher ami, que les services rendus aux pauvres sont les seuls que nous puissions regarder comme étant le fruit de la bonté. Il règne dans le monde un certain empressement à rendre service ; vous voyez des gens qui font profession d'obliger, mais combien de fois ce sentiment si noble n'est-il pas infecté d'amour-propre ou d'intérêt personnel ? Le service au contraire que vous aurez rendu au malheureux ou à l'homme de basse condition, sera tout pour le compte de la bonté.

« Au reste, il n'est pas nécessaire de vous dire qu'il ne suffit pas de faire le bien, mais qu'il faut encore s'attacher à le bien faire ; c'est-à-dire : 1° sans le faire attendre ; 2° avec un air et des manières qui marquent le plaisir que vous avez de le faire ; 3° avec prudence pour qu'il ne devienne pas nuisible à celui qui le reçoit. Vous savez encore quel désintéressement doit accompagner le bienfait, ne visez même pas à la reconnaissance. Les témoignages que vous en recevrez seront un doux prix du sentiment qui vous aura inspiré de faire le bien, mais les exiger, ce serait vendre un bienfait. »

L'indulgence pour les défauts des autres, est une partie trop essentielle de la bonté pour ne pas trouver ici sa place. M. de Simony s'applique surtout à en faire bien saisir la nature. « La bonté ainsi établie dans votre cœur, l'indulgence y naîtra nécessairement ; j'entends par indulgence, non cette mollesse qui tolère les défauts qu'on doit et qu'on peut corriger, ou qui flatte ceux qu'il ne nous appartient pas de reprendre, mais ce sentiment qui nous fait séparer l'action mauvaise de celui qui la commet, et qui nous laissant détester le crime, nous fait plutôt plaindre que blâmer le coupable. Dieu seul est le juge des cœurs et voit quel est le véritable degré de malice qui accompagne une mauvaise action. Pour nous, qu'il nous suffise de penser qu'il peut très-bien arriver que le misérable qui s'est souillé d'un crime, pesé avec nous dans la balance, soit trouvé moins coupable, et que d'ailleurs la pénitence peut expier son péché, et si elle est accompagnée d'une charité plus grande que la nôtre, le placer au-dessus de nous ; cette même indulgence nous apprend encore, non-seulement à pardonner, mais à supporter avec patience les défauts d'autrui et les incommodités qui nous en reviennent. Notre nature est si corrompue, nous sommes si faibles, qu'il n'est aucun âge, aucune condition qui en soit exempte. L'enfance a ses défauts comme la vieillesse, le riche comme le pauvre, le savant comme l'ignorant. Le plus sage est celui qui connaît mieux les siens, et qui apprend par la peine qu'il trouve à les corriger, combien il doit être indulgent pour les défauts des autres, et surtout de ces hommes qu'une éducation moins soignée, et une vie toute occupée des besoins physiques a mis peu à portée de s'étudier et de se polir. Le plus insensé est celui qui, se cachant à soi-même ses défauts, ou se les excusant, ne supporte qu'avec peine ceux des autres et leur fait sentir quand il peut combien ils lui sont à charge. Ceci est d'autant plus vrai, que ce que nous jugeons défaut en autrui, n'est souvent qu'une simple opposition à notre humeur et que ce sont souvent nos propres travers qui en créent pour nous chez les autres. Si nous étions plus parfaits, à peine nous apercevrions-nous de ce qui nous contrarie le plus souvent en eux.

« Commencez donc par excuser dans votre cœur ce que vous voyez de défectueux dans les autres. Vous vous accoutumerez ainsi bientôt, je ne dis pas seulement à le supporter avec patience, mais à en être peu contrarié, et vous vous ferez un caractère de douceur qui attirera sur vous cette bénédiction que Jésus-Christ promet à ceux qui possèdent cette vertu. Non-seulement ceux qui auront à vivre avec vous y trouveront de grands avantages, mais vous vous procurerez la plus douce des jouissances, celle de vous attacher les cœurs.

« De même que la bonté s'exerce en faisant

jouir les autres des biens de toutes sortes que
Dieu a mis entre nos mains, elle s'exerce encore
en n'enviant pas à autrui le plaisir que nous
goûtons nous-mêmes à faire du bien, je veux dire
en recevant volontiers et avec reconnaissance les
services qu'ils nous peuvent rendre et qu'ils
veulent que nous ne devions qu'à leur bon cœur.

« Sans doute, vous ne négligerez pas d'acquitter votre reconnaissance, mais ne la regardez pas comme un poids dont vous aimez à vous
décharger. Mesurez-la d'ailleurs, non sur la
grandeur du don, mais sur le sentiment dont il
est le signe, et qu'un verre d'eau donné avec affection vous soit plus cher que le plus beau présent fait par une main moins amie.

« Il est encore un point qui semble peu s'allier avec la bonté, et où il est cependant plus
nécessaire d'en mettre ; c'est le refus. Si nous
avons un bon cœur, il doit toujours nous en
coûter de ne pouvoir condescendre au désir légitime de qui que ce soit, et s'il est permis de regretter les biens du monde, c'est lorsque leur
privation nous ôte le pouvoir de faire des heureux ; mais en même temps, il est essentiel de savoir refuser ce qui serait au-dessus de nos moyens,
ce qui est injuste et ce qui serait nuisible à celui
qui demande ou à d'autres. L'homme sage sait
veiller sur ses sentiments même les plus généreux,
et il les règle de telle sorte qu'il n'en puisse ja-

mais sortir aucun mal qu'il ait pu prévoir ; il refuse donc à propos , mais il appelle la bonté , pour adoucir par un ton et des manières consolantes ce que toujours un refus porte avec soi d'amertume et de regret. »

M. de Simony parlait à un jeune homme appelé à jouir d'une immense fortune, et d'une position supérieure à celle de la plupart des hommes ; mais il ne lui faisait envisager cette élévation que comme une obligation plus pressante de communiquer aux autres les biens dont Dieu l'avait fait dépositaire. Rien de plus élevé que les considérations qu'il lui présente sur la nature et la pratique de la générosité.

« Après la bonté , lui dit-il , rien ne convient mieux à un homme à qui un nom et une condition honorables donnent de la considération dans le monde , que la générosité, c'est-à-dire cette noblesse de sentiments qui , nous élevant au-dessus de la cupidité et de l'attache à ce que nous possédons , nous porte sans cesse à communiquer, non pas seulement nos biens , mais encore nos jouissances , à ne pas regarder comme une privation ce que l'on donne , à mettre enfin les personnes avec qui nous vivons et d'autres encore, quand l'occasion raisonnable s'en présente , dans une espèce de communauté de ce que nous possédons , et qui peut être à leur usage ; à donner , en un mot, et à prêter autant que nos moyens nous le permettent, et qu'il n'en résulte pas d'abus.

« Il faut que cette générosité vous accompagne dans les affaires que vous avez à traiter. Ecartez-en ces inquiétudes, ce tatillonnage, ces manières difficultueuses qui annoncent l'esprit de cupidité et de lésine ; mettez-y autant d'aisance que de droiture ; sans doute, faites en sorte de n'être pas la proie du premier venu, que la prudence règle votre administration ; mais aimez que ceux qui traitent avec vous aient leur part dans les avantages, n'enviez pas au mercenaire quelque léger profit ; en un mot, gardez-vous de la prodigalité, mais plus encore de la parcimonie. De plus, dans toute affaire, n'oubliez pas qu'il y a souvent à gagner en cédant de son droit, et qu'un droit poussé à la rigueur est souvent une véritable injustice. »

Pour peu qu'on ait fréquenté et observé le monde, il est facile de voir que toute son étude est de conserver soigneusement les apparences de la bonté, de la générosité pour se dispenser d'en avoir la réalité ; de là vient ce qu'on est convenu d'appeler politesse. M. de Simony prend cette politesse du monde pour ce qu'elle vaut ; mais il ne veut pas qu'un homme vertueux s'affranchisse des devoirs qu'elle impose. Chez lui seulement, la politesse des manières ne sera que l'expression vraie de la politesse du cœur, et la pratique de la charité mise au service des rapports ordinaires de la société.

« Le monde, dit M. de Simony, qui connaît tout le prix de la bonté et de la générosité a voulu au moins en conserver les dehors sous le nom de politesse, et y a ajouté même une certaine grâce et certaines recherches qui ont à la vérité leur mérite, mais qui sont bien peu de chose auprès de cette franchise, de cette cordialité qui naissent du fond même de la bonté. Le mérite de la politesse consiste en ce qu'étant devenue pour l'amour-propre un devoir impérieux, elle produit au milieu de tant de gens dominés par l'intérêt personnel, l'égoïsme, la cupidité, la haine, la vanité, etc, des égards, des convenances et une réciprocité de légers services qui y conservent au moins l'image de la paix, qui en bannissent, et empêchent ces explosions des passions qui feraient de la société un séjour de désordre et de confusion.

« Que la politesse qui n'est qu'un masque pour la plupart des gens du monde, ne soit en vous que la bonté même revêtue de ces formes aimables, de ces manières aisées que le monde a perfectionnées avec d'autant plus de soin qu'il se contente en tout de l'extérieur, et que l'homme bien élevé ne doit point négliger, parce qu'elles contribuent à rendre la vertu plus aimable, et qu'elles sont en elles-mêmes une espèce de bienfait par la légère satisfaction qu'elles causent à ceux qui en sont l'objet. Attachez-vous surtout à cette politesse qui n'a pas besoin d'art et d'étude, et qui consiste à être occupé beaucoup des autres et fort peu de soi. Voilà celle avant tout que je veux que vous ayiez : l'usage du monde vous y fera joindre des grâces qui serviront à la parer, mais quant au fond même, c'est à vous-même à vous le donner, et vous y parviendrez par toutes les considérations que je vous ai suggérées plus haut. Je vous invite d'autant plus à l'acquérir qu'elle n'est guère plus d'usage, et qu'il semble que la jeunesse, par la haine qu'elle a maintenant pour tout ce qui la gêne, et la vieillesse, par une indulgence excessive, conspirent à remplacer la politesse par la grossièreté. J'entre dans quelques détails.

« D'abord ne négligez aucun des petits services de société qui sont d'usage ; ils ont plusieurs avantages, ils marquent aux uns l'affection, aux autres le respect, aux autres qu'on les considère, à tous qu'on s'occupe d'eux. La justesse d'esprit et ce sentiment des convenances que vous acquerrez par l'usage, vous donneront le tact nécessaire pour proportionner votre empressement aux différents sentiments qui doivent l'exciter. N'oubliez pas cependant qu'en fait de politesse et d'attention, il vaut mieux pécher par excès que par défaut ; évitez néanmoins avec soin ce ton mignard que l'on prend souvent avec les femmes.

« Saluez, sans économie dans le nombre et dans l'étendue des saluts : il ne faut qu'un salut de moins pour désobliger quelquefois quelqu'un sensiblement, et même exciter la haine..... »

CHAPITRE XII.

SUITE ET FIN DES CONSEILS DE M. DE SIMONY AU
JEUNE DUC DE SULLY. — RÈGLES A SUIVRE DANS
LES CONVERSATIONS. — DEVOIRS PARTICULIERS
ENVERS LES PARENTS. — DE QUELLE IMPORTANCE
EST LE CHOIX D'UNE ÉPOUSE. — CONSEILS A
ÉVITER, CONSEILS A PRENDRE POUR FAIRE UN BON
CHOIX. — COMMENT DOIT SE CONDUIRE UN ÉPOUX
CHRÉTIEN A L'ÉGARD DE SON ÉPOUSE. — OBLI-
GATIONS D'UN MAÎTRE DE MAISON, D'UN PÈRE DE
FAMILLE. — CONDUITE QU'IL FAUT TENIR VIS-A-VIS
DES SERVITEURS. — PRINCIPES SUR L'ÉDUCATION
DES ENFANTS. — DEVOIRS GÉNÉRAUX QUI OBLIGENT
L'HOMME ENVERS DIEU.

—

C'EST avec la même justesse d'idées et d'observations, que M. de Simony trace au jeune
de Sully les règles qu'il doit suivre dans ses
conversations. Bossuet a dit d'une pieuse prin-
cesse (1) dont il faisait l'éloge : « que la vanité
et les médisances qui soutiennent tout le commerce du monde, lui faisaient craindre tous

_____

(1) Oraison funèbre d'Anne de Gonzague.

les entretiens, et que rien ne lui paraissait ni
agréable ni sûr que la solitude. Peut-être trouverait-on dans ce principe le secret de cette
grande réserve que M. de Simony apporta toujours dans ses conversations. Quoiqu'il en soit,
ceux qui l'ont connu et pratiqué le plus longtemps, peuvent lui rendre ce témoignage que
jamais il ne s'est écarté tant soit peu, dans ses
discours, de cette prudence, de cette discrétion, de cette modestie, de cette charité qu'il
recommande à son élève.

« L'article où la politesse échoue le plus souvent, lui dit-il, est celui des conversations. Voici
à ce sujet les règles qui me paraissent les plus essentielles :

« Parler peu de soi ; il y a des gens qui se ci-
tent à tout propos, et sont toujours prêts à occuper les autres d'eux-mêmes, c'est un empressement ridicule qui naît d'une vanité mal entendue.

« Se défendre du ton avantageux : ce ton
consiste dans le sourire ironique quand ce qu'on
nous dit nous paraît, souvent par le propre défaut de notre esprit, ridicule et absurde ; dans
l'empressement à dire ce que l'on sait, à montrer
qu'on le sait mieux que d'autres, enfin à vouloir
paraître tout savoir, avoir tout deviné, tout
prévu. On est bien savant après l'événement, et
facilement, on se persuade et l'on veut persuader
aux autres qu'on l'avait prévu par la simple

finesse de son jugement. Tout cela est ordinairement la marque d'un petit esprit, ou au moins cela gâte la science quand on en a véritablement.

« Supposer toujours que ceux avec qui on converse pensent sensément; chercher à faire valoir ce qu'ils disent et ne pas leur envier le plaisir de dire à propos ce qu'ils croient avoir de bon à dire.

« Être mesuré et de bonne foi dans la discussion. La modération est exigée par la politesse. Elle consiste à ne point pousser chaudement une discussion de société, à éviter un ton tranchant et décisif qui ne laisse point lieu à la réplique, à employer toujours les termes, les tournures et les correctifs qui supposent la modestie dans celui qui parle, à écouter avec calme et attention, à souffrir d'être interrompu, à ne point élever la voix avec émotion, à ne point faire d'application odieuse, à éviter toute parole qui pourrait, je ne dis pas blesser, mais seulement déplaire, à se souvenir enfin que le véritable but de la conversation est de s'instruire doucement et gaiement. La bonne foi est exigée par la justice, mais elle a un terrible ennemi dans l'amour-propre. Aussi peut-on demander quel est celui qui discute de bonne foi? Quel est celui qui ne cherche pas plutôt à faire triompher son opinion, quelle qu'elle soit et de quelque manière que ce soit? Pour vous, cherchez à bien prendre dans leur sens et dans celui que la personne qui parle y attache manifestement, les paroles dont elle se sert ; ne profitez pas d'un mot hasardé, irréfléchi, pour la faire tomber en contradiction ; s'il vous en échappe quelques-uns à vous-même, convenez sur-le-champ de ce qu'ils ont d'inexact.

« Défaites-vous de toute susceptibilité, parlez avec calme et sang-froid, recevez pour vrai ce qui est vrai, faites-vous expliquer ce que vous ne jugez pas clair, ne revenez pas sur les points précédemment convenus, ne changez pas, pour vous sauver, l'état de la question, et sitôt que votre raison avoue une conséquence, quelque pénible qu'il soit à l'amour-propre de convenir qu'on s'est trompé, admettez-la sans hésiter.

« Ne contrariez pas une opinion trop décidée, quand même la raison la ferait voir peu fondée, si elle n'a pour objet que des points indifférents ou de très-légère importance.

« Sur les points essentiels de morale ou de religion, il ne faut pas craindre de faire voir ce que l'on pense ; mais il faut prendre soigneusement garde de ne pas s'enferrer dans une discussion qu'on ne pourrait pas mener à l'avantage de la vérité. Il est raisonnable de répondre à ceux qui veulent mettre en question des points qui ne devraient plus en être une pour eux : je suis certain des motifs qui déterminent ma

croyance, et je suis assuré aussi que si vous vou-
liez les étudier comme moi, ils vous persuade-
raient de même, mais je craindrais en les exposant de les affaiblir. D'ailleurs les secours ne
manquent pas à qui veut sincèrement s'en instruire.

« Éviter de s'ériger en censeur des mœurs
publiques ; ne craindre cependant pas de condamner modestement ce qu'elles ont de manifestement contraire à la vertu.

« Comme il est extrêmement rare que dans
les conversations ordinaires une discussion ait un
but d'utilité, il faut avoir l'art de les terminer à
propos pour sauver l'amour-propre de celui avec
qui on discute, si on a trop d'avantage sur lui,
ou pour empêcher que la conversation ne dégé-
nère, ce qui peut arriver quand on discute avec
des personnes peu mesurées. Cela se fait en dé-
tournant adroitement la conversation, ou, ce
qu'il ne faut jamais avoir honte de faire, en cédant poliment; je dis poliment, car il y a une
manière de céder affectée accompagnée d'un ton
goguenard ou ridicule, et bien plus grossière
encore que l'opiniâtreté.

« Se garder de vouloir paraître en savoir plus
qu'on n'en sait en effet, c'est un moyen assuré de
déceler son ignorance en même temps que sa
vanité; il faut ne pas craindre au contraire de
demander des éclaircissements, et de faire des

questions qui peuvent mettre les autres à même de développer leur savoir, et nous fournir à nous-même un moyen d'instruction.

« Veiller soigneusement sur sa langue, afin de ne laisser échapper rien dont on ait sujet de se repentir. Ne parlez d'autrui, même des personnes sur lesquelles il semble qu'il y ait peu de ménagements à garder, qu'avec la prudence de la raison et la délicatesse de la charité chrétienne. Épargner non-seulement les défauts, mais même les ridicules du prochain. Vous le savez, les hommes sont si légers, qu'un ridicule fait souvent plus de tort à quelqu'un, auprès d'eux, qu'un défaut ou un vice, et souvent par une raillerie qu'on a crue innocente, on s'est chargé d'un tort irréparable fait au prochain ; il est si aisé d'ailleurs de tomber dans la médisance, que le seul moyen infaillible de l'éviter est de ne toucher l'article du prochain qu'avec la plus scrupuleuse délicatesse.

« Ne point se hâter de mettre en avant son opinion et son avis, l'amour-propre y gagne autant que la sagesse ; il faut écouter beaucoup plus qu'on ne parle : quand on parle peu, il est plus aisé de bien parler ; si on est prié de s'expliquer, on doit le faire avec sincérité et modestie, ainsi qu'avec fermeté lorsque le devoir l'y exige.

« Je termine le détail de ces devoirs généraux

de société en vous engageant à prendre vis-à-vis
de toute personne, quelle qu'elle soit, un ton
affable et obligeant, et à ne jamais avoir auprès
des femmes ce ton de familiarité beaucoup trop
ordinaire aujourd'hui; le respect que l'on conserve pour elles est la marque d'une âme honnête et d'un cœur pur. Le cœur vertueux croit à
la vertu, et il la respecte parce qu'il en connaît
le prix. »

M. de Simony passe ensuite à quelques devoirs
plus particuliers, à l'égard des personnes auxquelles le jeune de Sully était uni par les liens du
sang et de l'amitié. Il lui rappelle la perte cruelle
et récente qu'il avait faite par la mort du duc de
Sully, son père ; mais pour en adoucir l'amertume, il veut que l'image de ce vertueux père ne
se présente au cœur de son fils, que sous les
traits les plus consolants, c'est-à-dire brillant
du double éclat de ses vertus, et de la gloire dont
Dieu les couronne dans le ciel.

Il est des parents qui craignent que le cœur de
leurs enfants ne s'attache trop étroitement ceux
qu'ils choisissent pour les former à la science et
à la vertu. Ils verront avec plaisir, par ce qui
suit, combien ce sage maître était éloigné de détourner à son profit, les droits sacrés qu'un
père, qu'une mère, ont à la confiance et à l'a-
mour de leurs enfants.

« Vous parlerai-je d'une mère, en qui la justesse précoce de votre raison, et les heureux penchants de votre cœur, vous ont fait placer dès vos premiers ans une confiance sans bornes et une tendresse qui répond si bien à celle qu'elle a pour vous ? Je vous en parlerai, non pour vous engager à l'accomplissement d'aucun devoir vis-à-vis d'elle ; votre cœur m'a trop bien prévenu sur chacun d'eux ; mais pour satisfaire le mien, pour me féliciter près de vous d'avoir été assez heureux de pouvoir lui offrir en commun avec vous tous les sentiments que vous avez pour elle, pour bénir le ciel de ce qu'en vous donnant une mère incomparable, il vous a fait aussi le don de l'apprécier et de comprendre chaque jour davantage tout ce que vous lui devez de respect, de reconnaissance, de confiance et d'amour. »

Après avoir indiqué en peu de mots les devoirs et les conditions de l'amitié, M. de Simony aborde un sujet aussi délicat qu'il est important, sujet trop peu médité par ceux qu'il devrait intéresser le plus vivement ; c'est le choix d'une épouse. Il donne d'abord à son élève les idées les plus hautes de l'union des époux envisagée des yeux de la foi ; puis il fait ressortir avec autant de vérité que de précision toutes les intrigues que le monde met en jeu pour assortir les unions selon ses vues ou ses intérêts ; enfin dans un esprit de sage prévoyance, il expose à l'aide d'une expression toujours religieuse et discrète, les devoirs d'un état aussi saint, et il indique les précautions nécessaires pour prévenir les orages qui si souvent agitent les familles, et les passions qui les déshonorent.

« Je devrais vous parler de l'amitié et des devoirs qu'elle impose, car je l'espère, vous serez digne d'avoir des amis. Mais c'est un sujet trop vaste et par conséquent trop long à traiter ici. Je me contenterai donc de vous dire de l'amitié que ce qui la fonde, c'est la vertu ; que ce qui l'entretient, c'est la confiance, ce sont les égards, c'est un dévouement sincère ; que ce qui la tue, c'est l'amour exclusif de soi-même, le défaut d'obligeance, l'oubli de ces soins légers en apparence, mais qui sont le signe des désirs du cœur, la susceptibilité, l'excessive familiarité, les soupçons injustes ; en un mot, qu'il faut choisir ses amis tels, qu'ils soient dignes d'être aimés, et les aimer autant qu'ils en sont dignes.

« J'espère, cher fils, que Dieu dans sa miséricorde, vous a préparé une compagne digne de vous, digne des sentiments de piété dont vous êtes animé. Vous êtes du nombre des enfants des saints, et vous attendez cette vie céleste où toute leur félicité est en Dieu. Vous écarterez donc, en vous disposant à une union où tout est grand, si on la considère avec des yeux chrétiens, où tout est vil, si on la considère avec des yeux charnels, toute fin qui ne serait pas digne de

Dieu et de sa grâce. Vous vous y préparerez donc en purifiant vos sentiments, en élevant vos mains et votre cœur vers Dieu, et en le priant de vous choisir lui-même une compagne selon son cœur.

« Vous connaissez les motifs qui poussent et dirigent le monde dans l'arrangement des mariages : ses vues ne doivent rien avoir de commun avec les vôtres. L'alliance la plus brillante et où l'on comptera le plus d'argent, n'est pas celle qui doit pour cela vous tenter. Vous devez chercher une compagne dont la vertu fondée sur la religion soit de la même trempe que la vôtre ; une femme dont l'esprit et le cœur n'aient pas été livrés à l'enchantement de la bagatelle, mais à qui une éducation raisonnable et solide ait inspiré l'amour de ses devoirs, le goût d'une vie réglée, en un mot, les heureuses et rares dispositions qui doivent accompagner une bonne mère de famille ; une femme enfin dont le caractère puisse sympathiser avec le vôtre ; plus raisonnable que spirituelle, dont la société vous promette le délassement après le travail, les consolations au milieu des peines et des tracasseries du monde, un bon conseil dans toutes les circonstances de la vie. Vous ne manquerez pas, sitôt que vous allez paraître dans le monde, de conseillers et de conseillères qui voudront chacun vous pourvoir à son gré. Ces conseils viendront tantôt de gens qui veulent que les choses s'arrangent à leur fantaisie; tantôt de gens intéressés et qui, sans que vous vous en doutiez, auront leurs vues dans lesquelles vous n'entrerez que comme moyen; tantôt enfin de personnes qui véritablement s'intéresseront à vous, mais qui agiront et conseilleront à la manière dont on le fait en général, je veux dire avec précipitation et comme elles l'ont déjà fait sur tant d'autres points dont vous avez été instruit. Mais vous savez près de qui vous êtes sûr de trouver et un cœur tout à vous, et les conseils les plus éclairés, sur qui, en un mot, vous pouvez vous reposer d'un choix dont dépend le bonheur de votre vie. C'est là, c'est près d'une mère dont personne n'apprécie mieux que vous la tendresse et le jugement, que la confiance vous ramènera toujours.

« Vous ne sauriez, cher ami, vous préparer de trop loin aux devoirs d'un état aussi saint que celui du mariage. En général, en s'y engageant, les jeunes gens n'en considèrent que les agréments; vous vous en représenterez fidèlement les obligations. Songez que devenu père de famille, ce n'est plus pour vous que vous devez vivre : que le bonheur temporel et éternel d'une famille repose sur vous. Travaillez donc dès à présent à vous rendre tel que vous puissiez lui servir de modèle en tout. Prévoyez les différents devoirs que vous aurez à remplir; et préparez-vous-y, afin de n'en omettre aucun. Sitôt que vous vous serez attaché à une compagne par ce lien que rien ne peut rompre que la mort, songez, quelle qu'elle soit, qu'il faudra que vous la rendiez heureuse. J'espère que la recevant des mains de Dieu même, vous la trouverez parée de toutes les vertus et aimable à vos yeux comme elle le sera aux yeux de Dieu; toutefois, si, ce qu'à Dieu ne plaise, vous ne trouviez pas près d'elle les douceurs d'une union bien assortie, vous n'en seriez pas moins obligé aux devoirs même qu'elle ne remplirait pas. Mais sans m'arrêter à une idée aussi pénible, je vais mettre sous vos yeux quelques-unes des considérations que vous ne devez jamais perdre de vue.

« Dans toute société bien ordonnée, il faut qu'il y ait un chef. C'est l'homme dans celle du mariage : tel est l'ordre de Dieu; mais un chef n'est point un maître. Vous aurez le droit de décider, voilà le seul qui vous soit personnel; tout autre, votre femme pourra le revendiquer aussi bien que vous.

« Commencez donc par la considérer comme la plus chère portion de vous-même. Ne calculez près d'elle ni soins ni marques de tendresse, renoncez totalement à vous-même, accommodez-vous avec une complaisance raisonnable à ses goûts, prévenez ses désirs; en un mot, soins empressés, égards, attentions, services, égalité

de caractère, n'épargnez rien pour paraître tous
les jours de votre vie également aimable à ses
yeux; et surtout conservez près d'elle ce ton et
ces manières qui annoncent l'estime, la considération, je dirai même le respect. Il y a une certaine réserve qui doit régner au milieu de personnes entre lesquelles cependant tout est commun. Cette réserve est plus nécessaire qu'on ne
pense, et à l'amitié et à la douceur du commerce
le plus familier.

« Tous ces devoirs seraient bien aisés auprès
d'une femme parfaite. Vous en avez un modèle
sous les yeux; mais ne comptez pas trop en trouver facilement une semblable, et pour ne pas
être pris au dépourvu, attendez-vous à rencon-
trer quelques défauts; mais aussitôt, songez aux
vôtres, à ceux dont vous vous êtes corrigé, à ceux
dont la racine vit encore au dedans de vous.
Pensez ensuite qu'un mal quelqu'il soit, s'adoucit toujours par la patience, et que si vous devez supporter les défauts d'autrui, à combien
plus forte raison ceux de la personne qui doit
vous être la plus chère. Après cela, cherchez à
les corriger; les remèdes, les voici : la prudence
pour saisir le moment et le biais convenable,
céder à propos, faire parler la raison quand on
juge qu'elle pourra être écoutée, savoir attendre
du temps et de la patience ce qu'on ne peut obtenir sur-le-champ, tempérer la fermeté par la

douceur et par la tendresse. Quant à la voie de l'autorité, Dieu vous garde d'avoir jamais à y songer. Il n'y a que la voie impérieuse du devoir, dans un cas d'une extrême importance, et lorsque les voies de patience et de douceur auraient été épuisées, qui puisse forcer à y recourir.»

Aux devoirs de l'époux, succèdent ceux du père de famille et du maître de maison. On retrouvera ici cet esprit de modération, de douceur, de sage réserve et surtout d'indulgence dont M. de Simony a constamment fait preuve à l'égard de ceux qui composaient sa maison.

« Ces devoirs si doux à remplir ne font que la plus petite partie de ceux qui sont imposés à un chef de famille. Dieu, en effet, bénira peut-être votre union en couronnant votre table de nombreux rejetons; quels soins ne faudra-t-il pas pour les faire croître dans la piété et dans la justice; pour les rendre aimables devant Dieu et devant les hommes. Vous aurez des domestiques, ce sont encore d'autres enfants dont vous répondrez également devant Dieu, âme pour âme. Employez donc tous vos soins à composer et à régler votre maison de telle sorte qu'elle soit le séjour de la paix et de la vertu. Apportez de grandes précautions à choisir ceux que vous devez admettre, tâchez que le nombre en soit aussi petit que possible; le choix en sera plus aisé et les chances du mal seront moins nombreuses.... Ne vous laissez pas surprendre dans le choix aux agréments extérieurs, mais préférez toujours les qualités de l'âme à celles du corps; songez aux désordres qu'une personne sans mœurs peut faire entrer dans une maison.

« Que votre vie soit telle, qu'elle soit un modèle pour tout ce qui vous entoure. Cachez même vos défauts s'il vous en reste ; vous y êtes obligé pour ne pas les rendre contagieux. En un mot, prêchez d'exemple plus que par vos discours : ne négligez cependant pas d'instruire à propos ceux qui en ont besoin.

« Joignez à cela une exacte surveillance ; la semence du vice est partout, et il est de la charité, autant que de la prudence, d'empêcher qu'elle ne germe et de prévenir les fautes, plutôt que d'avoir à les punir. Il y a d'ailleurs des abus qui semblent légers dans le principe et qui, en vieillissant, entraînent les plus funestes conséquences; au reste, si la surveillance doit être exacte, elle doit être exercée de manière à ce qu'elle ne soit ni odieuse, ni à charge. Que chacun soit bien persuadé d'abord de l'estime que vous faites de lui personnellement, et ensuite que le caprice et l'humeur n'entrent jamais pour rien dans la règle que vous imposez. Il faut que le ton amical et bienveillant accompagne toujours vos commandements et vos réprimandes pour les adoucir.

« Etudiez-vous de bonne heure à ce ton de
douceur qui n'est nullement opposé à la fermeté, mais qui lui ôte ce qu'elle peut avoir de
dur et de choquant. Accoutumez-vous à mesurer et à adoucir vos termes en toute occasion,
et à ménager l'amour-propre des autres, tout
en cherchant à vous dégager de celui qui vit en
vous.

« Plus vous pratiquerez les hommes, plus
vous vous serez étudié vous-même, et plus vous
reconnaîtrez la faiblesse de notre nature, et
combien nous sommes enclins au mal. Vous ne
serez donc pas étonné si des enfants, si des domestiques manquent souvent. Il y a des fautes
de pure fragilité, il y en a qui viennent de mauvaise volonté ; il faut faire apercevoir les premières, afin de corriger l'inattention, et ne faire
usage de sévérité que pour les autres. Avant de
reprendre en quoi que ce soit, il faut bien s'assurer de ce qu'il y a vraiment de répréhensible,
et surtout se surveiller soi-même, de très-près,
pour ne jamais reprendre que de sang-froid et
ne céder jamais à la contrariété et à l'impatience
qu'occasionnent certains manquements qui, légers en soi, nous sont quelquefois très-désagréa-
bles. Ceci est d'une plus grande conséquence
qu'on ne pense, surtout vis-à-vis des enfants.
Un reproche fait mal à propos, ou avec plus de
vivacité que ne le mérite la faute, replace le tort

du côté de celui qui le reprend, et fait perdre leur autorité à des réprimandes plus justes.

« Il ne faut point importuner par des reproches fréquents et par des plaintes inutiles. Un enfant, un domestique, est maladroit, à chaque gaucherie on le bourre; il est peu intelligent, sans cesse on lui reproche sa sottise; il a quelques défauts de caractère rachetés par de bonnes qualités, au lieu de l'avertir avec bonté et dans l'instant favorable, au lieu de lui éviter des occasions de chute, on se plaint sans cesse, on le pousse à bout, on le menace inconsidérément. Rien ne diminue davantage l'affection et ne compromet plus l'autorité, si ce n'est cependant les reproches faits avec amertume, avec empire, accompagnés de paroles de dédain et d'un ton propre à les humilier. Mais ceux-ci vous les éviterez facilement si vous vous pénétrez bien de ce principe : que jamais vous ne devez faire un reproche à qui que ce soit, pour vous satisfaire en cédant à la colère ou seulement à l'émotion, mais uniquement dans la vue de lui être utile.

« Un moyen sûr de ne négliger aucun des égards qui se doivent aux personnes dont la condition est de servir, c'est de penser mûrement à tout ce que leur état a de pénible et d'humiliant, et ce que nous aurions nous-mêmes à y souffrir s'il eût plu à Dieu de nous y placer. Considérons combien notre amour-propre, combien notre humeur en souffrirait et quel fonds de patience et d'abandon de nous-mêmes il nous faudrait pour supporter l'état de dépendance journalière, propre à l'état de serviteur.

« La bonté et la cordialité, accompagnées d'une certaine réserve nécessaire près de ceux à qui une éducation soignée n'a pas donné le tact des convenances, ne fera aucun tort au respect que vous devront des inférieurs, premièrement : si une conduite irréprochable et des discours toujours sensés vous concilient leur estime ; deuxièmement : si vous savez écouter leurs remontrances et leurs observations, sans cependant discuter avec eux ; troisièmement : si vos volontés étant toujours justes, vous êtes ferme à exiger ce qui est important, et habile à céder sans paraître le faire quand une indulgence raisonnable doit vous y engager. »

M. de Simony ne fait, pour le moment, que poser les principes de l'éducation des enfants ; mais dans ce court exposé se trouve tout le secret de la méthode qui lui avait si bien réussi près de son jeune élève.

« Je ne dirai qu'un seul mot sur une matière inépuisable : l'éducation des enfants. Celle que vous destinez aux vôtres, si Dieu vous en accorde, ne sera sûrement point celle qu'on appelle bonne dans le monde : c'est-à-dire qui est toute occupée de l'art et des moyens de réussir, et de jouir,

comme on dit, de la vie. Votre premier but , celui dans lequel vous renfermez tous les autres,
sera d'en faire de véritables et parfaits chrétiens
et de perpétuer en eux l'héritage des enfants de
Dieu. C'est à ce point que vous ramenerez toutes
vos vues, que vous subordonnerez tous vos
moyens. Vous n'imaginerez point , comme on se
le persuade aujourd'hui , que la meilleure éducation est celle que l'on prend au milieu des plaisirs et de la vanité ; vous penserez au contraire
que c'est toujours trop tôt que l'on perd cette
heureuse simplicité d'une enfance élevée dans la
modestie, et qu'une jeunesse lancée au milieu des
écueils, avant d'avoir acquis toute la vigueur de
la vertu, est pour l'ordinaire une jeunesse perdue.

« Toute l'éducation roule sur deux points essentiels ; premièrement : faire contracter aux enfants l'habitude du bien ; que tout autour d'eux
leur présente l'image de la vertu, et qu'on la leur
fasse pratiquer, et la vertu leur deviendra comme
naturelle.

« Deuxièmement : écarter soigneusement de
leur esprit et de leur cœur toute idée fausse, tout
sentiment contraire à la vertu. Malheureusement,
il est impossible qu'ils n'entendent et ne voient
des choses d'autant plus capables de laisser en
eux des impressions fâcheuses, que notre cœur et
notre esprit ont un penchant décidé vers le mal ;

aussi faut-il une vigilance continuelle, pour redresser en eux les faux jugements, corriger les préjugés, donner au cœur un penchant aisé vers les sentiments nobles, délicats et vertueux. Ainsi tandis qu'en général ils verront redouter la mort, détester la pauvreté, se plaindre des souffrances, comme si tout cela était les plus grands maux : aimer la vie, en rechercher avec empressement les commodités et les agréments, estimer les richesses et les honneurs, comme si c'étaient là les plus grands biens, vous leur inculquerez qu'il n'y a qu'un seul et véritable mal : le péché ; qu'un seul et véritable bien : la grâce de Dieu, puisque ce sont là, et le seul bien et le seul mal qui soient durables ; et que par conséquent ils ne doivent redouter que le vice et désirer réellement que la vertu.

« Quant au succès, vous devez l'attendre d'abord du ciel, à qui vous ne devez pas vous lasser de le demander, et ensuite d'une patience et d'une constance inaltérables, patience à supporter les défauts nombreux de l'enfance, et ce qui paraît plus difficile encore, à ne recueillir qu'avec lenteur : constance à planter, à arracher, à semer sans fin et sans mesure, à veiller sans repos, à multiplier les moyens et à faire plus de fonds sur les instructions indirectes, mais mille fois répétées, sur la continuité et l'ensemble des efforts que sur des leçons directes dont les enfants se défient, ou au moins dont ils s'ennuyent le plus souvent. »

M. de Simony termine et couronne cette suite de sages conseils par l'exposé des devoirs généraux qui attachent l'homme à Dieu. Il a réservé ces devoirs pour la fin, non pas assurément, dit-il, qu'ils ne doivent marcher qu'après les autres, mais au contraire parce qu'ils sont le point unique auquel tout se rapporte, et qu'étant les fondements de la vertu, ils doivent aussi en couronner l'édifice. On nous pardonnera de donner encore quelques extraits de cette dernière partie, et de faire voir en particulier avec quelle force M. de Simony combat ce pernicieux usage qui tend pour ainsi dire à faire de l'homme deux parts : l'une pour le monde et l'autre pour Dieu. L'homme véritablement chrétien l'est tout entier, partout et toujours, telle est la vérité qu'il cherche à établir.

« Je veux commencer par détruire ici un préjugé assez ordinaire et que le langage de gens, d'ailleurs très-religieux et très-sensés, suppose communément. Ce préjugé consiste à partager pour ainsi dire l'homme en deux, à distinguer en lui l'homme moral et l'homme chrétien, à faire un triage de ses actions pour en consacrer quelques-unes à Dieu et laisser les autres dans le vague de la moralité, ainsi qu'on s'exprime. Il semble donc que le chrétien ne soit pas chrétien à toute heure, à tout moment, que Dieu ne doive pas animer toutes nos pensées , tous nos sentiments, toutes nos actions ; en un mot, que ce ne soit pas en lui et uniquement pour lui que nous existons, que nous nous mouvons, que nous agissons.

« Pour détruire cette erreur, il suffit de se faire de la religion une idée juste et entière ; considérons-la donc dans son ensemble et avec tous ses droits.

« La religion n'est autre chose que la réunion des liens qui nous attachent à Dieu ; mais ce mot ne renferme-t-il pas tout ? Dieu a-t-il pu nous créer pour autre chose que pour lui , et en recevant la vie, n'avons-nous pas contracté l'étroite obligation de la conserver toute entière au Créateur ? L'Apôtre a donc raison de dire que soit que nous vivions , soit que nous mourrions, nous sommes au Seigneur. Tout donc, depuis le premier jusqu'au dernier soupir de notre vie, doit être dans l'ordre de la religion.

« Le roi doit être chrétien sur le trône, le magistrat sur son tribunal, le père de famille dans la maison, l'artisan à son travail ; ainsi, loin que, comme on le pense souvent, il y ait telle action , tel état nécessaire à la société et digne d'un honnête homme, incompatible cependant avec la religion ; tout , soins du corps , satisfaction légitime, étude, travail, affaires ,

divertissements, appareil de la grandeur politique, emploi de l'autorité, usage des biens,
tout, dis-je, doit aller en dernière fin vers Dieu,
et pour tout renfermer en un seul mot qui est le
premier de la loi et qui la renferme toute : il
faut aimer Dieu de tout son cœur, de tout son
esprit, de toutes ses forces. Voilà tout l'homme,
voilà toute la religion. Ce n'est point l'idée que
l'on s'en fait pour l'ordinaire ; la religion n'est
guère considérée que comme une pièce de rapport qu'on peut ou ajouter à la vie ou en retrancher sans que l'ensemble en soit troublé, et au
lieu de faire rouler la conduite sur le pivot unique de la religion, on accommode la religion à sa
conduite ; en un mot, on fait deux parts de sa
vie : une pour soi, l'autre pour Dieu, et que
celle-ci est petite !

« La raison de tout ceci, c'est qu'on ne considère Dieu que comme un maître, sa loi que
comme un joug : c'est que tout attachés à nos
penchants, à nos convoitises, nous ne voyons
dans la religion que renoncement. De là vient
que nombre d'honnêtes gens, qui se piquent
même de religion, nourrissent au dedans d'eux-
mêmes la crainte d'en trop faire pour Dieu.

« On veut encore bien être chrétien, mais s'en
tenir au strict nécessaire, on redoute l'idée de
piété, on a une espèce d'horreur du mot de dévotion : tout ce qui n'est pas expressément com-

mandé paraît non-seulement superflu , mais ex-
cessif , tout ce qu'un usage souvent entièrement
opposé aux maximes de l'Evangile , consacre ,
est permis. Ce n'est pas tout encore ; afin de n'a-
voir pas à se condamner soi-même , on condamne avec amertume quiconque veut être
conséquent avec ses principes et s'écarter dans
sa conduite de la tolérance mondaine ; ainsi , on
traite avec Dieu comme avec un maître dont on
reconnaît la puissance , mais dont on n'aime
point l'autorité ; on redoute ses châtiments, mais
on ne fait aucun cas de ses récompenses ; on lui
donne des hommages forcés , mais on lui refuse
le cœur ; on chicane avec lui son obéissance ; on
ne lui accorde que ce qu'on croit à toute rigueur
ne pouvoir lui refuser , et comment le lui donne-
t-on ? Enfin , on aime à se rassurer sur la qualité
de chrétien qu'on se donne , et on rougit de le
paraître aux yeux d'autrui. Est-ce là connaître
Dieu ? N'est-ce pas plutôt, ou le regarder comme
un tyran odieux et renier en quelque sorte sa
qualité de père , ou blasphémer sa bonté en
s'autorisant de la miséricorde pour mépriser son
amour.

« Pour vous, cher ami, dont le cœur a été ouvert de si bonne heure aux impressions de la
piété , vous ne serez point effrayé de ce mot ,
vous avez eu le précieux avantage d'en voir les
fruits sous vos yeux. Vous avez vu combien peu

14*

elle est triste, à charge aux autres, ennemie de la paix; au contraire, vous avez toujours trouvé compagnes de la piété solide, la gaîté, l'égalité d'humeur, en un mot, la paix intérieure, source véritable du bonheur. Vous ne croyez donc pas que quand même des circonstances, que je ne puis prévoir, vous forceraient à pratiquer le monde plus que votre goût ne vous y porte, vous ne puissiez demeurer ferme dans les principes et dans la pratique de la piété. »

On s'alarme dans le monde, au seul nom de dévotion; l'esprit étroit de certaines personnes ne peut se figurer la pratique de la piété ailleurs que dans la solitude d'un désert, ou d'un cloître. Voici comme M. de Simony combat ce funeste préjugé:

« Les actes de religion d'un homme du monde ne sont pas, en effet, ceux d'un solitaire; mais ils partent d'un même principe, et Dieu doit aussi bien se trouver dans l'accomplissement des devoirs les plus attachants, au milieu des occupations les plus multipliées que dans le silence de cloître. St Louis, en effet, combattant, faisant des lois ou traitant les secrets de la politique, au milieu de son conseil, ou au sein de sa famille, était aussi chrétien, aussi saint qu'aux pieds de son crucifix. Le fonds, le principal de la religion ne consiste point uniquement, comme bien des gens se l'imaginent, dans le culte et dans la fréquentation des sacrements; ce n'en est là qu'une partie, ou plutôt ce ne sont là que les moyens essentiels qui rendent fidèle à la vérité. La vraie, la solide dévotion consiste dans l'accomplissement de tous ses devoirs de créature et d'enfant de Dieu, de fils, de père, d'époux, de membre de la société, de l'état et de la condition où Dieu nous a placés, etc., etc. Ainsi, mener une vie oisive, nonchalante, toute occupée de ses aises, et être exact aux pratiques extérieures de la religion, c'est déshonorer Dieu d'une part, tandis qu'on prétend l'honorer de l'autre : de même qu'être honnête homme selon le monde et négliger les pratiques dont la religion nous fait un devoir, c'est être rebelle et ingrat aux yeux de Dieu. Puisque vous êtes chrétien, pensez donc, parlez, agissez en chrétien. »

M. de Simony traite ensuite, avec ce ton de religion et de piété qui lui était habituel, de la pratique de cette vie chrétienne, de l'estime, de l'usage qu'un chrétien doit faire des biens de ce monde, de la pureté d'intention, de la fuite des occasions, du zèle pour propager le règne de Dieu, de la pratique de l'oraison, de la patience dans les souffrances. Entre autres réflexions, il faut remarquer ce qu'il dit des soins exagérés que prennent de leur santé, ceux qui se rendent malades à force de craindre de le devenir.

« Dans les peines, les souffrances, les privations de tout genre auxquelles vous serez exposé, ne soyez pas comme les autres qui n'ont point d'espérance, recevez tout de la main de Dieu avec patience et résignation, en fixant les yeux sur J.-C. l'homme de douleurs, et sur les jouissances célestes que vous attendez. Dans les pertes, les injustices, les contradictions que vous éprouverez, tenez votre âme à deux mains pour ne former aucun sentiment, ne laisser échapper aucune plainte indigne d'un homme que la raison et la foi mettent au-dessus des coups de la fortune.

« N'ayez pour la vie qu'un attachement raisonnable ; puisqu'elle doit finir, qu'importent quelques jours de plus ou de moins ? La santé est un bien dont nous serons comptables comme des autres, si nous la sacrifions à l'intempérance, aux plaisirs excessifs, aux veilles inutiles, à la mollesse qui la ruinent ; mais il faut bien se garder d'avoir pour elle ces soins empressés, ces précautions inquiètes, ces ménagements puériles qui sont les symptômes d'une âme plus malade que le corps. Il ne faut pas s'en occuper soi-même et encore moins en occuper les autres plus qu'il ne convient à celui qui apprécie la vie en sage, et encore plus en chrétien. »

La péroraison de ce petit écrit est semblable à l'exorde, c'est une effusion de cœur, c'est un

appel touchant aux sentiments de confiance et d'a-
mitié qui unissaient si étroitement le maître et l'é-
lève. « En vous adressant, cher et bien-aimé fils,
ce petit écrit, j'ai la confiance qu'aucune des paroles qu'il renferme ne sera perdue pour vous.
C'est la voix d'un ami qui répand son âme dans
l'âme de son ami. Nos cœurs s'entendent trop
bien pour que j'aie rien cherché à vous déguiser
de mes sentiments à votre égard. Je vous ai dit
la vérité avec franchise, parce que je suis assuré
que vous la recevrez avec joie, surtout de la
bouche d'un ami que vous chérissez comme il
vous c hérit. Je me plais dans l'idée que réunis
ou séparés, vous aimerez à retrouver dans ces
pages, l'épanchement d'un cœur tout à vous,
et que vous les relirez souvent, ne fût-ce que
pour y reconnaître les soins que m'a inspirés
une tendresse qui doit durer autant que vous en
serez digne, c'est-à-dire pendant toute cette vie,
et celle qui lui succédera. C'est là, cher ami,
je l'espère, que nous serons réunis à jamais dans
le sein de Dieu même. »

Nous nous sommes laissé entraîner un peu
loin peut-être, dans les extraits que nous avons
donnés de ce petit écrit. Notre excuse, si nous
en avions besoin, serait toute entière dans ces citations elles-mêmes. D'ailleurs en lisant, en méditant ces sages conseils de celui qui fut notre
père, il nous semblait entendre sa voix douce et

paternelle nous les adresser à nous-mêmes, et
sous l'impression de ce sentiment, il n'y avait
place dans notre âme que pour un regret, celui
d'être obligé de faire un choix, et de ne pas
reproduire ce petit ouvrage dans son entier.

~~~~~~

CHAPITRE XIII.

PRÉCIEUX RÉSULTATS DES CONSEILS DE M. DE SIMONY
AU JEUNE DUC DE SULLY. — LETTRES A SA SŒUR,
SUR LA PATIENCE DANS L'ÉDUCATION DES ENFANTS.
— SUR LA VIE DE LA CAMPAGNE. — JUGEMENT DE
M. DE SIMONY SUR LE DUC MATHIEU DE MONTMO-
RENCY. — MALADIE ET MORT DU JEUNE DE SULLY.
— VIVE DOULEUR DE M. DE SIMONY.

———

Ces admirables leçons, si remarquables par
leur sagesse, par leur précision, par une expression toujours calme et simple comme la vertu
qui les a dictées, ne pouvaient avoir de meilleur commentaire que les explications qu'en faisait M. de Simony lui-même. On conçoit tout ce
qu'elles durent ajouter à l'estime, à la confiance
de l'élève pour son précepteur. Mais ce qui tou-
cha davantage M. de Simony, fut de voir l'heureuse influence que ses conseils exercèrent sur
la conduite du jeune duc de Sully. Lorsqu'il
parle du bien toujours croissant qu'il remarquait
en lui, il en renvoie constamment le mérite à

Dieu et aux efforts de ce vertueux jeune homme.
Mais il est facile de voir combien aussi durent
être efficaces pour inspirer l'amour de la vertu,
des leçons que la voix de la sagesse, jointe à celle
de l'amitié, faisaient entrer si doucement dans le
cœur.

Cependant le monde qui pardonne difficilement dans les autres, ce qu'il n'a point le courage de pratiquer lui-même, ne manqua pas de
censurer une éducation aussi opposée à ses maximes et à sa conduite. Quelques personnes
s'imaginèrent, et se plurent à redire à Mme de
Sully, que M. de Simony inspirait à son fils des
goûts de solitude et de retraite qui ne pouvaient
convenir à un jeune homme de son âge et de sa
condition. Mme de Sully connaissait trop M. de
Simony, elle était d'ailleurs trop persuadée que
la piété est utile à tout, qu'elle seule élève
l'homme au-dessus de lui-même, et donne la vie,
la force et la grâce à tous les âges pour prêter
l'oreille à ces craintes chimériques. Si du reste
le plan d'éducation suivi par M. de Simony, à
l'égard du jeune de Sully, avait besoin d'apologie,
la meilleure, selon nous, serait dans le petit
écrit que nous venons de citer. Qu'on lise atten-
tivement ces règles de conduite, aussi éloignées
d'une sévérité outrée que d'une molle condescendance, et qu'on nous dise si un jeune homme qui
mettrait en action, dans ses rapports avec les

hommes, cette sage théorie de la vertu, ne serait pas, même au jugement du monde, cet homme de bien par excellence, dont la raison humaine peut bien avoir l'idée, mais que la religion chrétienne seule a le pouvoir de réaliser.

Avec l'éducation du jeune de Sully, M. de Simony, comme nous l'avons vu, dirigeait encore de loin celle de ses nièces ; il encourageait sa sœur à prendre patience, et à ne point désespérer des soins assidus qu'elle leur donnait. « Je suis fâché, lui disait-il, que Clémentine ne soit pas toujours ce que tu désires, mais ne te décourage pas ; travaille à la corriger, par des leçons faites avec le ton de douceur et de bonté que tu sais si bien y mettre et par des corrections à sa portée. Ne sois pas surprise si tes efforts ne produisent pas aussitôt le fruit que tu attends, et aussi promptement que tu le souhaites. Tu seras peut-être étonnée un jour que rien de ce que tu auras fait et dit n'aura été perdu. Je l'éprouve journellement. Il faut seulement de la patience et de la suite. Pour la manière de faire aimer la vertu, ce n'est pas à moi à te l'apprendre : j'aurais plutôt besoin de m'instruire à ton école. »

A quelque temps de là, M. de Simony félicitait sa sœur sur son goût pour la vie de la campagne (1). Nous ne pouvons résister au désir de

_____

(1) Depuis quelque temps M. et Mme de Villers étaient

citer cette lettre. Elle respire quelque chose de suave comme l'air des champs, et une innocente gaîté qui tenait, plus qu'on ne l'aurait cru d'abord, à la nature du caractère de M. de Simony :

« Je te sais bon gré, ma chère amie, de te souvenir de moi et de me donner fréquemment de tes nouvelles au milieu de toutes tes occupations; pourvu qu'elles ne soient pas trop fatigantes, elles peuvent t'être utiles en faisant diversion à bien des peines dont la vie est semée. Je suis charmé d'apprendre que tu sais goûter le plaisir de vivre à la campagne; il me semble qu'il faut avoir renoncé à soi-même, ne vivre plus que d'idées factices et d'illusions pour ne pas sentir tout le charme de la vie champêtre. Je t'avoue que je ne jouis véritablement que dans les champs, c'est là qu'il me semble que je suis plus à moi, que je suis plus homme, et que mon âme se sent plus portée à remonter de la terre au ciel. Tout y est magnificence et merveille; tout y est grand et tout y est pur, au lieu que la grandeur des hommes est toujours bien basse et souvent bien vile. Il me semble, ma chère amie, que bientôt tu auras le parfait bonheur auquel aspirait l'illustre Pérette : veau, vache, cochon, couvée, et

_____

venus se fixer à St Martin Osmonville (Seine-Inférieure), pour être plus près de M. de Simony, leur frère.

l'aliboron par-dessus le marché. Heureusement, tout cela n'est pas au hasard d'un pot au lait. L'âne sera d'un grand secours pour tes promenades. Tu ne m'as pas dit si tu avais été contente des graines que j'ai recueillies, et si quelques-unes de tes fleurs ont réussi. Si tu souhaites quelque chose en ce genre, tu me le demanderas. Je ne doutais pas qu'une fois à la campagne, ton mari ne devînt un savant agriculteur ; demandes-lui s'il a songé à meubler ton jardin de quelques ruches ; c'est une des occupations les plus agréables de la vie champêtre. J'en ai deux en commun avec Maximilien, qui nous ont donné cette année trois essaims, et qui l'année prochaine nous donneront, j'espère, du miel en abondance. »

Le jeune duc de Sully, par le nom qu'il portait et par ses liens de famille, était en rapport fréquent avec les premières maisons de France. M. de Simony l'accompagnait dans tous ses voyages, et partout sa vertu faisait une vive impression. Plusieurs des familles qu'il connut alors, ont tenu à conserver avec lui jusqu'à sa mort des relations de confiance et d'amitié ; nous citerons entre autres la famille de Montmorency. On verra par la lettre suivante comment M. de Simony appréciait dès-lors les éminentes vertus du duc Mathieu de Montmorency, mort comme on sait, le Vendredi-Saint de l'année 1826, au moment où il adorait la croix dans l'église de St-Thomas d'Aquin. Après avoir décrit à sa sœur les agréments de la campagne où il se trouvait depuis quelques jours (1), et les vertus des jeunes époux qui l'habitaient, il ajoute : « Une personne qui ne gâte pas le tableau, c'est M. Mathieu de Montmorency, qui a fait le voyage avec nous. On ne peut réunir plus d'amabilité, de sagesse et de piété. Il a beaucoup d'esprit, de connaissances, et plus encore de modestie. Toute sa vie est employée à de bonnes œuvres et il est une preuve vivante que la piété donne aux plus aimables qualités de la nature, un lustre et un éclat touchant, et que vraiment elle est utile à tous. Il y a dans la conduite de ces hommes que la religion guide, une règle, une mesure, une constance qui force l'estime et l'admiration, et si les dons de la nature et les avantages de la naissance en font des hommes supérieurs aux autres, la bonté que la religion leur inspire, et l'humilité dont elle leur fait un devoir, les rendent d'un commerce facile, obligeants, et vraiment hommes au milieu des autres hommes.... »

L'éducation du jeune duc de Sully touchait à sa fin. M. de Simony était à la veille de jouir de son œuvre et de recueillir les fruits que promettaient pour de longues années tant d'ex-

---

(1) Beaumesnil (Eure).

cellentes qualités, relevées par une foi vive et par une piété solide, Dieu en avait disposé autrement. Il ne voulut pas exposer aux illusions du monde des vertus déjà mûres pour le ciel. Une santé délicate, qu'affaiblissaient de jour en jour des infirmités prématurées conduisirent en peu de temps le jeune de Sully jusqu'aux portes du tombeau. Il vit arriver la mort de loin avec le calme et la résignation d'une vertu consommée. Pas un regard, pas un regret ni pour cette vie dont il avait à peine goûté les prémices, ni pour les espérances du monde si brillantes pour lui dans l'avenir. « Mon seul regret, disait-il à sa mère, est de vous laisser sans consolation, mais mon espoir est que Dieu nous réunira bientôt près de lui. » Sa confiance en la miséricorde de Dieu était si grande, nous rapporte M. de Simony, témoin de ses derniers instants, qu'il me disait : « Il ne me vient pas même en pensée que je puisse aller en enfer. » Le jour de sa mort, il me dit en parlant de la nuit qu'il venait de passer, et dans laquelle il avait beaucoup souffert : « J'avais espéré qu'elle serait la plus belle de ma vie, Dieu ne l'a pas voulu : que sa volonté soit faite. » Quelque temps après, il dit à sa mère : « Rien ne me trouble, rien ne m'inquiète, je suis parfaitement tranquille. » Dès qu'il sentit les approches de la mort, il nous demanda des prières ; et récita lui-même une antienne à la Ste Vierge. Il l'avait à peine terminée qu'il s'endormit dans le Seigneur. (1)

Nous n'avons pas besoin de dire combien le cœur de M. de Simony fut profondément blessé par cette mort. Ce n'était pas seulement l'enfant de sa tendresse et de ses soins que la mort lui enlevait, c'était un ami de tous les jours, de tous les moments qui, depuis onze ans, n'avait pas un sentiment, pas une pensée qu'il ne soumît à celui qu'il appelait son conseil, son père, son ami. Les inspirations de la foi pouvaient seules tempérer la douleur que lui causait une perte aussi cruelle. Mais cette douleur n'en déchirait pas moins son âme, et se mêlait malgré lui aux sentiments de résignation religieuse qu'il voulait faire passer dans l'âme de son beau-frère et de sa sœur, en leur faisant part de cette nouvelle :

« Cher frère, je viens d'éprouver un bien sensible chagrin. Un véritable fils, par mes sentiments et les siens, vient de m'être enlevé. J'ai perdu mon cher Maximilien. Je l'ai vu expirer dans mes bras ! Une seule consolation me reste : ce sont les sentiments si religieux et les actes de vertu dont j'ai été le témoin, depuis qu'il a eu l'âge de la raison. La grâce divine qui l'animait, s'est manifestée sensiblement en lui, surtout dans cette longue et douloureuse maladie. Il a vu le

(1) Le 23 septembre 1807. En lui s'éteignit la famille de Sully dont il était le dernier descendant.

danger, et l'a vu avec le courage du chrétien,
et le calme que donne l'onction de la grâce. Ah !
qu'une belle mort fait envie, et que c'est l'acheter
à bon marché que de l'acheter au prix de toutes
les privations que la religion impose ! Oh ! mon
frère, qu'elle est sainte, qu'elle est grande,
qu'elle est consolante, qu'elle est divine, cette
religion, quand on la voit changer en douceurs
ce qu'il y a de plus amer, et élever ainsi l'âme
à ce qu'il y a de plus sublime quand tout conspire
à l'abattre ! J'écris à ma sœur au sujet de cette
mort si douloureuse pour moi, et qui vous cau-
sera aussi bien des regrets. Remettez-lui ma
lettre avec tous les ménagements que vous jugerez nécessaires, donnez-moi sur-le-champ de
vos nouvelles à Mouceaux.

« Prie pour moi, chère amie, disait M. de Simony dans cette lettre, prie pour une mère désolée. Nous avons, je l'espère, un élu, un pré-
destiné, un ange dans le ciel, mais nous pleu-
rons sur la terre. Dieu nous a frappés ici-bas pour
couronner, dans les cieux, une vie que sa grâce
avait rendue pleine par le mérite d'une charité
bien sincère. Tu ne peux te figurer le calme et la
paix qui ont accompagné les derniers moments
de ce cher enfant, tout résigné à la volonté divine ;
il a toujours accepté ses douleurs en expiation de
ses fautes et avec un plein abandon au bon plaisir
de Dieu. Il a demandé lui-même les derniers sa-

crements, les a reçus avec joie, et n'a rien regretté dans la vie, que la peine qu'il allait occa-
sionner à sa mère. Sa physionomie respire encore
le calme et la paix. Sa mère ne se rassasie pas
de le voir, de l'embrasser et de contempler des
traits qui lui sont si chers. Prie encore une fois
pour elle et pour moi ; tu sais ce que ce cher enfant était à mon cœur, et ce que je perds en le
perdant ; tu partageras ma douleur. Hélas ! Dieu
m'apprend chaque jour à détacher mon cœur
des objets terrestres, puisqu'à chaque instant ce
qui nous est cher nous échappe. Puissé-je ne
chercher qu'en lui ma consolation ! »

« Tu ne seras pas étonnée, chère amie, que
je ne vole pas auprès de toi, sachant bien que
ma personne t'apporterait peu d'embarras et quelques consolations ; mais il y a en ce moment
entre Mme de Sully et moi une communauté de
douleur et de sentiments qui nous rend utiles
l'un à l'autre. Si je m'absentais d'auprès d'elle,
avec qui parlerait-elle de notre enfant, avec qui
pleurerait-elle en liberté ! et quant à moi, que
ne souffrirais-je pas de la savoir si souffrante et
sans soutien humain : je dis humain, car elle en
a un bien grand dans la religion et dans les grâces
dont Dieu accompagne les terribles coups dont
il l'afflige. J'irai cependant dans quelque temps
auprès de toi, car elle a toujours de la peine à
penser que quelqu'un éprouve quelque privation

pour elle, et elle sait bien que ta présence est
une des plus puissantes consolations pour mon
cœur; elle exigera si impérieusement que je m'é-
loigne, qu'à la fin j'obéirai, mais ce sera le plus
tard que je pourrai. Je te réserve pour le temps
où nous serons ensemble, les détails de la mort
précieuse de mon enfant. Que je voudrais, chère
amie, que tous ceux qui ont une âme et que de
misérables préjugés ou une lâche habitude tiennent éloignés de la religion, l'eussent suivi dans
sa maladie et vu dans ses derniers moments ! Que
je voudrais que notre si cher André eût pu juger
par ses propres yeux, de ce que peut la foi dans
une âme généreuse, surtout dans ces moments
où le cœur rompt avec tant de peine les liens
qui l'attachent aux biens de cette vie et à ce
qu'on a de plus cher; et des fruits que produit alors, une pratique éclairée et constante
des devoirs de la religion; lui qui a le cœur si
sensible, les sentiments si bien placés, ne tien-
drait pas, j'en suis certain, à un tel spectacle,
il adorerait et bénirait celui dont le service a de
si douces récompenses; il sacrifierait tout pour
rentrer dans sa grâce et pratiquer avec fidélité
les devoirs qu'il nous impose pour sa gloire et
notre bien. Je ne t'ai pas encore parlé de la manière dont Mme de Sully supporte le dernier malheur qu'il semble qu'elle puisse éprouver sur la
terre. Elle pleure son délaissement et au milieu de

ses larmes elle bénit la main de Dieu qui assure ainsi le bonheur de tout ce qu'elle avait de plus cher au monde. Epouse désolée, et mère de trois enfants, elle voit tous les objets de sa tendresse dans le sein de Dieu. Elle ne soupire plus qu'après le moment qui doit la réunir à eux, mais elle se soumet à la volonté de celui qui prolonge ses souffrances en prolongeant sa vie. Elle a eu la bonté au milieu de ses peines, de se souvenir de toi et de m'en parler.... »

A travers ces consolations de la foi par lesquelles M. de Simony cherchait à adoucir sa douleur, l'amitié rendait toujours présent à son cœur, le souvenir de son cher Maximilien, et le portait involontairement à retracer dans toutes ses lettres la mémoire et les vertus de son jeune ami. Un an après sa mort, il écrivait à Mme de Villers : « Je ne saurais m'empêcher de te parler de cet enfant si cher que je retrouve sans cesse dans mon cœur. Il manque à tous les objets qui m'intéressent encore ici-bas, et auxquels il était lié ; quand je ne l'y retrouve plus, je pense que si nous le regrettons, il n'a plus rien à regretter. Il a consommé un sacrifice qu'il faut que nous offrions tous les jours, et il goûte les biens dont nous ne voyons ici-bas que l'image. Il disait l'an passé, presqu'à pareille époque, qu'il aimait mieux venir avec moi faire quelque séjour auprès de toi, que d'aller à la Roche Guyon, où il devait trouver

nombreuse et brillante compagnie. Il savait que
l'amitié franche et sincère vaut mieux que toutes
les démonstrations du monde. Son camarade et
ami M. Auguste de Rohan Chabot, fils du prince
de Léon (1), qu'il aurait vu à la Roche-Guyon,
vient d'épouser, mardi dernier, Melle de Sérent ;
c'est, dans un âge bien tendre, le couple le plus
vertueux qu'on puisse trouver. Auguste est tout
plein de piété, de raison et de connaissances, il
n'y a pas jusqu'au monde qui, en ne partageant
pas ses principes, ne rende hommage à sa vertu
et à son amabilité. La jeune personne est angélique ; ce seront de grands exemples et ils auront
les moyens de faire le bien, car ils seront fort
riches un jour. Dieu se réserve ainsi de fidèles
Israélites pour les faire servir à la condamnation
de ceux qui taxent la vertu d'impraticable, et
empêcher ainsi le vice et l'impiété de prescrire
sur la terre.... »

---

(1) M. Auguste de Rohan-Chabot, prince de Léon, était
né en 1788. Il embrassa l'état ecclésiastique, en 1819, quelques années après la mort de sa femme qui périt dans les
flammes, le feu ayant pris à ses vêtements au moment où elle
se disposait à se rendre à un bal, chez l'ambassadeur d'Autriche. Devenu archevêque de Besançon, puis cardinal en 1830,
M. de Rohan succomba, le 8 février 1833, à une attaque de
choléra qui l'atteignit dans un village de son diocèse, où il
exerçait le saint ministère. Son panégyrique fut prononcé à la
cathédrale de Besançon, par M. l'abbé de Marguerye, depuis
chanoine vicaire-général de Soissons, aujourd'hui évêque de
St-Flour.

CHAPITRE XIV.

M. DE SIMONY TRAVAILLE A LA CONVERSION DE SON BEAU-FRÈRE. — LETTRES QU'IL LUI ÉCRIT A CE SUJET. — M. DE SIMONY SE DÉTERMINE A SUIVRE DE NOUVEAU LA CARRIÈRE ECCLÉSIASTIQUE. — IL FAIT PART DE SON PROJET A SON BEAU-FRÈRE ET A SA SŒUR. — IDÉE QUE Mme DE SULLY AVAIT DE SA VERTU.

Nous venons de voir le désir qu'exprimait M. de Simony, à l'égard de son beau-frère, et les souhaits qu'il formait pour sa conversion. C'est qu'en effet, M. de Villers, avec toutes les qualités que le monde admire, manquait de cette vertu de foi, sans laquelle toutes les bonnes œuvres sont stériles pour le ciel. Nourri des écrits des philosophes du dernier siècle, il professait pour toutes les religions une indifférence systémati-que, dont la piété si éclairée de son épouse n'avait pu encore triompher. M. de Simony aimait ten-drement son frère et souffrait de cet état d'in-différence et d'incrédulité où il le voyait vivre.

La religion était le seul point où leurs cœurs fussent désunis. Pour établir entre eux une union parfaite, il entreprit de l'amener à la vérité par une discussion amicale et suivie sur les principaux points de la religion révélée. A cet effet, il composa plusieurs petits traités qu'il envoyait à son frère, en le priant de lui communiquer sans réserve toutes ses impressions, toutes ses difficultés. Ce qui caractérise surtout ces lettres dogmatiques, c'est une grande clarté d'exposition, une justesse de raisonnement qui ne laisse rien à désirer, et une réfutation aussi simple que précise des sophismes amassés par les incrédules autour des vérités chrétiennes. Les bornes de cet ouvrage ne nous permettent pas de faire connaître autrement ces fruits du zèle et de l'amitié de M. de Simony. Nous donnerons seulement quelques extraits des lettres d'envoi qui accompagnent ces petits traités, et qui peuvent faire mieux connaître la nature de son esprit et la tendresse de son cœur. La lettre suivante fut écrite après une maladie, où M. de Villers avait couru risque de la vie.

« Vous avez raison, mon cher frère, de vous reprocher les inquiétudes que vous m'avez données; elles ont été grandes, et j'ai adressé à Dieu les prières les plus ardentes pour qu'il voulût bien les adoucir. J'ai intéressé près de lui toutes les personnes pieuses, à qui j'ai pu parler de vous,

et je ne doute pas que ce concert de prières n'ait
contribué à vous rendre la santé. Aussi, j'offre
actuellement de très-humbles actions de grâces
au bon Dieu pour cette faveur ; mais je ne vous
cacherai pas, cher et bon frère, que je lui en
demande une à laquelle j'attache plus de prix
qu'à ma propre vie et à la vôtre. Me pardon-
nerez-vous de vous le dire avec une franchise
que ma tendre amitié pour vous autorise et que
le plus cher de vos intérêts me commande : Je
demande à Dieu qu'il fasse luire à vos yeux un
rayon de cette lumière qui éclaire l'esprit et
échauffe le cœur, qu'il vous fasse connaître et
goûter les vérités que nous enseigne la religion,
cette œuvre marquée du sceau de la divinité et
qui, pour un esprit sans préjugés et un cœur sans
passion, porte un caractère si frappant de grandeur et des marques si plausibles de vérité, qu'il
est impossible de n'y pas reconnaître la main du
Très-Haut. Oui, mon frère, je le dis avec l'assurance que donne la conviction la plus intime,
je ne suis pas plus certain de mon existence, que
de la vérité de la religion que je professe, et s'il
est un bien que je désire pour moi-même, pour
tout ce qui m'est cher et pour tous les hommes
enfin que Dieu m'a appris à regarder comme
mes frères, c'est de connaître, d'aimer, et de
pratiquer cette religion vraiment divine.

« Ne croyez pas, mon cher frère, qu'en vous

parlant de la sorte, je tienne le langage d'un enthousiaste, et que mes idées soient celles d'un homme surpris et d'un cerveau exalté. Non, vous me connaissez assez pour savoir que je ne suis pas homme à m'enticher d'une opinion, le doute est même l'état le plus naturel à la trempe de mon esprit. Mais j'ai étudié la religion et je l'ai vue environnée de tant de lumières que ma raison s'y est rendue. Mon cœur, je vous l'avoue, a trouvé de la douceur à s'y attacher, mais c'est parce qu'il a été frappé de la voir si digne de Dieu, si convenable à l'homme, si ennemie du vice, si féconde en vertus : et c'est là surtout, mon cher ami, qu'est le fondement de mon espérance pour vous y soumettre; car quel cœur plus fait que le vôtre pour les goûter, et qu'il serait malheureux, que tant de sentiments nobles et généreux, que tant de droiture et de bonté ne fussent pas animés de l'esprit seul propre à les vivifier, et demeurassent privés de leur plus beau fruit ?

« Ai-je besoin, mon cher ami, de m'excuser près de vous de vous avoir ainsi ouvert mon cœur? Non, je connais trop le vôtre pour croire qu'il puisse jamais me savoir mauvais gré d'un mouvement qui n'a d'autre principe que le sentiment le plus tendre et le plus désintéressé. Ne seriez-vous pas fâché plutôt que j'eusse gardé sur le cœur un poids qui m'oppresse et qui deve-

nait toujours plus pesant, à mesure que mon
tendre attachement pour vous augmentait. Mais
si vous ne condamnez pas ma franchise, ou plutôt
si vous êtes touché du sentiment dont elle part,
payez-la par une franchise réciproque. Je joins à
ma lettre quelques réflexions qui pourront nous
servir d'entrée en matière. Vous y verrez, ainsi
que dans celles qui les suivront (si vous m'en-
couragez, en me disant que mes efforts ne vous
ont pas déplu et en me marquant quel effet ils
ont produit sur vous), que je ne cherche pas à
vous faire illusion. C'est toujours ce qu'il y aura
de plus simple et de plus clair que je chercherai
à vous mettre sous les yeux. Je ne prétends avoir
pour moi que la force des raisons, et non la magie
du style ou le brillant de l'imagination. Je vous
prie donc, sur tout ce que je vous écrirai, de me
dire exactement votre pensée. Ne craignez pas
de me contredire et tant que vous aurez quelque
chose à opposer aux vérités dont je vous entre-
tiendrai, ne me dissimulez pas vos objections.
Quoiqu'en disent les incrédules, c'est la raison
qui doit nous conduire à la foi, et vous verrez,
j'espère, que rien n'est plus capable de la satisfaire, lorsqu'elle se tient dans les justes bornes
que l'orgueil s'efforce en vain de renverser. Je
vous demande seulement deux choses : la première c'est que dans un procès où je défends,
devant vous, votre propre cause, en juge intègre

vous cherchiez la vérité, je ne dis pas seulement de bonne foi, mais avec ardeur, et que vous et moi nous abjurions ce sentiment si naturel, mais si dangereux, cet amour-propre, cette vanité secrète qu'il est si difficile de surmonter, qui nous fait renoncer avec peine à une opinion et nous rend si pénible l'aveu d'une erreur. La deuxième, c'est que de même que quand nous voyons la lumière du soleil, nous ne doutons pas que cet astre n'éclaire notre horizon, lors même que quelque obstacle nous empêche de le voir, de même, quand une vérité sera solidement établie, que les preuves seront sans réplique, nous ne prétextions pas quelques obscurités, indépendantes de ces preuves pour nous empêcher de l'admettre..... Notre esprit est trop borné pour que rien ne lui échappe, il lui suffit de voir clairement la liaison nécessaire de la vérité qu'il conçoit avec celle qu'il ne peut concevoir, pour les admettre toutes deux sans crainte d'erreur..... »

M. de Villers fut sensible aux avances que lui faisait M. de Simony. Il ne put s'empêcher d'y voir, non-seulement une nouvelle preuve de son amitié, mais un préjugé favorable à une religion qui lui inspirait un zèle aussi tendre que désintéressé. Il prit l'engagement de répondre à toutes les lettres de M. de Simony, de lui soumettre franchement ses difficultés, et d'embrasser la vérité aussitôt qu'elle lui apparaîtrait. A quelque temps de là, M. de Simony lui écrivait :

« J'ai très-bien compris, mon cher frère, les raisons de votre silence, et je vous savais trop occupé d'ailleurs, pour attribuer à l'indifférence le défaut de vos lettres; de plus, votre amitié m'est trop bien connue pour que rien puisse désormais en affaiblir la persuasion en moi. J'ajouterai encore que je serais bien fâché que notre correspondance fût une affaire de politesse et d'égards; ainsi, mon cher ami, prenez-en à votre aise, et souvenez-vous seulement que quand vous m'écrivez, je prends cela pour une marque d'amitié à laquelle je suis fort sensible.

« Quant au défi que je vous ai fait, et auquel vous prenez l'engagement de répondre, s'il ne s'agissait que d'une lutte entre nos qualités respectives du corps ou de l'esprit, quoique je me sois bien avancé, je préférerais encore me retirer prudemment plutôt que de me présenter à une défaite assurée; mais comme dans le combat auquel je vous invite, j'ai la vérité même pour bouclier, j'ose me croire invulnérable, d'autant plus que j'ai pour garant de ma victoire la droiture même de votre raison, et la bonté de votre cœur. Et si déjà vous n'avez pas ouvert l'un et l'autre à la parole de Dieu, c'est que vous ne la connaissez pas encore, c'est que vous n'avez pu comprendre de quel prix est la foi, cette foi que vous n'avez appréciée jusqu'ici que sur les déclamations de prétendus philosophes qui n'ont fait qu'habiller à la moderne des objections et des sarcasmes mille fois pulvérisés, et des systèmes dont l'absurdité a été démontrée bien longtemps avant eux. Et quand ils auraient dit quelque chose de neuf, il me semble que leurs principes en politique, comme en morale, leur conduite personnelle et les fruits amers que l'Europe a recueillis et recueille encore tous les jours des opinions qu'ils ont semées, suffirait pour me les rendre suspectes, si par là même leur malice ne m'était pas démontrée. »

M. de Simony établit ensuite un des parallèles les plus frappants entre la philosophie et la foi chrétienne. Il demande successivement à l'une et à l'autre ce qu'elles enseignent à l'homme sur les points qui lui importent le plus de connaître, et il termine ainsi ce parallèle : « A ce simple aperçu des deux doctrines, vers laquelle, dites-moi, mon frère, doit pencher un cœur droit, exempt de préjugés et de passions ? Ah ! je sens trop bien qu'il y a un rapport intime entre la première et les sentiments de mon cœur pour douter qu'ils n'aient été faits réciproquement l'un pour l'autre.

« Mais je m'aperçois, mon cher frère, que je laisse couler ma plume, au risque d'abuser de votre patience; pardonnez au vif désir que j'é-

prouve de vous voir acquérir le plus précieux de
tous les biens, de voir nos sentiments se confondre dans l'unité de la foi, comme ils sont confondus dans les liens d'une même tendresse et
d'une même amitié. Au reste, si vous trouviez
que j'excède, je n'aurai garde de m'offenser que
vous me le disiez. De même que je vous parle à
cœur ouvert, montrez-moi le vôtre sans détour.
Je veux y entrer, mais non par une autre porte
que celle qu'il vous plaira de m'ouvrir.... »

On a pu remarquer dans les lettres de M. de
Simony, que nous avons citées jusqu'ici, que la
disposition habituelle de son âme, était une foi
vive à à la Providence dont il adorait la conduite
dans tous les événements heureux ou malheureux de sa vie. Cette disposition ne fit que s'accroître en lui depuis la mort du jeune duc de
Sully. Il vit, plus que jamais, dans ce coup, que
la mort venait de frapper à ses côtés, l'impression
de la main de Dieu, qui brisait les liens les plus
chers à son cœur, pour l'avertir de tourner vers
lui toutes ses affections. Il passa une année entière
dans la solitude, occupé de ces réflexions, méditant sur la vanité des espérances de la terre, sur
les voies par lesquelles la Providence l'avait conduit jusque-là, et prêtant l'oreille à Dieu qui le
rappelait intérieurement au service des autels.
Pour discerner plus sûrement les desseins de Dieu
sur lui, il fit une retraite de plusieurs jours, sous

la direction des hommes les plus éclairés et les plus vertueux. Il ne voulait que la volonté de Dieu, il ne cherchait à la connaître que pour s'y soumettre, quoiqu'il dût lui en coûter; elle lui fut bientôt révélée. Dès-lors son parti fut pris irrévocablement. Il avait tenu secret, jusque-là, le projet qu'il nourrissait depuis longtemps. Les deux premières personnes auxquelles il s'en ouvrit furent son beau-frère et sa sœur. Les deux lettres qu'il leur écrivit pour leur faire connaître sa résolution, peignent au naturel la générosité de son cœur, la noblesse de ses sentiments, la pureté de ses intentions. La marche toute différente qu'il suit pour leur apprendre cette nouvelle, fait voir qu'il connaissait parfaitement les dispositions toutes différentes de leur esprit et de leur cœur en matière de religion, et qu'il savait s'y conformer.

« Voici, cher et excellent frère, la lettre que vous m'avez demandée avec un si aimable empressement, et que j'en ai beaucoup à vous adresser, puisqu'elle contient l'annonce d'un des événements les plus importants de ma vie. Je vous demande, au nom de l'amitié, de la lire jusqu'à la fin, quelque longue et quelqu'importune qu'elle vous paraisse, et de me faire part, dans votre réponse, des sentiments, quels qu'ils soient, qu'elle vous aura fait éprouver. En la jugeant, vous jugerez mon âme toute entière. J'ai voulu la verser, pour ainsi dire, dans la vôtre, par l'exposé de mes pensées et de tous mes sentiments. »

Après ce petit exorde, M. de Simony fait un court exposé des principes fondamentaux de la religion catholique, ou bien, pour nous servir de ses expressions, une espèce de profession de foi. Puis, il continue en ces termes : « Mais, où tendent ces réflexions ? que veut dire cette profession de foi ? Le voici : Si tout homme se doit à Dieu, je m'y dois comme un autre. Un serviteur fidèle ne compte point les peines, ne calcule point les privations, ne cherche point son repos ; tout son désir est d'accomplir la volonté de son maître. Dieu a confié à chacun de nous quelque talent pour le faire valoir, et sa justice nous en demandera un compte rigoureux. Quel est celui dont je lui suis redevable, à quel emploi, en un mot, sa Providence m'appelle-t-elle? Jusqu'à ce jour, je me suis abandonné à sa conduite, et elle ne m'a jamais manqué, elle a subvenu à tous mes besoins ; et à chacune des amertumes que j'ai eues à goûter pendant ma vie, elle a mêlé la douceur de ses consolations. Serai-je ingrat ? et aux bienfaits dont elle m'a comblé, ne répondrai-je que par un lâche amour de mon repos, que par un attachement exclusif à mes satisfactions personnelles ? Je sens qu'il n'est aucun sacrifice que je ne fusse prêt à faire

pour les amis que Dieu m'a donnés; comment
ne serais-je pas disposé à faire les plus grands
pour Dieu lui-même? Mais comment connaîtrai-je
sa volonté, et qui m'indiquera la route où je
dois marcher? Il reste encore, en dépit de la
dépravation générale, quelques hommes d'un
cœur droit, d'une âme pure, fidèles, désinté-
ressés, exclusivement amis de la vérité et de la
vertu. J'ai consulté la voix publique, c'est-à-dire
la voix du plus grand nombre des personnes
dont je suis connu; j'ai consulté enfin la conduite de la Providence à mon égard et la marche
qu'elle a suivie dans la succession des biens et
des faveurs de toute espèce dont elle m'a comblé, et tout m'a dit que quelque faibles que
fussent mes moyens, je les devais employer au
service de la religion, que je devais aspirer à
être un de ses ministres. Je vois l'étendue du
sacrifice, et mon courage s'en étonne. Ce qui
m'effraie bien plus encore, ce à quoi je ne peux
penser sans frémir, c'est la sainteté du ministère
qui va m'être imposé, c'est la sublimité des
fonctions qui me seront confiées, c'est mon indignité.... Mais je le sais, ce ne sont point mes
forces que je dois considérer, mais celles de celui
qui m'envoie : il sait trouver l'or au milieu de ce
qu'il y a de plus impur, il fait briller sa lumière
au milieu des ténèbres, et il rend éloquentes les
langues des enfants. Si j'implore sa grâce avec

confiance, si j'y suis fidèle, sa force sera ma force; il portera mon fardeau avec moi, et je ne trébucherai point dans le sentier qu'il m'aura tracé.

« Je ne me dissimule point l'étendue des obligations que je m'impose; mais la vie est si courte, et, quelqu'heureuse qu'elle soit, elle est si exposée aux chagrins et aux amertumes, que c'est acheter à bien peu de frais le bonheur qui la doit suivre, s'il suffit, pour l'obtenir, de sacrifier quelques plaisirs et d'éprouver quelques peines. D'ailleurs, si par le renoncement à ce que j'ai de plus cher, si par le sacrifice de ma vie, je pouvais contribuer à racheter une âme, à lui faire connaître la vérité et goûter la vertu, à la remettre, en un mot, dans le sein de Dieu, quelle gloire, quel bonheur, quel dédommagement aux plus grands sacrifices! Rien de ce que je pourrai jamais offrir, est-il en proportion d'un si grand bien? Mais si Dieu voulait que les prémices de mon ministère fussent pour une âme chérie plus qu'aucune autre, que je pusse verser dans l'âme de mon ami, dans la vôtre, les sentiments qui m'animent en ce moment, quelle joie, quelle félicité! Il serait donc vrai, ô mon frère, que nous ne ferions plus qu'un cœur et qu'une âme; vos pensées seraient mes pensées, et vos sentiments mes sentiments; une même lumière nous éclairerait, une même règle nous dirige-

rait; déjà si tendrement unis dans cette vie , nous
ne verrions plus de terme à notre amitié, et aucune amertume n'en viendrait jamais corrompre
les douceurs. Quelle paix pour moi de voir votre
bonheur assuré en vous-même et dans tous ceux
qui vous environnent; car la vertu d'un père de
famille et d'un homme considéré se répand au
loin et convertit tout ce qui l'approche. Et ne
pensez pas , cher ami, qu'il doive vous en coûter
beaucoup. Votre âme est droite, vos inclinations
sont belles, la vertu vous plaît, vous l'appréciez
partout où elle se trouve : que manque-t-il à la
vôtre? Il faut l'élever à des motifs dignes de
celui qui vous a créé, lui donner un principe
fixe et invariable; la rendre constante, exacte,
conséquente; l'animer enfin par la charité, par
l'amour de celui qui, pour la vie qu'il vous a
donnée, pour les biens du corps et de l'esprit
qu'il vous a départis , pour le bonheur qu'il vous
destine, ne vous demande que le cœur. Aimez
Dieu, mon ami, aimez Dieu : votre esprit a beau
se débattre au milieu des absurdes opinions de
l'incrédulité, elles n'ont fait qu'effleurer votre
cœur : livrez-le à sa pente naturelle, ôtez l'a-
mour-propre, ôtez ce goût si vif de l'indépendance , ôtez l'occupation trop grande des choses
terrestres, des intérêts temporels, des aises et
des commodités de la vie; rendez-vous à vous-
même, et vous sentirez bientôt que vous n'êtes

pas fait pour des biens dont vous rougiriez d'être
l'esclave, et qu'il vous faut un objet plus grand
et plus sublime; vous sentirez que vous n'êtes
pas borné à cette vie, et qu'il en est une au-delà.
Le grand Augustin, dans la fleur de l'âge, ras-
sasié de gloire et de plaisirs, éprouve un vide
qui l'abat; il sent son âme qui se porte vers un
objet plus noble qu'il ne connaît point encore,
il se débat longtemps dans le torrent des opinions et des passions humaines où il s'est plongé,
il se tourne enfin vers Dieu, et à peine l'a-t-il
aperçu de ce regard ferme qui dissipe toutes les
illusions de la vanité, de l'amour des biens terrestres et surtout de cette liberté, de cette indépendance si chères à notre amour-propre,
qu'il s'écrie : O beauté toujours ancienne et toujours nouvelle, que je vous ai connue tard, que
je vous ai aimée tard! Lié de chaînes bien plus
aisées à rompre que celles d'Augustin, enveloppé
de ténèbres bien plus aisées à dissiper, n'ayez
pas plus de honte que lui de revenir à la vérité.
Vous me l'avez dit, vous désirez de croire :
la beauté de la religion vous a donc frappé, la
sainteté de sa doctrine a donc parlé à votre
cœur, vous croyez donc. Oui, la religion est dans
votre âme; elle est trop droite pour avoir jamais
pu l'exiler. Que vous faut-il pour lui rendre tout
son empire, que de secouer une vieille habitude
d'indifférence qui ne peut s'allier à une âme sen-

sible, à un esprit réfléchi, à un jugement sain, et de rejeter une crainte pusillanime des devoirs que nous impose la foi ? Ah ! mon ami, s'ils causent quelque gêne, de quelles consolations ne sont-ils pas la source; s'ils paraissent méprisables aux yeux des impies et des hommes qui vivent sans frein, qu'ils sont honorables à ceux de la raison et des véritables gens de bien. Et à la mort, ce moment qui dissipe les illusions du monde et nous montre la vanité des opinions et des passions humaines, de quel prix ne seront-ils pas ? Encore un pas, mon ami, encore un désir, et vous êtes dans la droite voie. Ouvrez votre âme à cette foi surnaturelle qui est un don de Dieu, et qu'il ne refuse jamais à qui y aspire. Demandez-la lui; mais non comme un malade qui demande l'instrument qui doit extirper le mal, tandis que sa main le repousse; concevez-en un désir vif et sincère, et que vos prières le soient aussi. Hélas ! si je méritais d'être exaucé, déjà la grâce vous eût fait violence, comme à saint Paul. Je n'en continuerai pas moins, dans la retraite où je vais vivre, à offrir à Dieu mes prières avec une ardeur proportionnée à la tendre amitié que je vous porte, et avec une pleine confiance que ce qu'il refusera à la faiblesse de ma foi et à mon peu de mérite, il l'accordera à votre bonne volonté.

« Vous vous demanderez peut-être comment

j'ai pu, moi qui vous laisse lire si volontiers dans mon âme, mûrir si longtemps un semblable projet, sans vous en avoir fait part. Vous trouverez la réponse dans la nature même de ce projet, et dans les sacrifices qu'il entraîne, sacrifices que je n'ai pas voulu vous faire prévoir et partager avant qu'ils m'aient paru arrêtés sans retour dans les desseins de la Providence. »

On ne peut lire sans être attendri l'exposé si touchant que M. de Simony fait des sentiments de son âme. Il est tout pénétré des vérités de la religion dont il fait ses délices; il voudrait les voir gravées dans un cœur qui lui était si cher. Il réunit, pour cela, tout ce que le zèle, tout ce que l'amitié peuvent suggérer de plus pressant et de plus tendre. M. de Villers ne résista pas longtemps; il revint de ses préjugés et embrassa de nouveau la pratique de cette religion dont son frère était devenu l'apôtre avant même d'en être le ministre.

Mais c'est surtout dans la lettre qu'il écrit à sa sœur, dont la piété lui était bien connue, qu'il dévoile dans leur entier ces sentiments généreux que le plus sublime dévouement pouvait seul inspirer. « J'ai pris, chère amie, il y a deux jours, une détermination à laquelle personne plus que toi ne peut prendre part, puisqu'elle doit influer sur tout le cours de ma vie et avoir les plus importantes conséquences pour mon éternité. Pour peu qu'on ait réfléchi sur la nature et la destinée de l'homme, il est impossible de croire qu'il ait été créé pour autre chose que pour Dieu. Qui que nous soyons sur la terre, nous avons reçu de sa part une destination; nous avons une dette à acquitter, une vocation à remplir. La vie est bien courte, et à la mort, il nous importera bien peu si nous y avons satisfait nos goûts, et joui des biens, des plaisirs qui la rendent agréable, mais si nos mains sont pleines de bonnes œuvres, si nous avons fait valoir le talent qui nous a été confié. J'ai donc cherché à connaître la volonté de Dieu sur moi. Je l'ai étudiée dans sa conduite à mon égard, depuis le commencement de mon existence. J'ai pris l'avis de personnes en qui reluit une éminente vertu, et dont la prudence consommée inspire la plus entière confiance. J'ai trouvé partout le même sentiment. Je me suis dit de plus à moi-même, est-ce quand la religion est délaissée qu'il faut la priver d'un défenseur? Quand l'Eglise est méprisée, faut-il l'abandonner? Quand Dieu n'est plus servi, faut-il craindre de montrer qu'on peut se dévouer encore à son service? C'est quand le maître est abandonné, que le serviteur fidèle doit se ranger près de sa personne et lui sacrifier ses biens et sa vie. Je n'hésite donc plus, ma chère, à reprendre la carrière que la Providence m'avait ouverte. J'aurai plus d'un sacrifice à y offrir; mais Dieu ne sera-t-il pas là pour me soutenir? La vie d'un ministre des autels doit être si pure et si sainte, que si je n'avais considéré que les dispositions de mon âme, bien peu digne encore de célébrer les grands et terribles mystères, je n'eusse jamais osé m'avancer jusqu'au sanctuaire, si je ne savais que Dieu travaille avec le faible, soutient celui qui espère en lui, et purifie par sa grâce ce qu'il y a de plus impur. Je vais commencer d'ailleurs un temps d'épreuve, et je te prie de demander à Dieu de tout ton cœur que si le mien ne doit pas répondre à la faveur d'une vocation si sublime, il me repousse des saints ordres, et qu'il ne souffre jamais que je trahisse un ministère si auguste.

« C'est le onze, je crois, que je m'établirai au séminaire. Jusque-là, tu peux parler de mon projet en famille, et surtout à notre sœur, mais non encore aux étrangers. Dis à tes chères enfants que j'ai plus besoin que jamais qu'elles prient pour moi avec toute la ferveur dont elles sont capables, et fais-leur comprendre que quand il s'agit d'un maître tel que Dieu, il ne faut rien faire à demi. Sa volonté est celle du tout-puissant, malheur à qui la brave dans un seul point essentiel; ses récompenses sont magnifiques, il faut être bien insensé de les compter pour rien, ou bien lâche de craindre en trop faire pour les gagner. Pour toi, ma chère, ne pense pas que tu m'as perdu, parce que je serai un peu plus à Dieu. Rappelle-toi par quels moyens il nous a réunis contre toute attente; remercions-le des bienfaits passés, et jetons-nous pour l'avenir, avec une entière confiance, dans les bras de sa miséricorde. Il sait ce qui nous est le plus utile, et ses pensées pour notre propre bonheur valent bien mieux que les nôtres... »

Quelle pureté d'intention ! Quel généreux dévouement pour cette Eglise de France qui, sortant à peine de ses ruines, se voyait de nouveau en butte à toutes sortes d'attaques ; mais aussi quelle admirable leçon pour ceux qui aspirent au sacerdoce, quel reproche éloquent pour les âmes timides qui, dans ces temps d'épreuves, seraient tentées de détourner les lèvres du calice que Jésus leur présente ! Les sentiments de M. de Simony étaient bien différents; dans les premiers siècles de l'Eglise, la persécution eût été, pour une âme comme la sienne, un puissant attrait vers le sanctuaire, et la robe du sacerdoce lui eût paru d'autant plus belle, qu'elle eût ressemblé davantage à celle du martyre.

Avant de mettre son projet à exécution, M. de Simony résolut d'aller passer quelques jours près de sa sœur, pour l'aider à faire un sacrifice d'autant plus pénible qu'elle y était moins préparée.

« Je ne regretterai pas, lui écrit-il, les moments que je passerai près de toi, chère amie,

ce sont les plus doux de ma vie; mais en revenant, je serai tout prêt à consommer ce sacrifice
que je suis trop heureux d'offrir à Dieu, s'il doit
lui être agréable, et alors je ne serai plus guère
à moi. Du reste, ma chère, si, comme j'ai tout
lieu de le croire, telle est la volonté de Dieu, et
si, comme je l'espère de sa grande miséricorde,
il m'accorde les grâces dont j'aurai tant de besoin, quel bonheur d'être destiné à coopérer par
mes moyens, quelque petits, quelque faibles
qu'ils soient, aux vues de bonté qu'il a sur le
petit nombre d'âmes fidèles qu'il se réserve au
milieu de la corruption générale. Demande-lui,
bonne amie, avec toute la ferveur dont tu es capable, qu'il m'éclaire et me fortifie, qu'il me
fasse connaître clairement quelle est sa volonté
et qu'il me donne la force de l'exécuter. Voilà le
véritable bien, parce que c'est le seul qui demeure. Le moment qui nous prive de cette vie
est amer quand il arrache notre cœur aux objets
temporels qui faisaient ses délices; mais quand
la mort ne trouve en nous que l'attachement aux
volontés du ciel, elle n'a aucune prise sur notre
âme, elle ne la prive de rien, elle la délivre seulement d'un fardeau. Tâchons donc, chère amie,
de n'aimer que Dieu et tout le reste pour lui. »

Mᵐᵉ de Sully partagea vivement la peine qu'é-
prouvait Mᵐᵉ de Villers de la résolution que venait de prendre son frère. La haute piété de

M. de Simony, le spectacle de ses vertus, ses
entretiens pleins d'une onction toute céleste,
étaient pour elle un soutien puissant, une
douce consolation. Mais cette âme profondément
chrétienne fit, au bien de l'Eglise, ce nouveau
sacrifice. La lettre qu'elle écrivit à Mme de Villers, après le départ de M. de Simony pour le
séminaire, est le plus beau témoignage que le
monde pût rendre à sa vertu. St Grégoire de
Nazianze ne faisait pas un plus bel éloge de
St Basile, lorsqu'il disait de lui qu'il était prêtre
avant que d'être prêtre, qu'il en avait les vertus
avant que d'en avoir le caractère.

« J'ai attendu que votre excellent frère eût
quitté Mousseaux, pour répondre à la bonne et aimable lettre dont vous l'aviez chargé. Vous parler de lui, sera une satisfaction pour vous et pour
moi, puisque je partage si bien tous vos sentiments sur le parti si louable et si généreux, dans
les circonstances actuelles, auquel il se détermine.

« Dans le petit nombre de sacrifices qui peuvent me rester à faire dans ce monde, celui-ci
est sûrement un des plus vivement sentis ; mais
peut-on en faire pour une plus belle cause ;
puisqu'on doit y voir son propre avantage, et le
bien de l'Eglise qui a tant de besoin que Dieu lui
envoie de tels ministres ! Il avait dans le monde
l'esprit et les vertus de l'état sublime auquel il se

destine; n'est-il pas juste qu'il consacre entièrement à Dieu les dons si précieux qu'il en a reçus
dans un temps où les sujets qu'on peut lui comparer deviennent si rares : je sais que ces puissants motifs n'ont pas moins d'empire sur vous
pour adoucir un sacrifice qui ne peut manquer
de vous être bien sensible. Je me plais à m'en
entretenir avec vous et à me les retracer. Son
heureux enfant prie déjà pour lui, je l'espère,
et lui obtiendra toutes les grâces dont il aura
besoin. Hélas ! quand pourrai-je unir mes vœux
aux siens et à ceux de son père ? Je ne suis pas
digne d'un tel bonheur, qui jamais ne peut être
assez acheté par les plus longs et les plus douloureux sacrifices !... »

CHAPITRE XV.

M. DE SIMONY RENTRE AU SÉMINAIRE DE ST-SULPICE. — SES DISPOSITIONS INTÉRIEURES. — TÉMOIGNAGE RENDU A SES VERTUS. — IL REÇOIT LE SOUS-DIACONAT. — SES IMPRESSIONS DANS CETTE CIRCONSTANCE. — SON APPLICATION AUX ÉTUDES THÉOLOGIQUES. — IL EST PROMU AU DIACONAT. — HAUTE IDÉE QU'IL S'ÉTAIT FORMÉE DU SACERDOCE. — SA PIÉTÉ. — MALADIE ET MORT DE Mme DE SULLY. — M. DE SIMONY L'ASSISTE DANS SES DERNIERS MOMENTS.

———

L<small>E</small> séminaire de St-Sulpice avait alors pour supérieur M. Emery, qui avait succédé l'année 1782 à M. le Gallic, en qualité de supérieur général. Aussitôt que le régime de la Terreur avait paru cesser, M. Emery s'était empressé de réunir, dans une maison de la rue du faubourg St-Jacques, quelques jeunes gens dont la vocation courageuse avait persévéré malgré les événements. Après le concordat et le rétablissement

légal du culte en France, il avait donné au séminaire une existence régulière, en le trans-
férant dans une maison plus convenable dans la
rue du Pot de Fer, où il demeura jusqu'en 1828,
époque de l'occupation du séminaire actuel.
Digne successeur de M. Olier et de M. Tronson,
« ambitieux seulement de faire le bien, dit
Châteaubriand, M. Emery n'agissait que dans
le cercle de la plus grande prospérité d'un séminaire. » (1) Il s'appliquait avec zèle à réparer les pertes immenses de l'Eglise de France,
et à faire revivre dans le jeune clergé les traditions de la science théologique et de l'esprit
sacerdotal que les prêtres de sa compagnie
avaient conservées précieusement pendant les
jours de malheur. Il était un de ceux que M. de
Simony avait consultés pour savoir s'il devait
suivre sa première vocation. Un coup d'œil juste,
un jugement sain, un grand discernement des
hommes, un tact exquis, caractérisaient surtout
M. Emery. Il reconnut dans la conduite de Dieu
sur M. de Simony les marques d'une vocation
certaine, et le fortifia dans sa résolution. M. de
Simony rentra donc au séminaire de St-Sulpice,
au mois d'octobre de l'année 1808.

Nous pouvons juger de ses dispositions intérieures, en quittant le monde pour suivre de

_____

(1) Mémoires d'outre-tombe. Tom. IV.

nouveau la voie où Dieu l'appelait, par les résolutions qu'il prit, pendant la retraite générale du
commencement de l'année scolaire. Nous les
transcrivons ici dans leur simplicité :

« 1° La sainte volonté de Dieu.

« 2° Ne pas m'inquiéter si j'ai la foi ou si je ne
l'ai pas, mais agir en tout, suivant ses lumières.
Offrir le plus souvent que je pourrai mes actions
à J.-C. pour les faire selon lui et en union avec
lui, et tâcher de conformer le plus directement
que je pourrai mon intention à la sienne.

« 3° Faire toujours chacune de mes actions le
mieux qu'il me sera possible, et me demander si
c'est bien celle que Dieu veut de moi en ce
moment.

« 4° Ne perdre aucun instant pour acquérir tout
ce que je pourrai, de science et de piété, et ne
pas m'écouter dans mes dégoûts et mes répugnances.

« 5° Mettre dans mes actions et mes pensées le
plus de simplicité et de droiture d'intention que je
pourrai, et surtout renoncer à tout amour-
propre.

« 6° Ne point regarder en arrière, et la volonté
de Dieu m'étant bien connue, aller toujours en
avant sans pusillanimité.

« 7° Penser souvent à la mort qui fait tant d'impression sur moi et me fait si bien voir toute la
vanité des attaches de la vie.

« 8° M'entretenir du bonheur qu'il y a de connaître Dieu toujours davantage, de le servir et de le faire servir.

« 9° Penser au prix d'une âme et à la sublimité du ministère sacerdotal, ainsi qu'aux consolations que l'on y goûte.

« 24 mai 1809.

« Je renouvelle et confirme toutes les résolutions ci-dessus, et je remercie Dieu de ce qu'il a bien voulu venir au secours de ma faiblesse et me faire surmonter les tentations auxquelles il a permis que je fusse exposé. Je me résigne de nouveau à tout ce qu'il lui plaira d'ordonner de moi, dans toutes les époques, dans toutes les circonstances de la vie. Je le bénis de ce qu'il m'a mis à même de lui offrir quelques sacrifices et de racheter mes péchés par quelques renoncements. »

M. de Simony ne fut pas longtemps au séminaire de St-Sulpice sans être entouré de l'estime et de la vénération dues à son âge, à son expérience et à ses vertus. Il possédait toutes les qualités qui rendent un homme accompli selon le monde, sans avoir l'esprit du monde; mais ce qui frappait surtout en lui, c'était une vertu solide et plus affermie en raison même des dangers qu'elle avait traversés; une piété tendre sans affectation; un cœur plein de Dieu, une dignité sans prétention, une modestie tout angélique. Il semblait avoir déjà dans sa plénitude, en entrant au séminaire, cet esprit sacerdotal dont les autres y venaient chercher les prémices. Aussi, bien que les inclinations de son âme simple et modeste lui aient fait constamment éviter tout ce qui pouvait le faire remarquer, on ne pouvait s'empêcher d'admirer en lui cet ensemble de vertus ecclésiastiques qui indiquaient plutôt un prêtre consommé qu'un aspirant au sacerdoce, et que lui seul paraissait ignorer. « Nous avions alors pour condisciples, nous dit un de MM. les directeurs de Saint-Sulpice, dont la modestie égale le savoir, un grand nombre de ceux qui depuis ont été, avec Mgr de Simony, l'honneur de l'Eglise et de l'épiscopat français. C'étaient NN. SS. Caron, mort évêque du Mans ; d'Auzers, mort évêque de Nevers ; Feutrier, mort évêque de Beauvais ; Tharin, mort évêque démissionnaire de Strasbourg ; Gallard, mort archevêque de Reims ; de Forbin-Janson, mort évêque de Nancy ; de Gualy, mort archevêque d'Alby ; Fayet, mort évêque d'Orléans, et NN. SS. de Bonald, aujourd'hui cardinal archevêque de Lyon, et de Mazenod, évêque de Marseille. Parmi tant de vertueux condisciples, M. de Simony était un modèle de ferveur, de régularité, de modestie. » Il se soumit sans peine, avec toute la docilité d'un enfant, aux moindres règles de la vie commune, sans que son âge, ses habitudes, lui aient jamais fait chercher des adoucissements ou des dispenses. Il était toujours le premier et le plus assidu aux exercices communs, et sur l'observation qu'on lui faisait que la vie de communauté devait lui coûter beaucoup, par la répétition continuelle et l'uniformité constante des mêmes exercices, dans les mêmes lieux et aux mêmes heures, il répondait qu'il avait contracté au milieu du monde l'heureuse nécessité d'une vie d'ordre, et que la vie de communauté, bien observée, était pour lui le ciel sur la terre.

Un des caractères de sa vertu fut d'être constamment soutenue. On ne vit jamais en lui, au témoignage de ceux qui l'ont connu au séminaire, ces moments d'inconstance et d'irrésolution dont la vie la plus régulière et la plus pieuse n'est pas toujours exempte; et il fit paraître, dans toute sa conduite, cette suite, cette fermeté, cette persévérance d'une âme forte et généreuse solidement et irrévocablement établie dans le bien.

Tant d'excellentes qualités et une vertu aussi éminente firent abréger pour lui le temps ordinaire des épreuves. Deux mois après son entrée au séminaire, il fut appelé à recevoir le sous-diaconat. Son sacrifice était depuis longtemps résolu; cependant, l'approche du moment où il devait le consommer effraya son humilité, et il ne fallut rien moins que l'ordre formel de M. Duclaux, son directeur, pour le faire avancer. Il avait évité de prévenir sa sœur de la démarche solennelle qu'il allait faire. Ce ne fut que quelques jours après l'ordination, qu'il lui écrivit la lettre suivante. On y verra la haute idée qu'il s'était faite du ministère des autels, sa tendre affection pour ceux qui le dirigeaient, et le bonheur qu'il goûtait dans cette école de la science et de la vertu.

« Tu m'écrivais, bonne amie, le 17 de ce mois, le jour même, peut-être au moment de mon ordination. Une seule chose me rassure dans cette grande action, c'est que je n'ai agi que par le motif de faire la volonté de Dieu et ce qui lui est le plus agréable. Je ne te l'ai pas mandé d'avance, parce que je craignais que ton imagination ne s'en échauffât, et que tu n'en prisses quelque peine. Si je n'étais pas aussi faible et aussi misérable que je suis, quelle ne devrait pas être ma joie! Être quelque chose dans la cour d'un roi, quel prix n'y attache-t-on pas! Mais les rois ne sont que des hommes égaux par nature et souvent inférieurs par les qualités essentielles du cœur à ceux qui les servent; et moi, je suis attaché au service du roi des rois, de celui par qui est tout ce qui est, de qui vient toute puissance au ciel et sur la terre. Les maîtres de ce monde sont le plus souvent hautains, capricieux, ingrats; je suis assuré de la récompense, il ne me punira pas de mon impuissance, il me tiendra plein compte de ma bonne volonté, en voilà bien assez pour remplir tous les désirs d'un cœur

bien placé et animé de sentiments généreux. Demande au bon Dieu qu'il me le donne et qu'il
me fasse goûter de plus en plus combien son
service est doux.... Je te dirai, en attendant les
détails que tu me demandes sur le séminaire, que
le supérieur est toujours M. Emery, homme d'un
rare mérite; et le deuxième supérieur, M. Duclaux, homme d'une piété angélique et de cette
douceur, de cette cordialité dont on ne peut se
faire une idée dans le monde; c'est à qui respec-
tera et aimera le plus ces deux hommes que
la Providence a gardés comme par miracle.
M. Emery est resté plusieurs mois à la Concier-
gerie, et a vu trois fois se renouveler les prison-
niers. Dieu l'avait mis là pour consoler et récon-
cilier tant de victimes. Il leur inspirait ce courage si ferme et cette héroïque piété qui ont
étonné les bourreaux et auraient touché des
âmes moins féroces. Adieu, chère amie, je te
quitte à regret; mais la cloche va m'appeler à un
exercice.... Sois bien tranquille sur ma santé et
le genre de vie que je mène, il ne peut en être
de plus doux; tous les moments sont employés,
mais sans fatigue, et de manière à ne laisser
d'autre regret que de n'en avoir pas assez. L'expression du contentement et de cette paix que
le monde ne connaît point, est peinte sur toutes
les figures, et prouvent que l'on ne connaît point
ici les passions qui flétrissent l'âme ou la dé-

vorent. Nous avons eu dernièrement, le jour de la Présentation, une fête touchante dont l'objet était la rénovation des promesses cléricales; on voyait sur tous les visages l'expression de la vérité de cette parole que chacun a prononcée aux pieds des autels : Le Seigneur est la portion de mon héritage, etc. »

La grande piété de M. de Simony ne fut point un obstacle à ses progrès dans la science. Il était profondément pénétré de cette vérité qu'un prêtre sans la science théologique, fût-il élevé à une haute perfection, ne répond point à sa vocation. Il se livra donc avec ardeur à l'étude des saintes lettres et de la Théologie. Depuis longtemps, il avait approfondi la religion dans les ouvrages de ses plus célèbres apologistes. Il comprit alors le besoin, pour mieux la prouver et la défendre, d'appliquer à l'étude qu'il en faisait, la méthode scholastique, sans laquelle il ne peut y avoir de véritable science théologique, et que ceux-là seuls affectent de mépriser qui sont incapables d'y assujettir la légèreté de leur esprit. Les nombreux cahiers que M. de Simony rédigea pendant son cours de théologie, sur les divers traités de dogme et de morale, montrent l'importance qu'il attachait à cette méthode, et le profit qu'il en retirait. Chaque traité s'y trouve exposé avec ordre et clarté, les raisonnements y sont pressants et suivis, les

points de doctrine exactement énoncés, toutes
les difficultés résolues par des témoignages déci-
sifs. Aux traités de morale se trouvent jointes des
observations utiles sur tout ce qui est de pratique, et toutes les décisions s'y trouvent ap-
puyées sur les autorités les plus sûres. Outre ce
premier travail qui faisait sa principale occupation, M. de Simony s'était fait une loi de recueillir, et de classer par ordre alphabétique,
les passages les plus saillants de l'Écriture, des
Pères et des meilleurs auteurs, y joignant quelquefois ses propres réflexions, et se créant ainsi
pour l'avenir un trésor précieux qui pût lui fournir de quoi parler solidement et avec fruit sur
toutes sortes de matières.

Une vie si bien occupée lui laissait à peine le
temps de suivre avec sa sœur sa correspondance
accoutumée, et il s'en excusait près d'elle en
termes qui montrent le bon emploi qu'il faisait
du temps, et l'importance qu'il attachait à l'observation du règlement.

« Tu me demandes si je suis capable de m'ennuyer de ton exactitude à m'écrire, m'en soupçonner serait un tort que je ne te pardonnerais pas.
Tout ce que je te demande c'est de ne pas m'en
vouloir si je n'emploie pas à te répondre tous les
moments que je voudrais. Ils sont si courts au
séminaire, qu'une heure employée à écrire une
lettre, fait un tort irréparable aux occupations

de la journée. Tu me flattes donc d'un voyage prochain et de prévenir les moments où je comptais moi-même aller t'embrasser. C'est une douce espérance que tu fais naître dans mon cœur, mais je suis si acccoutumé à décompter, que je n'ose rien me promettre que je ne te sache presqu'en voiture et pour ainsi dire arrivée. Tu as raison, je ne pourrai pas te voir beaucoup, surtout à la distance où tu seras ; l'emploi du temps et l'ordre du séminaire s'y opposent, des sorties fréquentes sont tout à fait contre l'esprit de la règle ; je ne le fais guère qu'une fois par semaine, et si ce n'était ma vieille barbe, peut-être trouverait-on que c'est trop ; mais quoiqu'il en soit, bonne amie, nous en prendrons ce que nous pourrons.... »

L'année suivante, le 27 mai 1809, M. de Simony fut promu au diaconat. On ne pouvait apporter à la réception des saints ordres, plus d'innocence, de vertus, de pureté d'intention. Cependant M. de Simony ne pouvait envisager sans frayeur cette redoutable dignité dont quelques mois à peine le séparaient. Son âme faite pour aimer, et qui comme l'Apôtre de la charité, croyait par-dessus tout à l'amour que Dieu a pour nous, avait un désir ardent de s'unir, de se consacrer plus étroitement à lui par le sacerdoce ; mais sa foi était si vive, son humilité si profonde, qu'en présence d'un fardeau redoutable aux

anges eux-mêmes, il n'était pas maître des sentiments de crainte qui le pénétraient et qu'il exprimait dans une lettre à sa sœur, quelques jours
après son ordination (30 mai 1809.)

« Tu as sûrement, chère amie, reçu d'Eugénie, la lettre qu'elle t'a écrite pour t'instruire du
jour et de l'heure de mon ordination, et j'en suis
certain, tu t'es bien unie à moi et à toute l'Eglise
pour obtenir pour moi les dons abondants de l'Esprit saint. Je me suis donc approché d'un degré
de plus du saint autel, je n'offrirai pas encore la
victime sainte, mais je suis devenu le principal
coopérateur du sacrifice. Le corps du fils de Dieu
sera entre mes mains, je le tirerai de son taber-
nacle pour qu'il soit distribué aux fidèles, et je
pourrai en cas de besoin être député pour l'administrer. Quel ministère! En est-il de plus sublime après celui du sacerdoce, et peut-on lui
comparer celui des rois? mais aussi, que ce ministère est saint, et qu'il faudrait de pureté pour
le remplir! Oh! quand je pense que le degré le
plus élevé m'est destiné, et que dans six mois ou
un an au plus tard, je tiendrai dans mes mains
la divine hostie, que je ne serai plus seulement
témoin et ministre du sacrifice, mais qu'il s'opérera par mes mains, que le fils de Dieu se rendra
obéissant à ma voix, et que ce corps divin, autrefois attaché à la croix et maintenant glorieux, se
rendra présent par mon ministère sur le saint au-

tel ; quand je me représente au milieu de ces augustes et terribles fonctions , je frissonne , et je me trouble à la vue de mon indignité et de mes souillures ; je te le dis avec sincérité, si la soumission aux avis de ceux que je dois consulter et croire dans leurs décisions ne me faisaient une loi d'avancer, je m'arrêterais ici, et content du sacrifice qu'il a plu à Dieu d'agréer de ma part et de la place qu'il m'a donnée dans sa maison , je consentirais bien volontiers à rester diacre toute ma vie. Continue, ma chère amie, à prier pour moi , le besoin que j'en ai augmente avec l'élévation où Dieu me place dans son Eglise. »

Cet esprit de foi, cette profonde humilité , ces hautes idées qu'il se formait du sacerdoce, M. de Simony cherchait à les développer en lui par tous les moyens que l'Eglise inspirée de Dieu offre à ses enfants. La célébration des mystères de J.-C. ou des fêtes des saints, fut toujours pour lui une occasion de se renouveler dans la ferveur et l'esprit de sa vocation ; et jamais la négligence ou l'habitude ne lui firent perdre les bienheureux fruits de ces pieuses observances. Cette piété attentive et ce goût des choses de Dieu , se révèlent dans une lettre qu'il écrivait après la fête de St Pierre, où il avait servi de diacre au cardinal della Somaglia.

« Hier, ma chère amie , nous avons célébré la

fête des saints apôtres Pierre et Paul. Notre Eminence officiait ; j'étais non son premier, mais son
principal ministre à l'autel. Elevé au-dessus du
peuple, et placé entre le ciel et la terre, j'ai
offert, avec le pontife, les dons que l'Esprit
saint devait changer. Et dans quelle solennité?
Lorsque l'Eglise célèbre la mémoire de son premier chef et remercie le Seigneur de l'avoir établi la pierre fondamentale de l'édifice éternel,
et de nous avoir donné dans cette chaire, où
sont assis depuis dix-huit cents ans les succes-
seurs de Pierre, un centre indéfectible d'unité,
un étendard visible à toutes les nations, et sous
lequel nous sommes assurés que notre foi triom-
phera toujours de toutes les attaques du monde
et de l'enfer. Quels n'ont pas dû être mes sentiments dans un pareil jour ? reconnaissance envers le Seigneur, qui nous a fait naître au sein
de cette Eglise catholique, dont les chefs et les
pasteurs remontent sans contradiction jusqu'à
Pierre, et par conséquent jusqu'au Sauveur;
amour pour cette Eglise qui nous a reçus dès le
berceau, et qui nous a nourris avec tendresse
du lait de la céleste doctrine, soutenus et fortifiés par les sacrements, consolés par ses instructions divines, et qui ne nous quittera que pour
nous remettre entre les bras de son divin chef;
mais aussi, serrements de cœur à la vue de tant
de pauvres errants, qui, après avoir déchiré le

sein de leur mère et s'être séparés d'elle par le schisme et l'hérésie, résistent à ses invitations et veulent obstinément être enfants de Jésus-Christ en reniant son épouse et leur mère... »

M. de Simony, par sa consécration au service de Dieu, avait embrassé la carrière des sacrifices. Dieu ne fut pas longtemps sans lui en demander un nouveau qui dut bien coûter à un cœur pour qui les amitiés vertueuses avaient un si grand prix. On connaît les liens qui l'attachaient à la maison de Sully. L'estime et la vertu les avaient formés, et la religion leur avaient donné une force et une durée qu'on cherche inutilement dans les affections purement humaines. Mme de Sully, minée par le chagrin, flétrie par d'inconsolables douleurs, et atteinte d'une maladie contre laquelle tous les secours de l'art venaient échouer, sentait son heure dernière approcher. Elle connaissait la tendre piété de M. de Simony. Elle lui écrivit elle-même, malgré sa grande faiblesse, et lui exprima le désir de le voir et d'être assistée de ses prières dans ce dernier moment. M. de Simony se rendit en toute hâte auprès d'elle. La religion ne pouvait emprunter une voix plus touchante, pour Mme de Sully, que celle qui avait enseigné la voie du ciel au fils qu'il lui tardait de rejoindre. On verra, par les deux lettres suivantes, les impressions de foi et de piété que la vue d'une mort aussi sainte laissa dans l'âme de M. de Simony. Il offrit à Dieu ce nouveau sacrifice, avec un cœur déchiré, mais soumis, et qui se détachait de plus en plus de tout sur la terre, pour s'unir plus étroitement à Dieu seul.

« Ma bonne sœur, écrivait-il, élève ton esprit et ton cœur en haut, pour supporter la nouvelle de Mme de Sully malade, et dangereusement ma lade. Le sujet de sa joie fait celui de nos douleurs. Au milieu de ses souffrances, son âme, toujours également forte, regarde avec complaisance le moment où elle sera réunie dans le sein de Dieu à tout ce qu'elle a de plus cher. La pensée d'une mort prochaine a pour elle tant de charmes, qu'elle n'ose pas trop s'y arrêter, voulant que la parfaite soumission à la volonté divine soit le sentiment exclusif de son âme. Tu comprends, d'après ce que je viens de te dire, quels sont les sentiments que j'éprouve. Je suis déchiré à l'idée d'une séparation pour la vie, et je n'ose pas desirer, encore moins demander à Dieu, qu'il prolonge ses jours. Je suis auprès d'elle depuis hier soir. Elle-même m'écrivit dimanche son état, et m'exprima le désir de me voir. Je l'ai trouvée assise dans son cabinet et mise comme à l'ordinaire, un calme parfait sur le visage, et le sourire sur les lèvres. Quand je lui ai dit qu'elle était sûrement au comble de ses vœux, par la perspective de quitter bientôt ce monde, son visage s'est épanoui avec une expression de joie extraordinaire. « Ne faut-il pas, m'a-t-elle dit, être contente de tout ce que le bon Dieu veut? » Elle m'a demandé de tes nouvelles, et quand je lui ai dit que l'annonce de sa maladie mêlerait bien de l'amertume à la joie que tu as de posséder ton amie : « Je le crois, m'a-t-elle dit, elle est si bonne ! » Elle marche vers l'éternité avec une tranquillité et une confiance admirables, elle parle de sa mort prochaine comme un autre parlerait du plus court voyage. Il ne faut pas en être étonné, elle s'y prépare depuis longtemps, et Dieu, qui fait la blessure, y met le baume des consolations. Ah ! chère amie, que les coups de ce bon père sont accompagnés de miséricorde ! Il nous fait acheter par des maux de quelques jours, un bonheur éternel, et encore il en adoucit tellement la pointe par sa grâce, qu'ils finissent par paraître doux. Ceux que Mme de Sully souffre en son corps, sont une oppression extrême causée par une maladie du cœur, de ce cœur qui a si profondément senti, depuis dix ans, tout ce qu'il y a de plus cuisantes douleurs. Depuis un an, elle éprouvait les premières atteintes de cette oppression ; mais, méprisant toujours ses douleurs, et persuadée que ce n'était qu'un mal passager, elle n'a cherché à y apporter aucun remède. Depuis quinze jours, le mal fait des progrès effrayants. Il ne faut donc plus se faire illusion, le bon Dieu l'appelle à lui. Quelle perte je vais faire, et en même temps que de grâces j'ai à rendre à Dieu des exemples qu'il me met sous les yeux et des leçons si frappantes qu'il me donne ! Que je serais faible et stupide si désormais je comptais pour quelque chose ce monde et tout ce qui y attache. Oh ! ma chère amie, il n'y a qu'une chose nécessaire, c'est le salut; tout ce qui n'est pas pour cette vie où rien ne finit, où le bonheur est sans mélange, où la crainte de l'avenir n'empoisonne pas la paix du présent, n'est que vanité, frivolité, folie. Tournons nos regards vers le ciel si beau, où toutes nos affections, confondues dans l'amour de Dieu, seront pour nous une source toujours renaissante d'un intarissable bonheur. Aimons Dieu sur la terre, non en paroles, mais en effet, afin de le posséder dans le ciel. Voilà le seul vrai bien, puisqu'il est le seul qui demeure. Adieu, bonne et chère sœur, tâche de mettre ta douleur au pied du crucifix : c'est la vraie source des consolations. Je ne te dirai pas pour cela : ne pleure pas; je ne puis m'en empêcher moi-même. Mais qu'il est doux de se dire, en voyant nos amis s'éloigner de nous : ils nous précèdent au séjour de la gloire et du vrai bonheur, leurs prières nous aideront à y arriver, et un jour nous ne ferons qu'un pour aimer et posséder Dieu pendant l'éternité. »

« Je viens à l'instant de quitter cette pauvre et si chère malade, écrit-il le lendemain, elle est dans un état bien cruel pour nous, qui en sommes témoins; mais sa patience, son calme, sont en proportion de ses douleurs. Ce matin, elle a reçu le sacrement de l'Extrême-Onction, dans sa chapelle; et cette femme, dont l'unique objet a toujours été de rendre heureux tout ce qui l'entoure, a prié M. le curé de demander en son nom pardon à tous ses gens, des mauvais exemples qu'elle a pu leur donner, et de ce qu'elle a pu faire qui leur ait causé de la peine. Elle leur a fait dire qu'elle leur pardonnait tous les torts qu'ils pourraient avoir eus contre elle. Ce n'a été alors que larmes et que sanglots. Elle a voulu assister à toute la messe, à laquelle elle a communié. Je ne sais si demain elle pourra avoir ce bonheur, tant elle est faible aujourd'hui. Quelle perte je fais, ma chère amie; ses exemples et ses conseils m'ont été si utiles! Ses exemples surtout, car c'est là que je puisais des conseils que sa modestie se refusait à me donner. Oh! puissai-je apprendre aussi à bien mourir, et, pour cela, à me bien préparer à la mort par une vie remplie de bonnes œuvres! La vie n'est bonne qu'à cela; quels qu'en soient les événements et les vicissitudes, s'ils nous mènent à une bonne mort, ils auront été heureux. Adieu, ma bonne sœur, prie pour Mme de Sully, mais ne t'abandonne pas à la douleur; tu te dois à ta famille et à tes amis. »

La mort de Mme de Sully suivit de près, et, le 11 juin 1809, M. de Simony apprit à sa sœur la perte qu'il venait de faire.

« Tu t'attends sûrement aux nouvelles les plus fâcheuses, chère amie, d'après celles que je t'ai données de Mme de Sully. En effet, nous l'avons perdue pour la terre, elle ne vit plus ici-bas, elle n'est plus que dans le ciel; ses vœux ont été comblés hier, sur les trois heures et demie. Ce moment, qu'elle regardait comme le terme de son douloureux pèlerinage, est enfin arrivé, et a comblé sa joie en mettant le comble à nos regrets. Elle n'a perdu la parole qu'une demi-heure avant d'expirer, encore a-t-elle prononcé deux fois distinctement ces mots : *Mon Dieu!* après avoir baisé le crucifix qu'on lui a présenté. J'ai passé la nuit près de son corps inanimé, et une bonne partie du reste du temps. Son visage, après vingt-quatre heures, n'a pas changé; il respire le calme et la paix. Elle est au ciel, n'en doutons pas. S'il lui est resté quelques légères souillures, sa patience à souffrir les maux de sa dernière maladie, sa profonde résignation les auront expiées, et j'ose espérer qu'elle n'aura pas eu besoin de passer par les flammes du Purgatoire pour paraître devant Dieu. Prions cependant pour elle; car qui peut mesurer la justice de

Dieu, de ce Dieu qui juge les justes mêmes, et qui, à ce jugement qui décide de notre sort éternel, ne connaît plus de miséricorde. Prions : nos prières ne peuvent être perdues, elles nous en obtiendront de la part de cette sainte âme qui nous faciliteront de suivre ses exemples. Prions, c'est l'unique consolation dans de pareils maux. Je ne verse de larmes que dans la prière, et ces larmes me soulagent ; partout ailleurs, la douleur m'oppresse. Le service se fera demain ; je ne quitterai ces lieux, où je laisserai des souvenirs si chers qu'après avoir satisfait à ce dernier devoir. Ton chagrin sera vif, j'en suis assuré, quoique tu ne pusses te flatter de revoir jamais cette femme incomparable ; mais il faut que ta peine ne soit pas sans douceur, en pensant que celle que tu regrettes te voit et t'entend, car, n'en doutons pas, les saints qui jouissent de la vue de Dieu voient, dans ce miroir, ce que Dieu voit lui-même. Ils y voient donc nos soupirs et nos vœux. Adieu, bonne sœur. Je serai probablement au séminaire demain soir. »

L'âme de M. de Simony se laisse voir toute entière dans ces épanchements de la douleur et de l'amitié. Toujours la même sensibilité, la même tendresse de cœur ; mais toujours aussi la même foi, la même piété, le même détachement, les mêmes espérances. Se préparer une mort sainte, pour être réuni dans le ciel à ceux

qu'il avait aimés sur la terre, tel était le désir
qu'il exprimait sur chacune des tombes qui se
fermaient sous ses yeux. Tel fut, à toutes les
époques de sa vie, le vœu le plus cher de son
cœur. « Seigneur, pouvons-nous dire avec le roi
prophète, vous lui avez accordé le désir de son
âme et vous n'avez pas trompé le vœu de ses
lèvres... Vous l'avez destiné à vos bénédictions
éternelles, vous le remplirez de joie par la vue
de votre visage. » (Ps. xx, v. 13. 6).

CHAPITRE XVI.

RECONNAISSANCE DE Mme SULLY POUR M. DE SIMONY. — SA DERNIÈRE ANNÉE DE SÉMINAIRE. — SON AMITIÉ AVEC M. DARGENTEUIL. — CATÉCHISME DE ST-SULPICE. — RETRAITE POUR LE SACERDOCE. —ALLOCUTION AU CATÉCHISME DE PERSÉVÉRANCE. — LETTRE A SA SŒUR APRÈS SON ORDINATION. — SES RÉSOLUTIONS. — CONFÉRENCE SPIRITUELLE POUR LA FÊTE DU SACERDOCE DE NOTRE SEIGNEUR.

Mme de Sully voulut, en mourant, donner à M. de Simony des marques de sa reconnaissance pour les soins qu'il avait prodigués à son fils. Elle ne pensait pas pouvoir jamais proportionner les récompenses à la grandeur des services. « Monsieur votre frère, écrivait-elle à Mme de Villers, a aussi perdu un fils qui, je l'espère, lui paie actuellement le tribut de reconnaissance que nous lui devons, et qui peut seul nous acquitter envers lui. Le bonheur de ce cher enfant est avec la grâce de Dieu son ouvrage, sa consolation en ce monde et contribuera à sa gloire en l'autre. »

Cependant elle crut devoir lui léguer par testament, après en avoir détaché plusieurs fermes, la terre de Monterollier, canton de St-Saëns, arrondissement de Neufchâtel (Seine-Inférieure). Elle savait qu'en laissant cette portion de ses biens à M. de Simony, c'était aux pauvres qu'elle la laissait, et qu'elle continuait ainsi par un autre, après sa mort, le bien qu'elle avait fait pendant sa vie. Nous verrons dans la suite que ses intentions furent non-seulement remplies, mais dépassées. M. de Simony regarda toujours sa fortune comme le patrimoine des pauvres, et à ce titre, il leur en donna constamment la plus grande partie, « s'en réservant à peine le dixième pour ses besoins personnels, » nous dit un témoin assidu de ses bonnes œuvres, pendant tout le temps qu'il habita la Normandie.

M. de Simony, par cette donation, se trouvait en état de satisfaire le penchant qui le portait à faire du bien. Il ne la considérait pas moins comme une véritable charge, comme un nouveau lien qui le rengageait dans les affaires du monde auxquelles il avait solennellement renoncé. « Je ne suis pas à apprendre, écrivait-il à sa sœur, que les biens de ce monde sont toujours accompagnés de contrariétés et de tracas, mais je le sens à présent par expérience depuis qu'il s'agit pour moi d'acquisitions et de contrats. Je me trouve le serviteur de toutes ces misères.

Heureux si, par la suite, l'usage que j'aurai fait de ces biens ne m'accuse pas au tribunal de celui qui juge, non selon nos idées les plus ordinaires, mais selon son immuable justice. »

M. de Simony étant rentré au séminaire, s'appliqua plus que jamais à se rendre digne de sa vocation, et à devenir un prêtre selon le cœur de Dieu. Chaque jour révélait en lui de nouvelles vertus. On ne pouvait assez admirer dans un homme qui avait si longtemps vécu dans le monde, ce profond recueillement, cette modestie angélique, cet attrait pour la vie intérieure, et en même temps, cette douceur, cette charité pleine d'expansion, de prévenances, d'égards et d'attentions aimables. Aussi, tandis qu'il se jugeait indigne des moindres fonctions du sanctuaire, chacun se le proposait comme un parfait modèle de la préparation au sacerdoce, et cherchait à se mettre sous la douce influence de ses vertus. Parmi tant de pieux condisciples qui recherchèrent et obtinrent son amitié, nous ne devons pas oublier M. Dargenteuil, mort en 1816, supérieur du séminaire de St-Jean d'Angély, grand vicaire de la Rochelle, et qui a laissé une grande réputation de sainteté (1). La lettre suivante que M. Dargenteuil lui écrivit quelque temps après son départ du séminaire, fait voir quel prix

_____

(1) Sa vie a été publiée par M. A. Rainguet, chanoine de la Rochelle.

on attachait à l'amitié de M. de Simony et la place que lui donnaient ses vertus aimables et modestes dans le cœur de ses amis.

« C'est le jour de St Louis, très-cher Simony, que j'ai reçu votre lettre à mon retour de la Trappe, — de la Trappe... où j'ai passé huit jours délicieux et où vous vous êtes souvent présenté à mon esprit. Je ne sais ce qu'il en est en vérité, mais dans la catégorie des amis, vous vous montrez toujours le premier et, si par impossible, je voulais vous éloigner, je ne crois pas que je pusse en venir à bout. Je ne me ferai point violence et vous laisserai toujours cette place que le Seigneur lui-même vous a donnée dans mes *memento,* plaise à sa miséricorde de m'en donner une bonne dans les vôtres et surtout de l'y conserver longtemps. — Oh! oui, longtemps..... toujours. Il n'en sera pas de notre amitié comme de celle du monde; J.-C. en est le lien et rien ne pourra jamais le rompre. Mon très-cher, je désire la resserrer encore un peu plus, s'il est possible, dans les cinq jours de vacances que je vous ai promis, le bon Dieu en décidera bientôt, car mes affaires commencent enfin à s'éclaircir... »

M. de Simony et M. Dargenteuil étaient unis par les mêmes sentiments de piété, par les mêmes désirs du bien, par les mêmes inclinations de vertu. Une œuvre commune de zèle les rapprochait encore davantage. M. Dargenteuil étant devenu en 1809, chef du grand catéchisme de persévérance à la place de M. Feutrier, M. de Simony, qui avait été associé à M. Feutrier, l'année précédente, devint le principal collaborateur de M. Dargenteuil. On connaît l'admirable organisation des catéchismes de St-Sulpice confiés aux élèves du séminaire, et destinés à répandre dans l'âme des générations naissantes la connaissance des vérités du salut, et le goût de la piété. Un grand nombre de ceux qui depuis ont honoré l'Eglise de France par l'éclat de leurs dignités, de leurs lumières et de leurs vertus (1), ont fait l'apprentissage du ministère au milieu de ces modestes et utiles fonctions. M. de Simony apporta dans une œuvre aussi en-rapport avec ses goûts, le fruit de vingt années consacrées à faire aimer la vertu au jeune âge, le charme d'une parole simple, insinuante, relevée par une exquise sensibilité et par l'onction de la piété. Personne mieux que lui ne sut faire goûter à la jeunesse les leçons de la religion ; toutes ses paroles étaient comme l'effusion d'un cœur plein de Dieu et portaient avec elles la persuasion dans les âmes. Mais sa simplicité, sa douceur, sa modestie n'étaient pas moins éloquentes ni moins

___

(1) Histoire des Catéchismes de St-Sulpice, Chronologie des catéchistes chargés du grand catéchisme des Filles, de la paroisse de St-Sulpice, depuis 1713.

persuasives. Les archives des catéchismes de St-Sulpice nous ont conservé quelques paroles de M. de Simony, et ces paroles sont l'expression du sentiment habituel de son âme, c'est-à-dire un trait d'humilité. Ayant été obligé de présider une assemblée d'aspirantes durant une indisposition passagère de M. Dargenteuil, il commença par lui rendre ce beau témoignage : « Ce n'est qu'à regret que j'occupe aujourd'hui cette place. Il serait difficile de remplacer M. Dargenteuil, lorsqu'il s'agit de parler de Dieu, personne n'en parlant avec autant d'onction, ni avec autant de force. »

Le surcroît d'occupations que donnait à M. de Simony cette nouvelle charge, sa fidélité scrupuleuse à remplir tous les autres devoirs de la vie commune, et l'approche de l'ordination, absorbaient tous ses moments. Sa sœur se plaignait doucement à lui de son silence, et il lui répondait :

« Que dis-tu de moi, chère amie, tu as été dans l'affliction, et je n'ai pas été te consoler, au moins par mes lettres. Tu n'en accuses pas mon cœur, j'en suis assuré, mais mes occupations. En effet, je me suis trouvé chargé d'une besogne qui m'a pris un temps infini, et dont je me tire encore fort mal. Au milieu de toutes tes inquiétudes, tu as eu la bonté de penser à moi, et j'ai confiance que tu ne m'oublies pas maintenant que j'approche du moment qui me fait trembler toujours davantage. Il paraît, jusqu'à présent, que je dirai ma première messe au catéchisme, le jour de la Ste-Trinité, à la communion du mois. Vous vous unirez, à ce moment, à cette pieuse assemblée où je remplirai de si augustes et si touchantes fonctions. Ce qui m'afflige, c'est que je serai bien au-dessous de ce qu'un bon cœur devrait éprouver dans une pareille circonstance. Mais j'espère que Dieu ne m'imputera pas avec rigueur mon insensibilité. Vous me serez bien tous présents à ce premier sacrifice, et je m'estimerai heureux de le célébrer au milieu de tant d'âmes innocentes et précieuses aux yeux du Sauveur... »

M. de Simony termine cette lettre par un trait qui peut paraître indifférent, mais qui fera voir comment, dans la pieuse communauté où il se trouvait, on met en pratique cette touchante égalité que la religion chrétienne seule peut inspirer.

« Notre pauvre portier est mort avant-hier, bien préparé, bien résigné, bien tranquille: c'était un homme qui, sous l'extérieur d'un rustre, cachait une âme parfaitement droite, parce qu'il était profondément religieux. Il a été domestique fidèle pendant trente ans, et dans les temps où sa fidélité l'exposait à la mort, il faisait un petit commerce d'effets nécessaires à ceux qui

habitaient cette maison, et c'était avec une scrupuleuse probité et un désintéressement bien
rare. Enfin il est mort dans la paix du Seigneur,
nous lui avons fait un service. J'ai remarqué,
avec un vrai plaisir, qu'entre quatre séminaristes
qui ont porté son corps à la chapelle, était le fils
d'un très-grand seigneur Polonais, qui a plus de
quarante mille sujets; comme la religion agran-
dit et le cœur et l'esprit ! »

Nous sommes heureux de ces lettres, écrites
dans l'abandon de l'amitié et auxquelles M. de
Simony confiait ses plus secrètes impressions.
Nous aurions pu juger sans doute, par toute sa
vie passée, de sa préparation prochaine au sacerdoce; mais ces lettres intimes nous font entrer
dans son âme pour nous y faire voir quels furent
alors ses sentiments et l'idée sublime qu'il s'était
faite du sacerdoce, auprès duquel rien à ses yeux
n'était digne d'entrer en comparaison.

« Demain, ma chère amie, écrit-il la veille de
la retraite, j'entre en retraite pour me disposer
à recevoir le sacerdoce. Unis tes prières aux
miennes; il faut qu'il s'opère de grands change-
ments en moi pour que je sois digne de la grâce
que Dieu me destine. J'annoncerai l'Evangile au
peuple, je prononcerai, comme ministre de
Jésus-Christ, les paroles qui sortirent autrefois
de sa bouche divine, je serai son ambassadeur
pour annoncer ses justices et ses miséricordes.

J'offrirai le redoutable sacrifice, j'y coopérerai ; que ces fonctions si communes, si indifférentes aux yeux des gens du monde sont grandes et sublimes aux yeux de la foi, et qu'il faut que nos cœurs soient grossiers pour ne pas sentir tout ce qu'elles ont de merveilleux et de redoutable ! Mais aussi quand avec les lumières de la foi on les compare avec tout ce qui occupe et touche si fort le monde, avec ce qu'on y regarde comme si important, que tout cela paraît petit, vil, misérable ! Un peu d'argent, un peu de boue, quelques satisfactions pour un corps qui se dissout chaque jour et tombe en pourriture, quelques affections, quelques attaches qu'on ne pousse pas plus loin que cette vie et qui vont se terminer au tombeau ! Oh ! ma chère sœur, soyons chrétiens une bonne fois, voyons en chrétiens, ayons des sentiments chrétiens. Il y a un Dieu souverainement puissant ; il y a une vie éternelle ; il y a le ciel ; il y a l'enfer ; pensons-y bien, pensons-y souvent. Comme tout alors nous paraîtra ici-bas misérable, que nous compterons pour peu et les biens et les maux de cette vie, s'ils sont séparés des biens célestes qu'ils peuvent nous procurer, quand nous en usons bien. Recommande-moi aux prières de tes enfants. »

M. de Simony fut ordonné prêtre dans l'église de St-Sulpice, le 16 juin 1810, par le cardinal Fesch, grand aumônier de France, archevêque de Lyon, et nommé à l'archevêché de Paris. Nous n'essaierons pas de retracer la paix, la joie toute céleste dont Dieu inonda cette âme si détachée des choses de la terre lorsqu'il l'eut associée pour l'éternité au sacerdoce de son divin Fils. Nous laisserons M. de Simony lui-même nous redire les sentiments dont son cœur était plein. Le lendemain de son ordination, fête de la Sainte Trinité, il fut désigné pour dire sa première messe au catéchisme de persévérance pour la communion du mois. Avant la communion, il épancha son âme toute entière dans le cœur de ces chères enfants qu'il allait nourrir, non plus seulement de la parole de vie, mais du corps même du Fils de Dieu, descendu du ciel à sa voix. Cette allocution simple, fut dite avec un tel accent d'onction et de piété, que les larmes coulèrent de tous les yeux.

« Est-il bien vrai, et ne me fais-je point illusion : est-il bien vrai que je suis près de l'autel du Dieu vivant? Cette victime, est-ce bien moi qui l'ai immolée? Oui! à ma voix les cieux se sont ouverts, les mystères saints se sont accomplis, la substance du pain a disparu et la chair divine du Sauveur a pris sa place; la voilà sur l'autel, et c'est moi qui l'y aie placée. O merveille! ô mystère! le Tout-Puissant a obéi à la parole d'un homme; que dis-je, le Dieu trois fois saint s'est mis entre les mains d'un pécheur !... Mais quoi, mon Dieu! hier encore j'étais sur les degrés de votre sanctuaire et le plus indigne des ministres de votre autel; et aujourd'hui je suis admis jusque dans le saint des saints, revêtu de votre sacerdoce, investi de votre puissance, transformé en votre propre personne, et ma parole, plus efficace que celle que vous avez prononcée en formant le monde, a détruit ce que vous aviez créé, pour y substituer la personne même d'un Dieu. Ah! le plus bas ministère dans votre maison n'était-il pas déjà trop pour moi? et voilà cependant que vous m'avez élevé au premier rang. Vous avez donc voulu montrer, ô mon Dieu! que vous aimez à tirer le pauvre de la poussière pour le placer parmi les princes de votre peuple.

« Que vous rendrai-je, Seigneur, pour tout ce que vous avez fait aujourd'hui pour moi!... Oh! mes enfants, aidez-moi à supporter le poids de si incompréhensibles bienfaits. Joignez vos voix à ma voix, vos cœurs à mon cœur, et tous ensemble éclatons en soupirs et en transports de reconnaissance et d'amour.

« Mais si j'ai été l'heureux ministre du sacrifice, c'est aussi en votre nom qu'il a été offert, venez donc participer à la victime. J'ai dressé la table du festin, venez, oh! les bien-aimés de l'époux céleste, recevoir de mes mains le pain des anges. Nous voici dans le Cénacle; Jésus est au milieu de nous : c'est lui qui, de cet autel, du fond de ma poitrine où il repose, par ma bouche qu'il vient d'arroser de son sang, c'est lui qui vous invite à vous approcher de lui. Ce bon Sauveur ne vous traite plus en esclaves, mais en amis. Il vous a révélé tous les secrets de son amour. Soulevez donc sans crainte le voile qui le couvre sur cet autel, voyez les cicatrices de ses plaies et en quels caractères il vous a tracés sur ses mains. Contemplez les richesses et les mérites qu'il vous a acquis. Que vous dit votre cœur, mes chères enfants, à la vue de tant d'amour et de tant de bienfaits ? Ah ! il répond avec moi : anathème à celui qui n'aime pas Jésus-Christ.

« Oh ! que ce jour est beau, mes enfants, pour nous réunir tous dans les accents de l'amour et de la reconnaissance ! Celui qui vous parle porte encore sur ses mains les traces de l'onction sainte qui l'a consacré prêtre du Très-Haut : autour de la table sacrée sont rangés ces enfants qui, il y a bien peu de temps, ont goûté pour la première fois combien le Seigneur est doux et qui vont ratifier de nouveau l'alliance qu'ils ont contractée dans son sang. Et vous tous, pouvez-vous approcher de l'autel sans vous rappeler par quelles merveilles de sa toute-puissante charité le Seigneur vous y a conduits ? Vous êtes au milieu de Babylone, et vous chantez les cantiques de Sion. Les ténèbres de l'irréligion sont partout autour de vous et vous jouissez de la pure lumière de l'Evangile ; la corruption et le péché inondent tout dans ce monde d'où vous sortez, et vous levez au ciel des mains pures et innocentes. Sentez-vous votre bonheur, enfants chéris ? oh ! comme il est au-dessus de tout ce que le commun des hommes admire et souhaite si passionnément, et pourriez-vous jamais le sacrifier à la vanité et aux plaisirs ?

« Non, mon Dieu, non ! j'ose vous le dire en mon nom et en celui de tous ces enfants : c'est vous seul qui êtes désormais notre partage. Un seul moment passé dans votre maison vaut mieux que mille passés dans la joie des mondains. Ah ! périsse le jour où nous pourrions balancer entre vous et le monde ! plutôt mourir mille fois que de violer par le péché l'alliance que nous allons encore ratifier aujourd'hui ! Oui, mon Dieu, nous le jurons ici sur votre corps, nous ne voulons d'autre maître que vous, nous ne voulons rien posséder que vous, nous voulons vivre et mourir pour vous... »

Le jour d'une ordination, celui d'une première messe produisent dans l'âme d'un prêtre fervent, des impressions dont le souvenir ne s'efface jamais : « Quels jours pour moi, chère sœur, écrit le lendemain M. de Simony, que ceux qui viennent de s'écouler ! L'esprit de l'homme né

peut rien concevoir de plus grand que les pouvoirs qui m'ont été confiés; mais aussi combien
j'ai sujet de m'humilier en voyant combien je
suis indigne d'un ministère aussi excellent. La
seule chose qui me rassure, c'est que je crois
avoir marché sur l'ordre de Dieu et que je
compte sur sa grâce pour m'apprendre à devenir
tous les jours un peu moins indigne d'un ministère aussi excellent, et pour me donner la force
d'en supporter le poids ; poids terrible aux anges
mêmes. Une autre chose me console, c'est que
l'Eglise m'ait choisi pour un de ses soldats, lorsqu'elle est attaquée de toutes parts et que les puis-
sances du monde et de l'enfer frémissent pour
la détruire. Je ne pourrai jamais lui être d'une
grande utilité, mais au moins je confesserai que
je lui appartiens et peut-être le bon Dieu me des-
tine-t-il à sauver une seule âme. Oh ! que je serais
bien payé des petits sacrifices que je lui fais si
j'obtiens ce bonheur ! Tu ne doutes pas que tous
ces jours-ci, toi et les bonnes filles, n'ayiez été
bien présentes à mon cœur. Mes prières sont
bien froides, mais la victime que j'ai eu le redoutable bonheur de tenir entre mes mains, est
toute-puissante près du Père céleste, et j'ai la confiance que vous ressentirez les fruits du sacrifice.
J'ai demandé non des biens temporels, non le bonheur de cette vie, mais une foi inébranlable, une
espérance ferme et une charité persévérante qui

nous établisse tous dans le sein de Dieu. Oh ! que le partage de ceux qui aiment Dieu est heureux : que ce monde, quand on le voit tel qu'il est, est *dégoûtant* pour une âme qui conserve quelqu'élévation dans les pensées et quelque noblesse de sentiment ! Quelle bassesse de cœur on rencontre maintenant partout. Tous les sentiments se concentrent dans l'égoïsme, on ne reconnaît guère plus d'autre Dieu que la vanité et l'amour-propre ; on sacrifie tout à l'argent et aux plaisirs. Tout le monde, chère amie, n'entend pas ce langage, mais je le tiens avec toi en pleine confiance parce que je sais qu'il est fort intelligible pour ton cœur... La réunion d'hier a été vraiment touchante, j'ai eu le bonheur de donner la communion à un nombre très-grand de personnes. »

Que ne devait pas espérer et attendre l'Église d'un prêtre aussi généreux, qui voulait voir dans le sacerdoce, non les biens et les honneurs qu'il pouvait lui procurer, mais les persécutions et les croix qui devaient accompagner l'exercice de ses sublimes et pénibles fonctions !

Nous croyons qu'on ne verra pas sans intérêt les résolutions que M. de Simony prit après son ordination, pour assurer sa persévérance. A ceux qui trouveraient trop longs tous ces détails, nous répondrions par les paroles mêmes de M. de Simony, après la mort de son père : « Tout est cher, tout est vénérable dans un père tel que celui-là. »

« Je ferai chaque année une retraite de huit jours, sur les grandes vérités de la religion. A peu près à l'époque de mon ordination, j'en ferai une autre pour me renouveler dans l'esprit des fonctions et de la dignité du sacerdoce.

« Je ne célébrerai jamais sans préparation ni sans action de grâce.

« J'aurai toujours soin de préparer mon intention pour l'Eglise, pour moi, pour les personnes pour lesquelles je prierai.

« Je m'examinerai souvent pour voir si je ne me laisse pas gagner par l'accoutumance, et si, au contraire, je crois toujours en respect et en amour pour les saints mystères.

« Je rendrai fréquemment à Dieu de très-humbles actions de grâces pour le bienfait de m'avoir entièrement séparé du monde pour m'attacher à son service, et je me dirai souvent qu'un seul jour passé près de son autel, vaut mieux que mille passés dans la joie et dans les plaisirs.

« Je tâcherai de me faire un recueil des passages de l'Ecriture les plus appropriés à mes sentiments, pour m'en aider et m'en nourrir.

« Je ne passerai pas un seul jour sans tâcher de pratiquer l'exercice de l'oraison, quand bien même je la ferais toujours aussi mal que je l'ai faite jusqu'à présent, espérant que Dieu bénira ma bonne volonté et excusera mon impuissance.

« Je m'efforcerai de vivre de telle sorte que je puisse célébrer tous les jours, et je tâcherai, pour cela, de me maintenir dans les sentiments de l'humilité la plus profonde.

« Dans tous les exercices du ministère, auxquels je serai appelé, je ne me proposerai jamais que la plus grande gloire de Dieu, et je m'y préparerai toujours par la prière et par le recueillement, autant que j'en suis capable.

« Je regarderai mon temps comme n'étant pas à moi, mais à l'Église, aux fidèles et à Jésus-Christ.

« Je repasserai souvent dans mon esprit l'excellence et la sublimité de la dignité sacerdotale.

« Je tâcherai de m'instruire de plus en plus de tout ce qui a été dit sur le saint sacrifice de la messe et je méditerai souvent sur ces deux objets.

« Je relirai au moins une fois l'an le pontifical, et de temps en temps les rubriques. »

Mais ce fut surtout dans la conférence spirituelle que M. de Simony fut chargé de faire, le 15 juillet suivant, la veille de la fête du Sacerdoce de Jésus-Christ, que le séminaire de St-Sulpice célèbre avec une solennité particulière, qu'il donna un libre cours aux sentiments dont son cœur surabondait. Deux de MM. les directeurs du séminaire de Paris, anciens condisciples de Mgr de Simony, et à l'obligeance desquels nous devons quelques détails sur cette époque de sa vie, nous ont transmis le souvenir qu'ils avaient gardé de cette conférence, après quarante ans, en termes qui montrent l'impression extraordinaire qu'elle dut produire sur toute la communauté. « J'oubliais de vous dire, nous écrit l'un d'eux (1), que M. de Simony faisant la conférence spirituelle le jour de la fête du Sacerdoce, édifia et embauma toute la communauté par les effusions de sa piété et de sa joie toute céleste. » — « Je n'ai jamais rien entendu au séminaire, nous dit l'autre (2), de plus pieux, de plus touchant et surtout de plus délicatement exprimé que les remerciements qu'il adressa dans cette conférence à ceux qui l'avaient dirigé dans la carrière ecclésiastique. Tous ceux qui l'entendirent, n'eurent qu'une voix là-dessus. »

Nous avons été assez heureux pour retrouver cette pieuse allocution dans le petit nombre de pièces manuscrites qui avaient échappées à la modestie de M. de Simony, empressé de les détruire. On nous saura gré de la transcrire ici en entier, comme le digne complément de sa vie de séminaire.

---

(1) M. l'abbé Gosselin. — (2) M. l'abbé Caron.

« Quel mystère que celui de ce jour ! Un prêtre éternel, un sacrifice qui s'offre sans cesse, une victime divine : Qui pourra sonder de telles profondeurs, et quel autre que celui qui voit tout dans le sein du Père nous révèlera le merveilleux sacerdoce de Jésus-Christ ?

« Quelque chose cependant de plus incompréhensible peut-être me confond encore, c'est que des hommes mortels et pécheurs aient succédé sur la terre à ce même sacerdoce dont le Fils de Dieu exerce dans le ciel le ministère suprême, c'est que ce ne soit pas seulement en son nom qu'ils agissent dans ces fonctions divines, mais comme revêtus de sa personne, comme étant d'autres lui-même.

« O Dieu ! qui a pu rapprocher ainsi le néant et l'infini, si ce n'est cette charité dont les opérations sont sans bornes, comme le principe d'où elles découlent ?

« Mais cessant de fixer cette lumière dont l'éclat éblouit mes faibles yeux, je me demande s'il a plu au Dieu très-bon et très-grand de faire une telle faveur à l'homme, que doit donc devenir l'homme sous une telle dignité ? Il devient fils de Dieu, Dieu comme J.-C. *Ego dixi Dii estis et filii excelsi omnes.* Il doit donc participer aux perfections de J.-C. Son âme doit être pure, innocente, plus élevée que les cieux, son cœur doit être saint comme Dieu même. Le voilà devenu un être tout céleste, tout semblable à cette victime qui ne descend au milieu des mortels que pour les détacher de la terre, les diviniser et les consommer par la charité...

« Le prêtre est donc dans le monde et ne doit plus être du monde ; il est homme et il ne doit plus rien avoir d'humain. Semblable aux anges, dont il remplit ici-bas les fonctions, et de bien plus augustes encore, il paraît habiter la terre, agir et parler comme les hommes ; mais, dans la vérité, sa vie est dans les cieux et sa nourriture est ce pain dont se nourrissent les esprits bienheureux sur l'autel, où ils puisent la connaissance de l'être divin et où ils s'immolent par leurs adorations et leurs louanges.

« Il n'a plus ici-bas ni famille, ni amis, ni fortune ; tout intérêt lui est étranger si ce n'est celui de Dieu même. Il ne connaît de liens que ceux qui sont formés par la charité. Il ne sait calculer que le prix des âmes. En un mot, comme il est prêtre pour la vie, sa vie n'est qu'un continuel sacrifice qu'il consomme chaque jour par son union à la victime que sa bouche consacre et que ses mains présentent à l'adorable Trinité.

« Voilà donc le prêtre. O sainte Eglise! qu'avez-vous donc fait quand vous m'avez ordonné de courber la tête sous la main du Pontife et de me présenter à l'onction qui m'a consacré?

Il vous fallait un Dieu et vous n'avez trouvé qu'un homme ; il vous fallait une intelligence toute pénétrée des plus vives lumières de la foi et incapable de rien voir qu'à l'éclat de ce divin flambeau, et vous n'avez trouvé qu'un esprit ténébreux et inquiet, un esprit sujet à toutes les illusions. Il vous fallait un cœur qui fût tout charité, et vous n'avez trouvé dans le mien qu'un misérable amour-propre, monstrueusement uni à la plus honteuse faiblesse.

« Mais moi-même, pourquoi ai-je consenti à être tiré des derniers rangs et à m'asseoir au milieu des pasteurs ? Pourquoi n'ai-je pas fui sans retour des honneurs dont j'étais si peu digne ? Hélas ! j'ai vu l'Eglise pauvre, désolée, vouée à l'opprobre. La multitude de ses enfants s'est retirée d'elle ; ils dédaignent ses faveurs et rougissent de porter ses livrées. O mère tendre, qui m'avez reçu à ma naissance, élevé et nourri dans votre sein, si je ne puis pas vous honorer par l'éclat de la science et des talents, reconquérir votre héritage par mes travaux, vous édifier par d'éminentes vertus ; je confesserai au moins votre nom devant les hommes, je montrerai que vous êtes toujours digne d'être servie. Si je n'ai ni les lumières d'un docteur, ni la voix et le courage d'un apôtre, j'ai au moins le cœur d'un fils, et mon dévouement et ma soumission pour l'épouse de J.-C.

croîtront avec ses malheurs et ses opprobres.

« Grâces éternelles vous soient donc rendues, ô sauveur Jésus, qui, au sortir de l'enfance, m'avez recueilli et m'avez lié des liens de votre charité ! Vos yeux paternels m'ont toujours suivi lorsque, forcé par la tourmente de fuir loin de votre sanctuaire, j'ai perdu de vue l'étoile qui m'avait guidé jusque-là ; quand j'ai chancelé, votre main m'a soutenu ; et enfin, par des coups frappés à mes côtés, et qui ont retenti bien avant dans mon cœur, vous m'avez vivement rappelé que je vous avais pris pour mon unique partage.

« Mais, ô mon Dieu, est-ce tout ? Oh ! non, et malheur à moi, si je pouvais oublier ce dernier bienfait ! J'ai retrouvé ces pères, ces maîtres, ces modèles si parfaits que vous m'aviez d'abord donnés pour guider mes premiers pas dans votre sanctuaire. Je les ai retrouvés avec ces vertus éminentes, cette science profonde qui avaient toujours commandé mes respects et surtout avec ces manières pleines de bonté, cette touchante simplicité qui avaient gagné mon cœur. Ils ont achevé en moi l'œuvre que leur charité avait commencé. Hélas ! j'ai peu recueilli des trésors de vertus et de doctrine qu'ils m'ont ouverts, mais mon cœur ne me reproche pas d'avoir été insensible à leurs bienfaits, et toute ma vie je bénirai Dieu qui m'a donné de tels guides et qui m'a fait la grâce d'en connaître et d'en sentir tout le prix.

« Mais mon propre bonheur ne me rend que plus sensible à la douleur de ceux de mes frères qui, à l'entrée de la carrière, se voient menacés de perdre ceux qui les y guidaient et les faisaient marcher d'un pas si ferme et si assuré dans la science et dans les vertus.

« O Seigneur ! laisserez-vous donc éteindre ces lumières qui brillaient au loin dans l'Eglise de France et qui, dans ces temps désastreux, dirigeaient sûrement au milieu des tempêtes ceux de vos ministres qui travaillent à sauver les restes d'Israël ? Les ténèbres vont-elles encore une fois couvrir la terre, et le monde sera-t-il livré sans secours à l'erreur et à l'impiété ?

« Dieu puissant, ayez pitié de nous, jetez un regard sur votre Eglise : *Miserere nostri Deus omnium et respice nos.* Faites luire sur nous un rayon de vos miséricordes : *Et ostende nobis lucem miserationum tuarum.* Abrégez ces temps de misères et de tribulations : *Festina tempus et memento finis,* ou si votre justice a des droits qu'elle ne puisse céder, que le fer et le feu dévorent et nos biens et nos corps, mais que votre bonté paternelle sauve nos âmes. *In ira flammæ devoretur qui salvatur.* Ayez pitié de ces peuples marqués au nom de l'adorable Trinité : *Miserere plebi tuæ super quam invocatum est no-*

men tuum. Rassemblez les brebis dispersées de votre héritage et ressuscitez la foi dans les cœurs : *Et hæreditabis eos sicut ab initio.* Enfin, Seigneur, remplissez votre Eglise des merveilleux effets de votre puissance et que votre peuple voie, non dans votre justice, mais dans vos miséricordes, éclater la gloire de votre nom : *Reple Sion inenarrabilibus verbis tuis et gloria tua populum tuum.* Ainsi soit-il. »

Cette conférence est toute entière l'œuvre du cœur de M. de Simony, et en reproduit les sentiments les plus purs; cette humilité qui voudrait disparaître tout entière devant la redoutable majesté du sacerdoce, ce regard jeté sur le passé, le souvenir de cette savante et pieuse société où sa jeunesse avait été formée aux vertus sacerdotales par des maîtres qui en étaient les plus parfaits modèles, sa rentrée dans le port après tant d'agitations et d'orages, ce témoignage public de sa reconnaissance, si touchant et si vrai, la crainte qu'il éprouve de voir bientôt s'éteindre ces vives lumières qui avaient guidé ses pas dans le sanctuaire, cette invocation pleine de foi à l'approche des tempêtes qui menaçaient encore l'Eglise, tout respire quelque chose d'élevé, de religieux, de tendre, qui pénètre l'âme des plus doux sentiments de la piété et de la reconnaissance.

CHAPITRE XVII.

M. DE SIMONY SE CONSACRE VOLONTAIREMENT A L'EXERCICE DU SAINT MINISTÈRE A LA CAMPAGNE. — SON ZÈLE A EN REMPLIR LES FONCTIONS. — SES INSTRUCTIONS. — SOINS PARTICULIERS QU'IL PREND DES ENFANTS ET DES JEUNES GENS. — CONSEILS QU'IL DONNE AUX PERSONNES DU MONDE. — SA VIE RÉGULIÈRE. — SA TENDRE CHARITÉ POUR LES INDIGENTS, POUR LES PAUVRES MALADES. — CE QU'IL EUT A SOUFFRIR QUELQUEFOIS POUR PRIX DE SES BIENFAITS. — SA BIENFAISANCE ET SA LIBÉRALITÉ POUR TOUS CEUX QUI AVAIENT RECOURS A LUI. — CE QU'IL FAISAIT DANS LES NÉCESSITÉS EXTRAORDINAIRES. — TÉMOIGNAGES DURABLES DE SA CHARITÉ.

L'ÉTAT de l'Eglise de France (août 1810), inspirait alors les craintes les plus légitimes à tous les cœurs sincèrement catholiques. A peine relevée de l'oppression où elle gémissait, elle était menacée de nouveaux malheurs. Napoléon lui faisait chèrement payer les services qu'il lui avait rendus. Toutes ses démarches ne tendaient à rien moins qu'à la séparer du chef visible de l'Eglise catholique, injustement dépouillé de ses états, et retenu depuis un an dans une dure captivité; et que n'avait-on pas à craindre d'un homme dont la volonté ne connaissait plus de résistance, et qui, enivré de ses victoires, ne voyait plus rien qui pût l'arrêter ?

Ce fut dans ces tristes conjonctures, et à la veille d'un schisme que tout semblait rendre imminent, que M. de Simony quitta le séminaire, revêtu de la force d'en haut, et disposé à se consacrer tout entier à la défense de cette religion, qu'il voyait attaquée par tant d'ennemis. En faisant ses adieux à ceux qui l'avaient introduit dans la carrière sacerdotale, il pouvait leur dire comme St Paul aux fidèles d'Ephèse (1) : Et maintenant lié par l'esprit et par l'onction sainte qui me consacre au salut de mes frères, je vais dans le monde ne sachant ce qui doit m'y arriver, si ce n'est que des tribulations m'y attendent. Mais il pouvait bien ajouter aussi lui, dont la vocation était si désintéressée, si généreuse : A Dieu ne plaise que l'amour d'une vie périssable et mortelle, que la crainte de la persécution n'empêche jamais de fournir jusqu'au bout, la carrière que le sacerdoce vient de m'ouvrir.

M. de Simony n'était pas encore sorti du sé-

_____

(1) Act. xx.

minaire que des offres honorables lui avaient été
faites; il eût pu les accepter, comme la suite de
la vocation de Dieu qui lui parlait par la bouche
des premiers pasteurs; cependant il les refusa.
Il préféra aux places éminentes du sanctuaire,
le ministère humble et sans éclat des campagnes.
Il n'était pas de ceux qui s'imaginent toujours
être dans une position inférieure à leur mérite
et qui regrettent sans cesse qu'un champ plus
vaste ne soit pas confié à leurs soins, et il s'esti-
mait trop honoré de n'avoir à évangéliser que les
pauvres et les petits. « Il y a, disait-il, dans ces
« âmes rustiques et grossières, malgré leurs
« vices, une crainte de Dieu, un fond de religion
« qu'on trouve plus rarement dans les habitants
« des villes. » Ce sont les sentiments qu'il exprimait aux habitants de la campagne où il rési-
dait, la première fois qu'il monta en chaire.

« A ce moment où pour la première fois
j'élève la voix au milieu de l'assemblée des fidèles
pour y annoncer les vérités de l'Evangile, que
de sentiments j'éprouve, mes frères; d'une part,
le respect que je dois à la parole sacrée qui m'est
confiée, et la crainte de ne pas l'annoncer avec
toute la force et l'autorité qui lui sont propres;
de l'autre, le désir ardent que je sens d'exciter,
de réveiller votre foi et de vous instruire des importantes vérités du salut : Dieu dont je suis en
ce moment l'organe, vos âmes sur qui je dois

répandre le trésor de la doctrine; tout cela, mes frères, m'étonne et me confond. Mais ce qui doit, ce semble, me rassurer, c'est que ce n'est point parmi l'incrédulité, la fausse sagesse et la corruption des villes que je parle, c'est à la campagne où la foi, l'innocence et la précieuse simplicité des mœurs ont dû se réfugier... »

La fortune dont jouissait M. de Simony lui permettait de vivre libre et indépendant, sans s'astreindre aux obligations du ministère pastoral. Il s'y soumit volontairement, et comme le grand Apôtre, de libre qu'il était, il se fit le serviteur de tous, pour les gagner tous à J.-C. Par un sentiment profond d'humilité et de défiance de lui-même, il ne voulut exercer le saint ministère que sous la direction de MM. les curés de Monterollier et de St-Martin Osmonville, dont il réclamait les conseils en toute occasion. Ceux-ci ne furent pas longtemps sans connaître le trésor de piété, de sagesse, de zèle que Dieu leur avait donné, et ils trouvèrent bientôt près de lui les lumières que sa modestie lui faisait chercher dans les autres. M. de Simony passa près de onze ans dans cet exercice volontaire du ministère pastoral, uniquement occupé du soin de se sanctifier et de sanctifier les autres. Il porta dans toutes les fonctions du ministère ce mélange de prudence, de douceur et de fermeté qui fit plus tard le caractère de son administration. Dieu voulut que longtemps il vit, de près et par lui-même, toutes les difficultés du ministère des campagnes, et qu'en se mêlant aux conditions les plus humbles, en s'associant à toutes les infortunes, en compatissant à toutes les faiblesses, il fût en tout semblable à ses frères dans le sacerdoce, pour être un jour plus touché de la position pénible d'un certain nombre, et « devenir un fidèle « pontife en tout ce qui regarde le culte de « Dieu (1). » Aussi plus tard, dans une de ses visites pastorales, ayant appris que des ecclésiastiques, mécontents de sa décision sur une difficulté qui lui était soumise, avaient dit : « Mgr ne sait pas ce que c'est que d'être curé de campagne. » Il répondit en souriant : « Ces messieurs ne savent pas que j'ai été longtemps curé de campagne, et dans des circonstances bien plus difficiles que celles où ils se trouvent maintenant. »

M. de Simony, comme nous l'avons dit, était devenu propriétaire de la terre de Monterollier, et il habitait à Osmonville, petite paroisse voisine réunie pour le culte à celle de St-Martin, depuis la destruction de son église (2). Aussitôt son ar-

---

(1) Hebr. xi, 17.
(2) Les anciens propriétaires de la terre de Monterollier, aïeux de Mme de Sully, avaient près de l'église un beau et vaste château, flanqué de quatre fortes tourelles à pied. Pour réparer ce château qui n'était pas habité depuis longtemps, il eût fallu des dépenses considérables et sans utilité.

rivée, il s'était mis à la disposition de MM. les curés de Monterollier et de St-Martin Osmonville, et leur avait offert tous les secours de son zèle et de sa charité. Il disait tous les jours la sainte Messe dans une chapelle domestique, et toujours à une heure réglée, afin que les habitants d'Osmonville pussent y assister s'ils le voulaient. Tous les dimanches et jours de fêtes, il disait la première messe à huit heures à St-Martin, Osmonville, pour faciliter l'accomplissement de leur devoir religieux à ceux qui ne pouvaient assister à la grand'Messe. Lorsqu'un de MM. les curés des paroisses voisines était absent ou malade, M. de Simony s'offrait de grand cœur pour les remplacer, souvent plusieurs semaines de suite. La paroisse de Monterollier étant restée près d'un an sans pasteur, il en remplit seul les fonctions pendant tout ce temps.

Lorsque M. de Simony célébrait la grand' Messe et présidait les autres offices, il ne manquait jamais de faire le prône et le catéchisme. Nous avons retrouvé dans ses manuscrits, un cours complet d'instructions qu'il composa pour les paroisses de Monterollier et de St-Martin.

Mme de Sully le fit démolir en 1803. Elle fit construire en même temps à Osmonville, une maison de maître, composée d'un beau corps de logis et de deux pavillons. Cette maison était destinée à servir de pied-à-terre à la famille lorsqu'elle viendrait visiter ses biens. C'est la maison qu'habita M. de Simony, pendant tout le temps qu'il passa à Osmonville.

Elles sont toutes disposées par ordre, et il est un certain nombre de fêtes pour lesquelles il y a trois ou quatre sermons différents, composés et écrits en entier. On ne trouve sans doute dans ces instructions, ni le fruit d'une pénible étude, ni les ornements d'une éloquence recherchée, mais toujours le langage simple et solide de la foi, une suite de pensées naturelles, de comparaisons justes, de raisonnements précis, d'exhortations touchantes. « Les instructions qu'il donnait alternativement aux habitants de Monterollier et de St-Martin, nous dit le respectable curé de cette dernière paroisse, étaient toujours simples, intéressantes et à la portée de ceux qui avaient le bonheur de l'entendre; le souvenir en est resté profondément gravé dans nos cœurs. »

M. de Simony ne s'astreignait pas toujours à la composition d'un discours écrit et récité de mémoire, ses manuscrits prouvent qu'il se contentait quelquefois de faire des plans solides, bien fournis de preuves, de textes, de traits empruntés à l'Ecriture sainte ou à l'histoire Ecclésiastique, et où les principaux développements se trouvaient suffisamment indiqués. Cette méthode, conseillée par Fénélon, à ceux qui ont un fonds de science suffisante et un certain usage de la chaire, est celle que M. de Simony suivit plus tard dans les confirmations. Elle est bien différente comme on voit, de cette prétendue méthode qui consiste à parler sans étude préalable et sans autre préparation, que ce qu'on est convenu d'appeler l'inspiration du moment.

M. de Simony mettait le même empressement à suppléer MM. les curés, près de ceux de leurs paroissiens qui étaient malades. La présence seule de cet homme de Dieu était un gage de sécurité pour les mourants; quelques-uns durent leur conversion aux efforts de son zèle, et plusieurs demandèrent comme une grâce de l'avoir comme consolateur et comme soutien à ce dernier moment.

Les enfants étaient surtout les objets privilégiés de sa charité. Il les regardait comme la portion la plus pure du troupeau de J.-C., celle, par conséquent, qui devait être la plus chère au cœur d'un prêtre. Aussi son plus grand bonheur était de s'abaisser jusqu'à eux, de mettre à leur portée les vérités simples et sublimes de la religion, et de leur inspirer l'amour de Dieu dans des allocutions pleines de tendresse, qu'il leur adressait à l'époque d'une première communion, ou de quelque fête solennelle.

Son premier soin, aussitôt qu'il était devenu propriétaire de la terre de Monterollier, avait été d'opérer la séparation des enfants des deux sexes réunis jusqu'alors dans une même école. Pour cela, il fournit gratuitement à la commune une

maison commode avec un jardin pour le loge-
ment d'une sœur, une classe pour l'école et une
cour de récréation pour les enfants. Il s'engagea
de plus à payer la pension de la sœur qui était
chargée de donner l'instruction gratuite. Lorsque
plus tard M. de Simony vendit ses propriétés,
il ne voulut pas que la commune de Monterollier
fût privée d'un établissement aussi utile, il fit
don de la maison d'école à la commune, et y
ajouta une rente perpétuelle pour l'entretien
d'une sœur que la communauté des dames
d'Ernemont, établie à Rouen, s'est obligée d'y
envoyer. Sa sollicitude ne se bornait pas aux
enfants de Monterollier et de St-Martin, elle s'é-
tendait sur tous ceux des paroisses voisines. Il
était président du Comité d'instruction du canton de St-Saens, et il en remplissait les attributions avec zèle. Il descendait lui-même dans
les plus petits détails, visitait fréquemment les
écoles, interrogeait les enfants les uns après les
autres, et les encourageait par un ton doux et
paternel, et par des récompenses proportionnées
à leur âge et à leurs mérites. Aussi les enfants ne
désiraient rien tant que le jour de la visite ou de
l'examen.

Non content de cette première éducation
chrétienne qu'il leur avait assurée, M. de Simony chercha les moyens d'en conserver les
fruits, surtout dans cet âge de la vie où tout sem-

ble conspirer contre l'innocence du cœur. Pour
cela, il établit dans la paroisse de Monterollier une
association dédiée à la très-sainte Vierge et qui
avait pour but de tenir unis plus étroitement,
par les liens de la charité et la communauté de
prières, des cœurs qui ne le sont trop souvent
que par le goût du monde et l'amour de ses frivolités. Il voulut lui-même dresser le règlement
de cette association, et il lui donna une direction
si sage, qu'aujourd'hui encore, elle perpétue dans
la paroisse de Monterollier les fruits de son zèle
et de sa charité (1).

Les jeunes gens n'avaient pas moins de droits
à sa tendresse. Il ne se contentait pas de les instruire en public à l'église, dans des catéchismes
réglés ; en particulier chez lui, dans des réunions
plus ou moins nombreuses ; en toute occasion il
les accueillait avec une bonté paternelle, leur
indiquait les moyens de réparer les défauts d'une
première éducation, et d'apprendre un état sans
s'exposer à perdre leur vertu.

Au milieu des occupations d'une vie toute
consacrée à la prière, à l'étude et aux œuvres
de la charité, M. de Simony trouvait encore le
temps de diriger par lettres plusieurs personnes

---

(1) Le règlement de cette association est composé tout entier par M. de Simony, lui-même, et transcrit de sa main sur
les registres de la paroisse. Nous en avons retrouvé deux mi-
nutes avec corrections dans ses manuscrits.

du monde qui s'adressaient à lui et pour lesquelles il était une source inépuisable de sages
conseils. Tous ceux qui le consultaient, trouvaient dans ses réponses le mot que leur cœur
désirait pour éclaircir leurs doutes, guider sûrement leurs pas, ou faire cesser leurs inquiétudes.
Nous ne citerons ici qu'une seule de ces lettres
adressée à une dame sur la simplicité dans son
ménage. On y verra comment M. de Simony entendait la vraie piété, et avec quelle sage discrétion il voulait qu'on en conciliât les pratiques,
avec les devoirs de chaque position.

« Ne vous laissez point préoccuper par les
embarras et les peines inséparables de votre état.
Après avoir fait dès le matin un acte d'abandon
de tout vous-même, et de toutes vos affaires entre les mains de Dieu, agissez simplement en
lui et pour lui. Soyez un enfant du moment ; ne
lisez point dans l'avenir ; la vérité nous dit qu'à
chaque jour suffit sa malice. Donnez tous vos
soins à l'éducation de vos enfants ; que tout en
vous leur inspire une piété douce et tendre. Aimez-les tendrement sans faiblesse, instruisez-les
sans rigueur et dureté, ménagez-leur d'innocents
plaisirs sans dissipation, corrigez-les sans aigreur et jamais avec vivacité. Elevez-leur les sentiments sans hauteur et sans orgueil, rendez-les
honnêtes et civils sans bassesse et sans flatterie,
chérissez-les tous pour Dieu, mais sans préfé-.

rence et prédilection pour aucun en particulier.
Que s'ils ne répondent pas à vos soins, plaignez-
vous-en amoureusement et avec simplicité à
Dieu. Témoignez-lui le désir que vous auriez
qu'ils fussent tout à lui, mais ne déchargez point
votre cœur à tout venant là-dessus. Ne montrez
point d'indifférence à ceux de vos enfants qui
vous donnent quelques peines, caressez-les plus
que les autres ; la douceur les ramènera. Faites-
leur sentir leurs torts sans les décourager et les
aigrir. Priez beaucoup pour eux à l'exemple de
Ste Monique, et attendez paisiblement et avec
abandon le moment du Seigneur. Que toutes
vos actions se rapportent à Dieu, et ne vous in-
quiétez point de tout le reste. Ne comptez que
sur lui, espérez tout de lui ; il sera votre conseil,
votre appui, votre consolation à chaque instant
de votre vie. Respectez et aimez votre époux en
Dieu et pour Dieu. Allez au-devant de tout ce
qui pourra lui faire plaisir. Etudiez ses goûts,
ses désirs, ses volontés. Ne cherchez point à
faire prédominer votre sentiment sur le sien.
Attachez-vous à vous faire un caractère égal,
simple et uni. Dans les contradictions, les alter-
cations presque inséparables de cet état, cédez
sans humeur, sans aigreur, dans toutes les choses où Dieu n'est pas intéressé ; et dans les choses où ses intérêts seraient compromis, usez de
la voie de représentation, mais d'une manière si

douce, si honnête, qu'il s'aperçoive que l'amour du vrai, la gloire de Dieu, le zèle de son âme sont les seuls motifs qui vous font parler. Un ton d'autorité ou de correction serait toujours fort déplacé. Ne donnez point dans un travers assez ordinaire de votre sexe qui est de passer plusieurs heures dans une église, en se reposant sur des domestiques, du soin des enfants. Ce sont là de grands pas hors de la voie; Dieu, loin d'agréer de pareils sacrifices les rejette; il ne voit en cela que votre amour-propre, votre propre volonté satisfaite, et non sa sainte volonté accomplie. Tenez-vous-en à une demi-heure d'oraison le matin, à une messe et un quart d'heure de lecture spirituelle; tout le reste du temps se doit à vos affaires. Le soir, une demi-heure d'oraison, votre chapelet, un court examen sur toutes les actions de la journée; habituellement beaucoup d'union à Dieu, d'abandon, de détachement de vos goûts, de vos aises, de vos commodités, de tout vous-même. Ne vous faites pas même tellement un point capital de remplir le règlement de vie que vous vous serez prescrit, que si vos enfants, votre mari, dans un temps de maladie ou d'embarras absorbent tous vos moments, vous vous fassiez de la peine de manquer à vos exercices de piété. Vous ne devez pas même le témoigner, mais avec un front serein et gai, vous prêter à

tout ce qu'exige de vous votre état ; c'est pour
lors quitter Dieu pour Dieu, être dans son ordre,
ne vouloir, ne respirer, n'agir que pour lui. Ah !
que cet état de détachement de soi-même, d'a-
bandon en lui, de simplicité, lui plaît ! Evitez
un autre écueil qui est de prendre des domestiques pour se faire servir, sans penser qu'on leur
tient lieu de père et de mère, qu'on leur doit
l'exemple ; que c'est une obligation étroite et rigoureuse de travailler à leur sanctification. Celui qui n'a pas soin de ses domestiques, nous dit
le grand Apôtre, a renié la foi et il est pire qu'un
infidèle. Aimez-les donc en J.-C. Occupez-vous
de leur âme, en veillant à ce qu'ils apprennent
leur religion, qu'ils approchent des sacrements,
qu'ils ne forment point de liaisons dangereuses ;
reprenez-les avec douceur et en peu de mots ;
les cris perpétuels, les réprimandes dictées par
l'aigreur et la colère les étourdissent sans les
corriger, les rebutent sans les rendre meilleurs.
Traitez-les avec bonté, mais sans familiarité, ne
souffrez pas qu'ils manquent à vos enfants et
inspirez-leur un respectueux attachement pour
eux ; ne surveillez point trop scrupuleusement
leur conduite, surtout lorsqu'il s'agit de leurs intérêts ; la défiance naît bientôt chez ces sortes de
personnes et vous seriez sûre d'être vue avec
peine, tout ce que vous pourriez leur dire serait
sans fruit. En un mot : envers votre mari, vos

enfants, vos domestiques, montrez une grande
égalité de caractère, une grande simplicité de
conduite. Vous avancerez ainsi dans les voies de
Dieu, vous ferez aimer et pratiquer la vertu et,
étant petite à vos propres yeux, vous deviendrez
grande aux yeux de Dieu... »

A cette lettre si pleine de sagesse et de modération, qui dénote une science du monde peu
commune, on nous saura gré de joindre quelques
extraits d'une autre lettre non moins remarquable. M. de Simony l'adressait à M. Chervaux,
son premier élève qu'il continuait de diriger de
ses avis et de ses conseils. Il y résume, en trois
ou quatre pages, ce qu'on peut dire de plus juste
et de plus fort sur les devoirs généraux et sur la
nécessité de réformer son caractère dans les
différents rapports de la vie. Cette lettre respire
tout à la fois une tendresse paternelle et une
mâle et austère franchise qui ne pouvait rien
dissimuler de ce qui était répréhensible.

« Dans le trop court séjour que j'ai fait près
de toi, mon bien cher enfant, j'ai eu à peine
quelques moments pour t'ouvrir mon cœur et recevoir les témoignages de ta confiance. Combien
de choses il me resterait à te dire et à combien
de douceurs et de consolations je renonce en te
quittant si tôt. Je ne veux pas cependant partir
tout entier d'auprès de toi, et je veux que ce
petit papier te tienne lieu, en quelque manière,

de ce conseiller fidèle, de ce père tendre, de cet ami sincère qui s'éloigne de toi, en te laissant son cœur. Je suis sûr que tu aimeras à le consulter ce cœur, dans les avis que sa tendresse lui inspire de te laisser comme un précis et un mémorial de nos conversations intimes.

« Reçois-les, cher enfant, avec les mêmes sentiments que je te les donne, et j'ose croire que tu trouveras alors autant de douceur à les suivre que j'ai de consolation à penser qu'en t'y conformant, tu te rendras cher à Dieu et aux hommes, et que tu acquerras cette paix qui vaut mieux que tout l'or et que tous les plaisirs du monde......

« Après Dieu, cher fils, je te recommande ta mère, elle t'a fait ce que tu es, et si tu vaux quelque chose, c'est à ses tendres soins que tu le dois, jamais aucun sacrifice ne peut acquitter ta reconnaissance. Respect, déférence, soins tendres, attentions délicates, supports, services journaliers, ton respectueux et soumis, ce sont des devoirs étroits dont rien au monde ne peut te dispenser. Son bonheur dépend de toi, et une peine qui lui viendrait de ta part serait une ingratitude monstrueuse; sa vie d'ailleurs est en tes mains, et souffrir de ta part pour elle, qui est si sensible, c'est mourir ! Sa tendresse qui t'est si bien connue, son cœur qui ne vit que pour toi, et ce témoignage si doux que tu te rendras à toi-même que ta mère te doit son bonheur, ne suffiront-ils pas pour te dédommager de quelques efforts que tu feras sur toi-même, de quelques privations que tu t'imposeras.

« Ai-je besoin de te parler d'une épouse que le ciel t'a donnée dans sa bonté. Tu possèdes un trésor et une amie; une femme que Dieu lui-même t'a choisie est un dépôt cher et sacré sur lequel tu dois veiller jour et nuit. Son bonheur doit être désormais ton ouvrage, et ton étude journalière doit être de lui plaire et de lui faire couler d'heureux moments dans la pratique de la loi du Seigneur; cette loi, c'est lui-même qui l'a tracée dans ton cœur, tes exemples doivent tendre sans cesse à en rendre plus profondes les impressions; et, cher ami, ne t'attends pas que tout sera fleur dans un ménage même que Dieu a béni, tu sentiras plus d'une fois la pointe aiguë du chagrin; mais tu es homme et chrétien, en faut-il davantage pour t'apprendre à souffrir? Prépare donc ton cœur contre tous les maux de cette vie; mais veille sur toi, pour en épargner même les plus légers à une épouse qui s'attend à trouver près de toi et la sagesse et la tempérance d'un homme et d'un chrétien, la douceur, le support, la complaisance, la charité, ce lien véritable des cœurs. Qu'elle ne se ressente jamais des élans d'un caractère naturellement dominant et entier,

mais qu'elle ne trouve jamais près de toi que ce
ton qu'inspire la tendresse, la confiance, l'estime, le respect même, cher ami, et la considération. Malheur à toi si tu regardais jamais autrement ta femme que comme une compagne que
le ciel t'a donnée pour te rendre heureux en faisant son bonheur. Si tu apercevais jamais en
elle quelques faibles, quelques défauts (et qui est-
ce qui n'en a pas?) c'est par la patience, par des
avis toujours assaisonnés de tendresse et d'é-
gards que tu dois en triompher, jamais par l'empire et la rudesse. S'il en est que tu ne puisses
surmonter, ton devoir est de t'y accommoder
suivant les règles de la prudence et de la charité.

« Il est encore des hommes qui auront affaire
à toi, des domestiques, des ouvriers, des pauvres, dans quelque dépendance qu'ils soient de
toi, n'oublie jamais qu'ils sont tes frères : c'est
la marque d'un petit esprit de commander avec
empire, de reprendre avec aigreur, de traiter
avec dureté ceux sur qui nous avons quelque
pouvoir. Respecte en tout homme, quel qu'il
soit, la qualité d'homme, d'enfant de Dieu, de
frère. Accoutume-toi à commander avec bonté,
à corriger avec douceur, et les maux que tu ne
pourras pas guérir en autrui, supporte-les avec
patience. Souviens-toi de tes propres défauts et
tu supporteras sans peine les fardeaux des au-

tres ; si la grâce et l'infinie miséricorde de Dieu
te donnent quelque avantage sur eux, souviens-toi que c'est à lui seul que tu le dois, et
que t'en prévaloir pour mépriser tes semblables,
c'est te rendre bien plus coupable qu'ils ne peuvent l'être.

« Dans la société, te recommander la politesse serait superflu ; je te dirai cependant que
tu dois te surveiller pour avoir une gaieté franche et aimable, avec un ton de douceur et de
réserve qui s'appelle le bon ton de la société.

« Je viens à toi, cher ami, et je ne te parlerai
pas avec moins de franchise ; il faut en tout que
tu reconnaisses ton ami, tu as le cœur bien fait,
tu es sensible, reconnaissant, généreux, désintéressé, tu as dans l'âme le principe de tout
bien et le bien y est établi sur un fondement solide, tu es chrétien, mais, cher ami, il n'est pas
de champ si favorisé des dons de la nature et
du ciel où l'homme ennemi ne vienne semer
l'ivraie au milieu du bon grain ; elle y est, elle y
vit, cher enfant, dans le champ de ton cœur,
cette perfide semence. Veille donc à la clarté de
l'Evangile et des conseils de ton ami pour qu'elle
ne gâte pas tes vertus. Nous tenons de la nature
une certaine trempe d'esprit comme de caractère. C'est à la raison aidée de la grâce, à guider
l'une et à réformer l'autre. Le tien tend à une
certaine raideur dont les termes ressemblent

quelquefois à la dureté; ce que tu veux, tu le veux avec empire, et l'obstacle révolte ta volonté. L'amour-propre se mêle encore de la partie, et céder est un point qui te coûte. Reconnais-tu, cher enfant, la franchise de ton ami? Il porte le flambeau sur la plaie, portes-y le fer, coupe, tranche avec courage et persévérance: puise dans le sein de Dieu l'humilité, cette vertu, la mère et la gardienne de tout bien. Tu te connaîtras alors et, en voyant tes propres faiblesses, avec quelle indulgence tu supporteras celles des autres, la charité entrera avec elle dans ton cœur, elle t'apprendra que le véritable bonheur, c'est de posséder le cœur de Dieu et de faire du bien aux autres. Ne te préférant à personne, tu mettras de la douceur, de la modestie dans tous tes rapports, et tu gagneras les cœurs au lieu de les soumettre; ce triomphe ne vaut-il pas mieux? Je te recommande donc, cher ami, respect et soumission à qui tu les dois, bonté et indulgence avec tes inférieurs, charité envers tous; je te recommande dans toutes les matières d'intérêt, un noble désintéressement, une manière de faire et de dire toujours franche et aisée, toujours *ronde*; apprends à allier l'économie et la générosité; refuse-toi toute dépense superflue, mais persuade-toi bien que jamais les bienfaits ne furent mieux employés que lorsqu'on peut s'en servir pour gagner un cœur.... »

M. de Simony n'était pas de ceux qui aiment à répandre au loin les effets de leur zèle, tandis qu'ils négligent le soin de leur propre maison. Tout était réglé dans la sienne comme dans une communauté; les heures du lever, de la prière, du repos, du coucher. « Je ne puis passer sous « silence, nous dit une personne témoin de cette « constante régularité, la manière dont M. de « Simony édifiait les gens de sa maison, ainsi que « les habitants des maisons voisines. Il les réu- « nissait le matin et le soir pour prier en com- « mun, il leur faisait de pieuses lectures, sui- « vies de courtes réflexions et de cantiques ana- « logues aux instructions qu'il venait de leur « donner. »

Tous les moments qui n'étaient point récla- més par les œuvres de religion ou de charité, M. de Simony les consacrait à l'étude de la science sacrée. La sainte Ecriture faisait ses dé- lices. Il y joignait la lecture assidue de quelques saints Pères, en particulier de saint Léon, de saint Bernard, de saint Ambroise, de saint Gré- goire le Grand, et ses notes, fruit de ses lectures, montrent qu'il étudiait avec cette application prévoyante, avec cette suite sans lesquelles il n'y a point de véritable science.

Son seul délassement était la promenade et le soin qu'il donnait à un magnifique jardin, dans lequel il affectionnait surtout les fleurs, les

pépinières et les ruches. Les beautés simples et
variées de la nature avaient pour lui un attrait
particulier, parce qu'elles lui parlaient de Dieu et
le ramenaient sans efforts à de saintes et salu-
taires pensées. Il connaissait dans le moindre détail, toutes les plantes, leur classification, leurs
propriétés, la différence de culture que chacune
d'elles exige. Les travaux sérieux d'un long épiscopat, et le poids des années ne lui avaient pas
fait perdre le goût de ces utiles et innocentes distractions; et la dernière année de sa vie, il charmait ceux qui l'accompagnaient dans ses promenades, par ses observations judicieuses sur l'a-
ménagement et la coupe des bois, sur le caractère
et les mœurs des oiseaux, sur les différentes manières dont ils bâtissaient leurs nids, couvaient
leurs œufs, élevaient leurs petits. Il ne négligeait du reste aucun de ces détails domestiques
dans lesquels doit entrer un maître de maison.
Une lettre qu'il écrivait à sa sœur, retenue depuis quelque temps à Rouen, nous donne une
idée de sa vie paisible et uniforme, mais toujours occupée d'œuvres de charité, d'étude et
de tous ces petits détails d'intérieur que certaines personnes affectent, mais bien à tort, de regarder comme le partage des âmes minutieuses
et des esprits étroits.

« .... J'ai écrit, comme tu vois, à notre petite
fille : tu me diras si c'est cela que tu voulais que

je dise et surtout s'il en est résulté quelque bien.
En même temps qu'il ne faut ni être trop étonné,
encore moins découragé de l'inconstance et de
la légèreté de cette enfant, il faut ne la point
perdre de vue. Ce sont des caractères qui font
courir bien des risques avant qu'on soit parvenu
à une parfaite maturité. Il y a une histoire des
sœurs de saint Grégoire qui fait trembler; mais
j'espère, ou plutôt j'ai confiance que nous n'en
sommes pas là. Te voilà donc lancée dans le
tourbillon du monde; grâces à Dieu, tu n'en es
ni entraînée ni étourdie. Je prie Dieu qu'il en
soit de même de tes enfants. Je conçois que tu
soupires un peu après le repos de notre désert;
cependant, je serais bien fâché que tu songeasses
à revenir avant la fin de février ou le commencement de mars. Puisque te voilà toute portée à
la ville, laisses-y écouler toute la mauvaise saison; ce qu'il en reste paraîtrait peut-être dur à
passer à tes enfants, après qu'ils ont joui de
quelques distractions au dehors. Je t'en supplie,
ne me fais entrer pour rien dans tes arrangements à ce sujet, j'en serais désolé. Je te désire,
c'est vrai; comment cela pourrait-il être autrement? il est si doux de se retrouver au milieu
de ceux qu'on aime. Mais, je ne manque de
rien; et, grâces à la nombreuse compagnie que
j'ai dans mon cabinet à ma disposition, les journées se passent sans ennui. Je voudrais pouvoir

te dire que tout va bien quant à tes gens, mais je ne le sais pas assez pour te l'assurer. Je réitère de temps en temps mes recommandations pour que tes ordres soient fidèlement exécutés. Je ne sais pas si Baptiste m'échappe quelquefois; pour Rose, elle est assidue, elle file une partie de la journée. Le reste se passe en allées et venues que j'interprète bénignement.... »

Avec le fonds inépuisable de charité et de tendre compassion que M. de Simony portait au dedans de lui, il est facile de concevoir combien il devait aimer à soulager toutes les infortunes. « Il faut renoncer, nous dit un témoin de sa charité, à peindre son industrie pour découvrir les misères qu'il soupçonnait, son empressement à les soulager, son talent pour obtenir la confiance des pauvres, son attention à ménager leur délicatesse. Ces pauvres gens sentaient, à la manière dont il les traitait, que leur pauvreté était pour lui un titre qui les rendait plus cher à son cœur. Dire tout le bien qu'il a fait, pendant le temps qu'il a vécu parmi nous, serait chose impossible. Il ne se passait pas un seul jour sans qu'on vînt implorer sa charité, et jamais on ne l'implorait en vain. Il n'était pas homme à publier ses bonnes œuvres, mais chacun savait qu'il faisait faire de fréquentes distributions de pain, de vin, de viande, de bois, de vêtements à tous les pauvres malades des envi-

rons. Il payait, de plus, pour eux, très-large-
ment, un médecin à l'année, pour que les
pauvres fussent toujours visités et soulagés les
premiers. « Sa charité pour les pauvres malades, ne se bornait pas aux besoins du moment, elle pénétrait pour eux dans l'avenir.
Lorsqu'ils étaient rétablis, il leur procurait de
l'ouvrage et les occupait quelquefois à des travaux assez improductifs pour lui, mais qui, sans
les fatiguer, leur assurait un honnête salaire qui
n'avait point l'apparence d'une aumône. Si la
mort venait à frapper un père, une mère, uni-
ques soutiens de leur famille, il faisait élever
leurs enfants à ses frais, leur procurait le métier
qui leur convenait, et lorsqu'ils offraient quelqu'espérance, il n'hésitait pas à faire de plus
grands sacrifices pour leur donner une éducation
plus soignée.

Tant de bonnes œuvres qui allèrent toujours
croissant jusqu'à son départ d'Osmonville, faisaient bénir son nom, et le rendaient cher à tous
les habitants. L'un d'eux ne croit pas pouvoir
mieux rendre l'affection qu'on avait pour lui,
qu'en disant : « Que son zèle, sa douceur, sa
bonté, sa charité, en avaient fait l'idole de la
contrée. » Cependant, quelquefois, il eut à supporter, pour prix de ses aumônes et de ses bienfaits, les injures, les reproches les plus insolents,
de la part de gens grossiers qui venaient se plain-

dre à lui sans ménagement, et lui adressaient des demandes aussi injustes que déplacées. M. de Simony n'opposa constamment qu'une douceur inaltérable à l'insolence et à la rudesse de ces solliciteurs, qui exigeaient comme une dette les dons de sa charité. « Si en faisant le bien, nous souffrons les outrages avec patience, disait-il alors, voilà le mérite devant Dieu; mais où serait ce mérite, si nous trouvions toujours dans ces pauvres gens la politesse et les égards qui ne laissent plus rien à faire à la patience? » Quelquefois même, il eut à gémir de voir tourner contre Dieu le bien qu'il faisait. Il s'était chargé, sur une simple recommandation, des frais d'éducation d'une jeune fille dont le père était en prison pour cause politique. M. de Simony la mit d'abord en pension à Paris, puis auprès de la sœur qu'il avait établie à Monterollier, pour préserver sa jeunesse des dangers qu'elle pouvait courir. Lorsque le père de cette jeune personne sortit de prison, en 1814, il n'eut rien de plus pressé que de venir chercher son enfant, qui partit avec lui, sans témoigner la moindre reconnaissance à son bienfaiteur, sans aller même lui faire ses adieux. Peu d'années après, ayant rencontré dans les rues de Paris une nièce de M. de Simony, elle s'arrêta pour lui dire que, grâce à l'instruction qu'il lui avait fait donner, elle obtenait beaucoup de succès au théâtre. M. de Simony, en apprenant cette nouvelle, fut plus sensible à l'abus que cette pauvre fille faisait des dons qu'elle avait reçus du ciel, qu'à son ingratitude; mais il n'accusa que lui-même, nous dit la personne qui nous fait connaître ce trait, et se reprocha d'avoir peut-être cédé trop vite et sans examen aux instances qui lui avaient été faites. Plus d'une fois encore, on surprit sa charité par des récits mensongers, par l'exposé de misères fictives, sans que jamais elle se soit refroidie. M. de Simony ne savait point refuser un homme qui se présentait à lui revêtu des livrées de la pauvreté; et tous ceux qui étaient malheureux, ou affectaient de l'être, avaient un droit acquis à sa charité. « Après tout, disait-il, il faut être bien misérable pour chercher à intéresser la charité par les apparences de la misère. »

Il n'était pas nécessaire, du reste, d'être réduit à l'indigence pour avoir part aux effets de sa charité. « M. de Simony, nous écrit-on, était bon et bienfaisant pour tout le monde, et après tant d'années, la reconnaissance publie encore sa générosité. Ici, c'est un homme qui se trouve dans une bonne position de fortune, et qui déclare la devoir aux libéralités de M. de Simony, et à sa bienveillante recommandation près du nouveau propriétaire de ses biens. Là, c'est une bonne fermière qu'il a dotée, et qui jouit maintenant d'une honnête aisance. Ailleurs, c'est un autre, fermier qui, depuis quelques années, lui était redevable de plusieurs mille francs, et à qui M. de Simony en a fait la remise entière. Il était, pour tous ses fermiers, le meilleur des propriétaires, et il voulait toujours prendre une large part dans les pertes qu'ils éprouvaient. Un grand nombre d'autres, enfin, reconnaissent qu'ils lui doivent et la profession qu'ils exercent, et le peu de biens qu'ils possèdent. » Un seul trait fera voir avec quelle générosité il continuait sa protection et ses soins à tout ce qui avait été attaché, même de loin, à son service. En arrivant à Monterollier, il avait trouvé un garde assez âgé. A son départ, il ne se contenta pas de le recommander à son successeur, qui l'a toujours conservé, mais il lui servit constamment une rente de 300 francs jusqu'à sa mort (1847), et depuis, une rente de 200 francs à sa veuve.

Dans les nécessités extraordinaires, sa charité faisait les derniers efforts. Pendant les dures années de 1816 et de 1817, il fut la providence vivante et le sauveur des pauvres dans les paroisses de Monterollier et de St-Martin Osmonville. L'hiver de 1816 avait été froid et désastreux. Le manque de grains et de farine se faisait vivement sentir, et la frayeur accroissait encore le mal. Dans plusieurs communes voisines, des révoltes avaient éclaté. Grâce à sa prévoyante charité, aucuns troubles n'eurent lieu dans le pays qu'il habitait. Il acheta du blé en quantité, pour le distribuer aux pauvres. « Je bénis Dieu, écrivait-il à sa sœur qui était alors à Paris, de ce que tu n'as pas l'aspect de la misère qui règne à Osmonville, et les inquiétudes des bruits qu'on y répand.... Que deviendrons-nous d'ici à sept mois qui doivent s'écouler jusqu'à la prochaine récolte? Dieu seul le sait. J'avais chargé M.... de m'acheter, à l'époque de Noël, du blé pour les pauvres. Il y a mis son hésitation ordinaire; je n'ai plus de blé, et il vaut maintenant cent francs. Dieu soit béni de tout. »

Nous ne pouvons passer sous silence un petit trait qui fait voir combien la charité de M. de Simony était ingénieuse à veiller sur les moindres intérêts des pauvres. En 1815, il fit construire, près de sa maison, un moulin « qui a été, nous dit un habitant d'Osmonville, un bienfait pour tout le pays. En effet, M. de Simony, en louant ce moulin, se réserva le droit d'y faire moudre gratuitement tout le blé dont il aurait besoin pour les pauvres. Un autre avantage résultait de cet établissement, c'est que, par l'effet de la concurrence que ce moulin faisait aux autres meuniers de la vallée, les pauvres qui avaient du blé à convertir en farine pour leur usage, faisaient faire ce travail à meilleur compte. » Voici en quels termes, moitié joyeux, moitié sérieux, il apprenait à sa sœur la mise en activité de ce nouvel établissement : « Depuis ton départ, il s'est fait bien du bruit à Osmonville, le moulin a engrainé mardi dernier, et à dix heures et plus du soir, lorsque j'attendais, un livre à la main, dans mon lit, que le sommeil vînt clore ma paupière, M. Rasset m'a apporté les prémices d'une farine d'une éclatante blancheur, ce qu'il admirait d'autant plus, qu'elle était faite de ton pauvre blé de la Croute. Je l'ai, sous ton bon plaisir, destiné aux pauvres. Le cœur de M. Rasset bat aussi fort que le moulin, qui fait un tapage de *diable*, et qui va un train à désoler les envieux. Déjà, on y apporte quelques meunages, mais point encore assez à son appétit, car on dit qu'il en a beaucoup, c'est-à-dire qu'il moud promptement. Quant à moi, grâces à Dieu, je jouis sans passion du succès, mais je me reproche presque de trouver si amusant ce bruit, ce mouvement de la machine, ce tripotage de blé et de farine, les mines des *avenants*, comme le disait M. Rasset, et leurs propos. J'ai bien de la peine aussi à penser qu'il y a un peu de crève-cœur pour mes confrères les meuniers ; mais je me persuade que cela fait tant de plaisir au public et tant de bien aux pauvres, que c'est une compensation...»

　Pour ne point interrompre le récit de ses bonnes œuvres dans ces deux aroisses, nous

dirons que plus tard, M. de Simony ne voulut
point quitter un pays qui lui était si cher, sans y
laisser des témoignages durables de sa tendre affection pour les pauvres, et de sa prévoyante
sollicitude pour leurs besoins. Il donna par acte
notarié, à M. le curé de Monterollier et à ses suc-
cesseurs, une rente annuelle et perpétuelle de
trois cents francs, pour être employée toute entière en nature et non en argent, au soulagement des vieillards, des infirmes et des malades, et à l'acquisition de tous les objets nécessaires aux enfants pauvres que l'on verrait plus
assidus aux offices et instructions, et plus réglés dans leur conduite. On ne sera pas étonné
que M. de Simony pose ici comme condition
d'une partie des secours qu'il destinait aux indigents, l'assiduité aux offices et aux instructions
religieuses. Il ne pensait pas, comme le disent
quelquefois certaines personnes, que ce fut abuser de la misère des pauvres que de les obliger,
au moyen du pain matériel, à venir recevoir le
pain de la parole qui nourrit l'âme. Il regardait
avec raison l'instruction chrétienne, comme la
seule base véritable des devoirs, la source unique des consolations dont tous les hommes, mais
les pauvres plus que tous les autres, ont un si
grand besoin, et il disait souvent que, malgré
leur misère, ils ont encore plus besoin de paroles
de consolation, d'encouragement, en un mot

d'instruction que de pain. M. de Simony donna aux pauvres de Saint-Martin Osmonville, une rente annuelle de même nature, de cent francs.

On connaît assez l'esprit de religion dont M. de Simony était animé, et l'affection qu'il portait à la maison de Dieu, pour penser que les églises de ces deux paroisses ne furent point oubliées dans ses pieuses libéralités. Il existait autrefois, à l'extrémité de la paroisse de Monterollier vers Mathonville, une chapelle dédiée à saint Désiré, où se rendaient en pèlerinage ceux qui étaient atteints de fièvres intermittentes. Depuis longtemps cette chapelle était tombée en ruines. M. de Simony résolut de la rapprocher de l'église dont elle était fort éloignée. Ce projet allait recevoir son exécution, lorsque M. le curé et les principaux habitants prièrent M. de Simony d'employer la somme qu'il destinait à cette chapelle, à la restauration de l'église de Monterollier, dans laquelle une chapelle pourrait être dédiée spécialement à saint Désiré. M. de Simony ne voulant rien décider par lui-même, demanda et obtint l'autorisation nécessaire, et fit don à l'église de Monterollier, d'une somme de douze cents francs pour l'embellissement de l'église et la décoration d'une chapelle qui porte maintenant les noms de Saint-Julien et de Saint-Désiré.

Le cimetière d'Osmonville, depuis la destruction de l'église, était resté abandonné. M. de Simony, par respect pour ce lieu consacré par la religion, l'acheta, le fit enclore de murs, et lorsqu'il vendit sa propriété, il en fit la réserve expresse pour qu'il ne pût jamais être livré à aucun usage profane. Plus tard, il constitua une rente perpétuelle à l'église de Monterollier, à la charge de faire célébrer chaque année une messe de *Requiem*, pour le repos de l'âme de M. et de Mme de Sully et de M. Maximilien de Sully, et aussi une messe haute de *Requiem*, le jour anniversaire de la mort du donateur, lorsqu'il aurait plu à Dieu d'en disposer en l'appelant à lui. Indépendamment de ces dons extraordinaires, il contribuait annuellement à l'embellissement, à la décoration de ces deux églises, à l'achat d'ornements, et de tout ce qui pouvait contribuer à la décence et à la majesté de l'office divin.

Ce fut dans cette même année de 1816, alors qu'il répandait dans le sein des pauvres les trésors de sa charité, que son cœur fut de nouveau soumis à une cruelle épreuve, en apprenant la maladie mortelle de M. Chervaux, son premier élève, qui lui était resté uni par les liens de la plus tendre amitié. Il se rendit en toute hâte à Bellegarde, pour assister son cher enfant et recevoir son dernier soupir. La mort l'avait prévenu. Il ne trouva, en arrivant, que des restes inanimés, des larmes, une douleur sans mesure, mais aussi une foi victorieuse et une résignation

toute chrétienne. M. de Simony, faisant à sa
sœur le triste récit de cette scène de douleurs, le
termine par cette pensée, que les pertes multipliées qu'il avait faites, lui avaient rendue familière. « Je conçois, ma chère amie, que ce train
du monde qui s'établit à Forges les Eaux, ne te
convienne pas beaucoup, mais ce n'est plus que
quelques semaines à patienter. Patientons ainsi
jusqu'à la fin de notre vie, et nous trouverons
là le repos, car il n'est pas ailleurs. Oh! quand
est-ce que Dieu nous prendra dans sa grâce!
Dieu arrange bien toutes choses, bonne amie;
puisque comme il nous veut tout à lui, il
nous détache peu à peu de tout sur la terre et
nous montre qu'il n'y a que lui qui mérite notre
affection, puisqu'il n'y a que lui qui demeure. »

CHAPITRE XVIII.

NOUVEAUX RAPPORTS DE M. DE SIMONY AVEC
M. DUBOURG. — ZÈLE ET GÉNÉROSITÉ DE M. DE
SIMONY. — M. DE SIMONY FAIT LE VOYAGE DE
ROME. — CE QUI L'INTÉRESSE SURTOUT DANS CE
VOYAGE. — CORRESPONDANCE RELIGIEUSE DE
M. DE SIMONY AVEC UNE DAME PROTESTANTE.

M. DE SIMONY n'était pas resté spectateur indifférent des grandes agitations, dont la France
fut le théâtre depuis 1792 jusqu'en 1815. Non-
seulement il avait des convictions politiques profondes et bien arrêtées, mais il ressentait vivement les malheurs de son pays. Il salua donc
avec joie le retour des Bourbons comme un gage
de paix et de bonheur pour la France, pour
l'Eglise et pour l'Europe entière. Ses frères,
depuis si longtemps exilés, purent enfin rentrer
dans leur patrie, et y reprendre dans la marine
les emplois et les grades que leurs services leur
avaient acquis. Toutefois, M. de Simony déplora

sincèrement les suites désastreuses pour la France de l'invasion des alliés et de leurs prétentions exorbitantes. « L'empereur d'Autriche, écrivait-il de Paris (27 mai 1814), n'emportera pas les bénédictions des bons Français; il paraît qu'il voulait être très-exigeant, mais la fermeté du roi et la générosité d'Alexandre l'ont forcé de rabattre de ses prétentions. »

On se souvient de l'étroite amitié qui existait entre M. de Simony et M. Dubourg. Un événement inattendu vint procurer à M. de Simony la plus douce satisfaction qu'il pût goûter, celle de revoir après vingt-quatre ans d'absence, cet ami qui lui rappelait des souvenirs si chers à son cœur. M. Dubourg, après quelques essais qui n'avaient point répondu à ses espérances, avait été mis à la tête du collége de Baltimore par M. Nagot, son ancien maître. La Louisiane, ayant été cédée aux Etats-Unis en 1803, l'évêque Espagnol s'était retiré, et M. Carrol, évêque de Baltimore, avait été nommé par le Saint-Siége, administrateur du diocèse de la Nouvelle-Orléans. Il ne pouvait à une si grande distance veiller aux intérêts de la religion, il proposa donc à M. Dubourg de le remplacer, et celui-ci se rendit, en effet, dans la Louisiane. Mais sa mission y éprouva de grands obstacles; un prêtre Espagnol refusa de reconnaître sa juridiction; M. Dubourg crut devoir informer le Saint-Siége de l'état des choses. Il passa en Europe en 1815, fut sacré à Rome, le 14 septembre de la même année, évêque de la Louisiane ; et attendu le schisme qui régnait à la Nouvelle-Orléans, il obtint de fixer sa résidence à St-Louis, au nord de son diocèse.

Avant d'y retourner, il vint en France dans le dessein d'y recueillir des dons pour sa mission, et de réunir quelques ecclésiastiques pour partager ses travaux. M. de Simony accompagna M. Dubourg dans une partie des voyages qu'il fit en France, et voulut prêter à son œuvre le concours de son zèle et de sa générosité. Différentes lettres de M. de Simony et de M. Dubourg lui-même, nous apprennent que ce ne fut pas inutilement.

« Je n'ai pas besoin de te dire, écrivait M. de Simony à sa sœur, comment nous avons été reçus à Bordeaux ; cet excellent prélat trouve partout **des cœurs** qui volent au-devant de lui, c'est te dire combien j'ai été heureux de passer ces quatre jours de route dans sa compagnie. J'ai vu Mme Fournier, sa sœur, c'est une femme bien bonne et bien dévouée à la cause de Dieu. Elle sert la mission de son frère avec zèle et discernement. Je suis logé au séminaire, parce que c'est là que mon évêque a pris poste. Je vois qu'il ne le quittera guère qu'après les premiers jours du mois prochain. Ce n'est pas ce qui me réjouit le plus. Mgr n'est pas expéditif de son naturel,

juge ce que ce doit être quand il s'agit d'expédier
à près de deux mille lieues, cinq ou six religieuses
et autant de missionnaires ! C'est une belle et
bien difficile entreprise que celle dont il s'est
chargé, et il s'en tirera parfaitement bien. *Il a
la main de Dieu bonne sur lui.* Rien n'est admirable comme les traits de providence dont jusqu'ici il a été l'objet.... Tout cela est admirable
et inspire le désir d'être appelé à une vocation
si sublime ; mais il faut des saints et je ne le suis
guère. »

Ce fut pendant ce voyage, que le zèle et l'amitié lui faisait entreprendre, que M. de Simony
eut le bonheur de revoir le pays qui l'avait vu
naître, et les différents membres de sa famille
dont il était depuis si longtemps éloigné. La tendresse de son cœur est assez connue pour qu'on
puisse se faire une idée de la joie qu'il dut éprouver : « Tu ne saurais t'imaginer, écrit-il à sa sœur,
le plaisir que je me fais de voir tout ce monde,
dont je connais par moi-même une bonne partie
et dont on me dépeint le reste comme ce qu'il y a
de plus gentil et de plus aimable... Mgr Dubourg
va partir, il veut se charger de cette lettre et te la
porter lui-même. Il te dira ce qu'il a pu juger
de la famille, au milieu de laquelle il me laisse.
Ma belle-sœur est arrivée avant-hier soir, les
petits enfants sont charmants, les nièces fort
bonnes et aimables, le nouveau neveu, excellent

aussi. Profite bien du séjour de monseigneur, tu en trouveras peu d'aussi bon, d'aussi aimable, d'aussi vertueux. Je t'assure que peu s'en faut que je ne dise : Je ne le quitterai jamais; mais il me semble que ce n'est pas encore là que le bon Dieu m'appelle. »

M. de Simony pouvait se livrer sans crainte et sans réserve aux vifs sentiments d'affection qu'il éprouvait pour sa famille. Elle en était digne à tous égards. « Je ne vous dirai pas, lui écrivait Mgr Dubourg, quel plaisir je ressens du bon et flatteur souvenir de votre aimable famille, et des soins que vous vous donnez pour mon affaire. Répétez bien, je vous prie, à vos dames, au cher neveu et à ces intéressants enfants, que mon imagination et mon cœur n'ont cessé d'être remplis d'eux. Que vous êtes heureux, mon ami, sous les rapports qui doivent le plus intéresser une âme sensible et vertueuse ! La famille de Villers est une répétition de la famille de Simony : partout les mêmes grâces, la même bonté, la même piété. C'est le fonds de votre âme qui se réfléchit dans tout ce qui vous appartient, comme en autant de miroirs fidèles..... Vous craignez de n'être pas heureux dans les mouvements que vous vous donnez pour ma mission. Qu'y faire ? Ne rien négliger de son côté de ce qui peut se faire avec douceur et prudence, et laisser tranquillement à Dieu le soin de bénir nos

efforts ; ils n'en seront pas moins bien récom-
pensés pour avoir été moins fructueux. Les miens
à Lyon n'ont pas été stériles , et j'ai quelqu'espoir qu'ils seront également heureux à Paris et à
Gand. J'ai confiance que celui *qui a commencé
cette bonne œuvre, la perpétuera et l'affermira.*
Je trouve mon compte à lui en abandonner la
charge, et il y trouvera lui-même celui de sa
propre gloire. *Ipsi gloria in sœcula.* »

M. de Simony étant resté à Toulon un peu
plus longtemps qu'il ne l'avait prévu, M. Dubourg, qui désirait vivement le revoir avant
son départ pour la Louisiane, lui en fit de
doux reproches, tout en le remerciant de l'intérêt qu'il avait su exciter pour le succès de son
œuvre. « Je commençais à trouver le temps bien
long, mon cher Simony, ou à craindre que vous
ne vous fussiez perdu en route, vous attendant
ici d'après vos promesses, immédiatement après
Pâques. Je vois par votre chère lettre du 19,
datée de la campagne, près Toulon, que le
dulcis amor patriæ, et les charmes encore plus
doux d'une famille si digne de votre tendresse,
l'ont emporté sur vos résolutions, ce dont je
laisse aux rigoristes à vous faire le procès. L'é-
goïsme cependant pourrait bien vous attirer de
ma part les mêmes querelles, si vous ne me
donniez pas l'espoir de vous embrasser encore
avant mon départ. Mais gare à vous, si vous ne

le réalisez pas. Je serai sûrement à Bordeaux à la fin de mai; il faut vous y rendre, si vous voulez que je ne croie pas qu'un long séjour dans le Midi a produit son effet sur vous.

« Mon passage par Marseille, qui m'a procuré d'ailleurs de si douces jouissances, n'a donc pas été inutile à ma mission, grâces à votre intérêt et à celui que vous avez su inspirer. J'ai reçu de M. H..., les 1500 fr., plus les 200 fr. que vous l'aviez chargé de me donner à votre compte. C'est un excellent homme dont l'obligeance et les principes justifient bien votre confiance. Mon séjour en Flandre et à Paris ont aussi produit au-delà de mon attente. Que d'obligations j'ai contractées! Priez Dieu que je sois fidèle à les remplir. Ce n'est pas seulement du matériel que j'ai recueilli, j'ai encore recruté des hommes, surtout dans cette bonne et malheureuse Belgique. Ma colonie sera assez forte pour les temps et les moyens.... »

Les circonstances obligèrent M. Dubourg de partir avant le retour de M. de Simony. La lettre d'adieu qu'il lui écrivit montre la tendre amitié qui unissait ces deux âmes vertueuses et la naïve et confiante simplicité de leurs rapports mutuels.

« Il me faut donc renoncer au bonheur de vous embrasser, mon cher Simony, puisque je pars sous huit ou dix jours. La volonté de Dieu soit faite, c'est d'ailleurs peut-être un déchirement de plus qu'il veut m'épargner. Quelle idée avez-vous eue que je pourrais charroyer tout mon monde et tous mes effets à Toulon pour m'y embarquer? Certes, si le roi avait mis à sa faveur cette onéreuse condition, il m'eût été moins dispendieux de m'en passer... J'accepte avec grand plaisir l'offre de M. le vicaire de St-Vincent de Paul. J'ai disposé encore une fois de votre générosité, mon cher Simony; M. Blaise, l'imprimeur, étant venu me proposer des *Journées du Chrétien*, à 20 sols, je me suis souvenu de la promesse, ou plutôt de l'offre spontané que vous m'aviez fait, de m'en donner 200. J'ai en conséquence prié ledit M. Blaise de m'en faire l'envoi à Bordeaux, à votre compte. Voilà ce qui s'appelle disposer de ses amis ou les prendre au mot. Si vous trouvez beaucoup de personnes sur votre route, qui aient la même bonne volonté que le respectable vicaire et vous, vous n'avez pas besoin de ma permission pour les enrôler, ni pour les assurer de ma reconnaissance et d'une part abondante dans les prières et dans les fruits de la mission. »

Deux ans plus tard, dans les premiers mois de l'année 1819, M. de Simony fit le voyage de Rome avec M. l'abbé Letourneur, un de ses amis intimes. Il était conduit dans ce voyage par un autre sentiment que celui de la curiosité. Ce n'était pas tant la ville des arts que la ville des

miracles et des martyrs qu'il allait visiter. Il
désirait voir cette ville prédestinée de Dieu à
devenir la capitale de la religion, et cette chaire
de vérité, d'où Pierre continue de confirmer ses
frères dans la foi. Une circonstance particulière
venait ajouter pour lui à l'intérêt de ce voyage,
c'était le désir de voir et de vénérer le successeur de Pierre, dans ce vénérable pontife qui,
comme le prince des Apôtres, avait dans sa vieillesse tendu les mains aux chaînes qu'on lui présentait, et qui, lui aussi, avait vu ces chaînes se
briser miraculeusement, comme celles de Pierre
dans sa prison. M. de Simony espérait aussi puiser à leur source, cette augmentation de foi et
d'amour pour l'Eglise catholique que reçoivent
les enfants de Dieu, de leurs communications
directes avec le Saint-Siége.

Nous avions espéré trouver dans les notes manuscrites de M. Letourneur, quelques souvenirs
d'un voyage aussi intéressant, mais M. Letourneur a détruit tout ce qui tenait à sa vie sacerdotale, et nous n'avons pu recueillir de lui que
cette seule phrase qui résume à elle seule toutes
ses impressions : « Mon voyage de Rome me fut
doublement agréable ; je visitais la ville des
saints, et je la visitais avec un saint. » Ici donc
comme pour les autres circonstances de la vie
de M. de Simony, c'est à ses lettres intimes
que nous sommes obligés d'avoir recours. Ces

lettres, ainsi que les précédentes, sont empreintes d'un profond sentiment de foi et de
piété. Il semble que M. de Simony ne pouvait
écrire une lettre sans que la religion vînt y imprimer son cachet. Voici comme il apprend à sa
sœur son arrivée dans la ville éternelle (20 mars
1819) :

« C'est mardi dernier, chère Ursulette, qu'après cinquante jours de route, nous nous sommes enfin trouvés dans la capitale du monde, la
mère et la maîtresse du monde chrétien, et le
centre des beaux-arts. Chaque pas que l'on fait
dans cette ville merveilleuse, fournit quelques
sujets d'admiration, surtout pour des cœurs
comme les nôtres, qui, sans être indifférents
aux choses de goût et de magnificence, aux souvenirs que réveille l'histoire du grand peuple,
sont surtout touchés de ce qui a rapport à la religion, et à la religion seule véritable, source
du beau et des mouvements les plus sublimes de
l'esprit et du cœur.... J'ai vu hier le Pape à
Saint-Pierre, et j'ai eu le bonheur de recevoir
sa bénédiction. Je ne m'y attendais pas, et je
n'en ai pas eu moins de plaisir. Il est bien vieux,
bien pâle, mais pas trop cassé. Je l'aurais bien
reconnu d'après ses portraits. J'espère qu'un jour
viendra où nous aurons le bonheur de l'approcher et d'entendre quelque parole de sa bouche.
Nous avons dîné avant-hier chez l'ambassa-

deur (1). Sa femme est la vertu même. Il n'y a
qu'une voix sur son compte. Elle a eu la bonté
de me parler de ma belle-sœur. L'ambassadeur
a été poli, et n'a pas eu trace de cette morgue
qu'on s'est plu à trouver en lui... Je crois qu'il
aime et veut le bien. Nous avons vu le cardinal
Litta, le cardinal Della Somaglia, à qui j'ai
servi de diacre à Paris, et demain, nous dîne-
rons chez le cardinal Pacca. Il n'y a ici aucune
nouvelle; mais nous en avons lu de tristes de
France (2). »

M. de Simony était arrivé à Rome à l'époque
où l'on faisait d'immenses préparatifs pour la
réception de l'empereur d'Autriche, François Ier.
Toutefois, ce ne furent ni ces fêtes brillantes
données pendant son séjour, ni les souvenirs du
peuple-roi, ni les monuments de sa grandeur,
qui eurent le privilége de l'émouvoir et de parler à son cœur. Une dame protestante, liée d'a-
mitié avec Mme de Villers, et qui vit souvent
M. de Simony pendant son séjour à Rome, nous
raconte ainsi les impressions que produisait sur
son âme, cette prodigieuse variété de scènes et
d'aspects qui frappent le voyageur en parcourant
les rues de Rome : « Il appréciait tout avec son

_____

(1) Le comte de Blacas d'Aulps.
(2) M. de Simony fait allusion aux difficultés survenues
entre la cour de France et celle de Rome, relativement à
l'exécution du Concordat de 1817.

cœur, et quoique souvent son point de vue ne
fût pas le mien, je ne pouvais m'empêcher d'admirer cette simplicité extrême avec laquelle cet
esprit supérieur traduisait tout en bien, et sans
doute spiritualisait des choses qui me blessaient
souvent. Je me souviens cependant qu'il n'ap-
prouvait pas la marche du ministère de Pie VII;
mais il n'était venu chercher à Rome que de l'é-
dification, et je crois qu'il n'y a trouvé que cela.
Nous y étions à l'époque des fêtes que le Pape
donna à l'empereur d'Autriche, fêtes d'un genre
tout nouveau. Les usages permettaient aux ecclésiastiques d'y assister. Ces deux Messieurs ne
voulurent en voir aucune, et cependant, je ne
me souviens pas d'avoir entendu sortir de leur
bouche une seule parole qui eût tant soit peu
l'air de blâmer ceux qui, là-dessus, ne pensaient
pas comme eux.... »

M. de Simony était intéressé par des fêtes
d'un autre genre. Son bonheur, comme il nous
l'apprend lui-même, fut de prendre part à ces
pieuses cérémonies, à ces pratiques de religion
si fréquentes dans la capitale du monde chrétien, et qui sont si propres à ranimer la foi et à
nourrir la piété.

« Nous sortons d'une cérémonie qui n'a pas
eu l'éclat de celles que les curieux viennent
chercher à Rome, mais que nous avons trouvée
bien touchante. Ce sont les obsèques d'un saint

religieux dominicain, qui, après quatre-vingt-quatre ans de travaux et de vertus, vient d'entrer dans la vie des saints. Le spectacle de tous les frères rangés autour de son cercueil, le ton pénétré dont ils récitaient leurs prières, ces versets de la Sainte-Ecriture qui peignaient si bien le bonheur d'une vie consacrée au Seigneur et consumée dans son service, la douceur de cette parole si bien sentie : *Hæc requies mea in seculum seculi,* etc., c'est ici mon repos à jamais; ce lieu sera ma demeure, car je l'ai choisie parmi les enfants de Dieu... *Non moriar sed vivam...* non, je ne mourrai pas; je vis au contraire d'une vie nouvelle, et je rendrai témoignage à la puissance et aux miséricordes de mon Sauveur... tout nous a émus jusqu'au fond de l'âme. J'ai éprouvé les mêmes sentiments, dimanche dernier, à la profession d'une religieuse de Saint-François de Sales. Je n'ai pu y retenir mes larmes; mais ce n'étaient point celles de la douleur, au contraire, c'étaient celles d'un cœur qui ne suffit pas à ses sentiments. La grandeur du sacrifice, l'héroïsme avec lequel il était fait, le ciel qui y prenait part, la récompense dont il devait être payé, même en cette vie, par les douceurs de la vie religieuse, l'honneur qui en revient à Dieu, les avantages qu'en retire la société des fidèles, tout cela me ravissait. J'ai revu ensuite à la grille cette heureuse épouse de J.-C.;

elle venait remercier le cardinal qui avait fait la
cérémonie. La joie rayonnait sur sa figure et
faisait honneur à la couronne virginale qu'elle
portait... Voilà, ma chère, les spectacles que
j'aurais désirés pour l'excellent couple que j'ai
vu partir mardi dernier, et non pas ces cohues
où vingt mille étrangers, la plupart mécréants,
viennent porter le scandale et font mourir la
piété. Ce sont presque les seuls qu'ils aient vus,
aussi en ont-ils emporté des impressions défavo-
rables. En général, ils n'ont pu voir ce pays que
du mauvais côté : des cérémonies tumultueuses,
des églises remplies de curieux et non de fidèles.
Ils ont eu à traiter avec des gens qui spéculent
sur les étrangers et se font un métier de les tromper. Ils ont interrogé la classe la plus ignorante
du peuple; tout cela ne pouvait former dans
leur esprit des préjugés favorables. Je leur ai
raconté ce que nous avons éprouvé véritablement de tout opposé. Je leur ai donné des raisons, je crois satisfaisantes, de ce qu'ils n'avaient
pu comprendre ni expliquer; ils ont paru m'entendre, mais quelque chose sera-t-il parvenu à
leur cœur ! C'est à notre Dieu à le faire, c'est à
lui qu'il faut sans se lasser le demander.

« On est aussi effrayé ici qu'en France du
progrès des doctrines révolutionnaires; et cette
France, tout abattue qu'elle est, fixe encore
les yeux et les espérances des bons comme

des méchants. Le Saint-Père se porte bien; nous aurons le bonheur de l'approcher encore une fois avant de partir... »

On voit par les réflexions qui terminent cette lettre, que tout n'est pas également édifiant à Rome, et que M. de Simony ne se faisait pas illusion sur les abus criants qui règnent dans la capitale du monde chrétien. Il avait seulement soin, en esprit juste, de dégager la cause de la religion des abus et des vices de cette population romaine, qui spécule indignement sur la pieuse curiosité de ses nombreux visiteurs.

M. de Simony, qui faisait tourner toutes ses démarches à l'avancement du règne de Dieu dans les âmes, s'était prêté volontiers à des rapports fréquents avec la famille protestante dont nous avons parlé, dans l'espérance d'être utile à deux jeunes époux dont il admirait les excellentes qualités, mais dont il déplorait les préjugés en matière de religion. Il crut qu'une correspondance suivie pourrait servir à les dissiper, et achever ce que de simples conversations, pendant son séjour à Rome, avaient commencé. Les offres de son zèle touchèrent vivement les personnes qui en étaient l'objet, elles ne purent s'empêcher d'y voir la plus forte preuve de l'intérêt que M. de Simony leur portait. Un autre motif leur fit accepter la discussion qu'il leur proposait, c'était la haute idée que cette famille s'était faite de la vertu de

M. de Simony et de Mme de Villers. « La considération et l'attachement que j'ai pour ces personnes, écrivait Mme d'E.., donnent un trop grand poids à leur désir pour ne pas y céder, leurs vertus leur donnent le droit de me dire d'examiner la religion qui les a faites ce qu'elles sont; et si Mme de Villers et ses filles n'étaient pas ce que je connais de plus parfait sur la terre, je refuserais d'entrer dans aucune discussion sur cet article. »

Nous regrettons de ne pouvoir donner qu'une légère idée de cette correspondance, qui nous fait connaître M. de Simony sous un nouveau point de vue. Nous n'en pouvons extraire que quelques passages plus propres à en faire saisir le caractère et tout ce que le cœur de M. de Simony renfermait de bonté, de zèle et de charité.

« Je ne saurais, Madame, vous exprimer de quels sentiments m'a rempli votre dernière lettre. La confiance que vous voulez bien m'y témoigner, la candeur et la générosité de votre âme qui s'y reflètent, tout m'a profondément pénétré, et si j'eusse obéi au premier mouvement, sur-le-champ j'eusse pris la plume pour vous marquer ma sensibilité; mais la discrétion m'a retenu et j'ai différé pour ne pas être importun. Vous voyez, Madame, combien peu vous devez craindre d'abuser, comme vous le dites, de mon temps et de ma patience : comment ne vous con-

sacrerais-je pas volontiers l'un et l'autre lorsque
je serais disposé à vous donner mon sang ! croyez
donc bien que la correspondance qui s'établit
entre nous ne sera point assez active à mon gré
et que je n'aurai jamais qu'un regret, celui de ne
pas la rendre assez intéressante pour vous attacher à une discussion qui l'est tant par son objet,
et vous engager à ne l'abandonner que quand
ce qui nous divisera en fait de croyance aura été
pleinement éclairci.

M. de Simony entre ensuite en discussion et
commence par opposer la nécessité de l'autorité
de l'Eglise en matière de foi, au principe des
protestants, l'interprétation privée de l'Ecriture.
Toute cette lettre et celles qui suivent sont admirables de précision, de force dans le choix
des raisonnements ; de délicatesse, d'urbanité
dans la forme ; on y voit partout l'empreinte
d'une religion éclairée, qui ne voulait point imposer ses convictions, mais qui n'aspirait à régner que sur des cœurs persuadés et soumis.

Mme d'E... dont toutes les lettres dénotent un
esprit élevé et un cœur excellent, ne pouvait assez témoigner sa reconnaissance à M. de Simony
pour le temps qu'il voulait bien consacrer à ces
discussions, mais elle craignait à bon droit que
la partie ne fût pas égale.

« Je suis un peu effrayée de l'entreprise que
j'ai commencée, je n'ai ni les lumières ni l'ins-

truction nécessaires pour répondre à vos objections ; étant parfaitement convaincue et heureuse
dans ma croyance, je n'ai jamais creusé dans
ces sujets-là , aussi suis-je complètement novice,
et lors même que quelques-unes de vos raisons
me sembleraient victorieuses, mon ignorance
m'engagerait encore à me défier de mon impression puisque certainement plusieurs arguments
que l'on peut alléguer en faveur de ma foi me
sont inconnus ; ainsi, la partie est si inégale qu'il
me semble presqu'impossible d'arriver jamais à
un résultat satisfaisant ; mais alors, si malgré
tant de difficultés , je suis persuadée , croyez que
je vous l'avouerai franchement et que je tâcherai de mettre de côté tout amour-propre et tout
orgueil humain. »

M. de Simony avait d'autant plus d'indulgence
pour les personnes qu'il voyait dans l'erreur,
qu'il était persuadé que plusieurs protestants pouvaient être dans une bonne foi si parfaite qu'elle
ne leur permet pas même de douter. Mais dès
lors qu'on acceptait l'examen , il voulait qu'on
l'élevât de part et d'autre au-dessus d'une question d'amour-propre , et que le désir de la vérité
fût le seul motif de la discussion. Il ne se peut
rien de plus délicat, de plus sensé , de plus
raisonnable, de plus fort que ce qu'il oppose aux
appréhensions que cette dame lui manifestait. Il
prend acte de ses craintes et de ses aveux , et la

force de convenir elle-même du besoin que chacun a de croire sur l'autorité de l'Eglise.

« ... Ne me dites pas, Madame, que vos lettres sont trop longues et ne me faites point d'excuses sur le temps qu'elles me prennent, c'est me faire tort, je vous assure ; croyez bien que je ne saurais jamais avoir d'occupation qui me tienne plus au cœur que celle de cette correspondance, dans laquelle j'ai osé concevoir l'espérance de vous être utile. Vous craignez, me dites-vous, que la partie ne soit pas égale ; mais, Madame, il ne s'agit point d'une lutte de vaine gloire, ce n'est point entre nous à qui l'emportera. Il s'agit purement de la vérité. Elle a ses marques certaines, et il ne faut qu'un esprit droit et un cœur bien préparé pour les saisir et s'y rendre. Si je vous dis la vérité, pourquoi ne me croyez-vous pas, disait J.-C.? Donc ne regardons pas d'où elle nous vient, mais saisissons-la dès qu'elle brille à nos yeux. Pourrions-nous faire dépendre de si grands intérêts ou de vaines subtilités, ou de notre indifférence? Notre but n'est point d'entrer dans ces controverses qui ont exercé de part et d'autre les plumes de tant d'hommes de science et de talent ; tout est dit sur ces points. Mais il y a des principes évidents, des faits palpables et à la portée de tous ; il suffit du bon sens pour les saisir et de la bonne foi pour en déduire les conséquences. Vous avez pu remarquer déjà, Madame, que c'est à cela seul que je veux ramener toute notre discussion. Y renoncer à cette discussion, ce serait sortir de vos propres principes et reconnaître votre insuffisance à démêler le point essentiel auquel vous devez vous arrêter : car il faut, ou reconnaître que vous avez toutes les lumières requises pour fixer invariablement votre foi, ou ne point mettre de termes à vos recherches. L'idée que d'autres plus savants que vous peuvent avoir des motifs solides, mais qui vous sont inconnus, de rester dans une opinion analogue à la vôtre, ne peut vous suffire, puisqu'en même temps vous soutenez qu'ils sont également sujets à l'erreur. Jusqu'à ce que vous ayez admis une autorité, c'est de votre examen personnel que doit sortir votre croyance, et jamais vous ne pourrez être tranquille sur votre foi, que vous ne vous soyiez convaincue que rien n'a manqué de votre part pour fixer, sans aucun doute, celle à laquelle Dieu a attaché votre salut. »

On désirera sans doute connaître le fruit de cette correspondance que M. de Simony continua pendant quelque temps. Le mari de cette dame eut le bonheur de reconnaître l'erreur où il était engagé et de mourir, il y a quelques années, dans le sein de l'Eglise catholique, à laquelle il s'était rattaché par une conviction sincère. Ses prières, jointes à celles du pieux pontife auquel

il est maintenant réuni dans le ciel, obtiendront,
nous l'espérons , à son épouse et à toute sa famille , de suivre l'exemple de sa foi.

CHAPITRE XIX.

M. DE SIMONY VICAIRE GÉNÉRAL DE M. DE LATIL,
ÉVÊQUE DE CHARTRES. — IL EST NOMMÉ AUMO-
NIER DE M. LE COMTE D'ARTOIS. — M. DE LATIL
ARCHEVÊQUE DE REIMS. — NOMINATION DE M. DE
SIMONY A L'ÉVÊCHÉ DE SOISSONS. — SES RÉSIS-
TANCES. — SON ACCEPTATION. — ÉLOGE QUE
M. DE VILLÈLE FAIT DE SON SUCCESSEUR.

M. DE SIMONY continuait d'édifier les paroisses de St-Martin Osmonville et de Monterollier , par le spectacle de ses vertus simples et modestes. Livré tout entier aux bonnes œuvres qu'il avait entreprises et qu'il soutenait par son zèle et par sa charité, il était loin de penser aux dignités de l'Eglise et ne songeait qu'à vivre inconnu dans l'humble campagne qu'il habitait. Il était le seul qui ne se doutât point du bien qu'il faisait, car selon le précepte du divin Maître, sa main gauche ne sut jamais redire à sa droite ses plus chari-

tables actions. Mais ses bonnes œuvres elles-
mêmes lui donnèrent malgré lui une célébrité
qu'il n'ambitionnait pas, et vinrent l'arracher à
une solitude qui eût fait tout le bonheur de sa
vie. Le concordat de 1817 venait de recevoir son
exécution, au moins dans ce qu'il avait d'essentiel. M. de Latil, aumônier de Monsieur, comte
d'Artois, évêque d'Amyclée, *in partibus*, depuis
1816, et nommé à l'évêché de Chartres en 1817,
avait enfin reçu ses bulles quatre ans environ
après sa nomination. Le 8 novembre 1821, il prit
possession de son siége, rétablit son Chapitre,
et composa son administration. Avec ses deux
grands vicaires titulaires, il s'adjoignit comme
grands vicaires honoraires, MM. les abbés de Simony et de Bonald. M. de Simony reçut en
même temps le titre d'archidiacre de Chartres.

M. de Latil était presque compatriote de
M. de Simony, et l'avait connu avant la Révolution. Une étroite amitié ne tarda pas à se former
entre eux. M. de Latil voulut que M. de Simony
demeurât avec lui, et qu'il devînt le confident habituel de ses desseins. « J'ai le bonheur, écrivait
M. de Simony (le 10 décembre 1821), de vivre
avec des gens qui tous valent infiniment mieux
que moi et avec qui je puis, à chaque instant,
gagner beaucoup. Mgr, en particulier, est encore meilleur et plus facile à vivre que je ne me
l'étais figuré; ainsi tout irait bien si j'avais lieu

d'être aussi content de moi que je le suis des autres. »

Au milieu des nombreuses difficultés que présentait la nouvelle organisation d'un diocèse confondu depuis vingt ans, avec un diocèse voisin, M. de Simony seconda M. de Latil avec tout le dévouement dont il était capable. Pendant trois ans qu'il fut grand vicaire de Chartres, il fut constamment l'exemple du clergé, par sa piété, par sa modestie, par son application à ses devoirs, par son attachement et son respect pour le premier pasteur. La considération, la confiance dont il jouissait, ne firent que s'accroître à mesure qu'on le connaissait davantage; il traitait les affaires dont il était chargé avec ce discernement, cette prudence, cette sage maturité, qui valent infiniment mieux pour en assurer le succès, que cette activité ardente, inquiète, qui croit faire de grandes choses et lever toutes les difficultés, parce qu'elle remue tout ce qu'elle rencontre sur son passage. Plusieurs fois, M. de Simony remplaça M. de Latil dans des circonstances solennelles, et il le fit toujours avec une dignité, un tact, une noblesse de manières, et une modestie qui le faisaient juger digne des premiers honneurs de l'Eglise. Ce fut lui, en particulier, qui reçut le duc d'Angoulême, à son retour de la guerre d'Espagne, et qui lui présenta le clergé à la place de Mgr de Latil,

retenu par une indisposition. « La maladie
de l'évêque, écrit-il à ce sujet, m'a valu mon
petit mot, car le plus grand embarras des princes
est de trouver que dire à des gens à qui ils n'ont
rien à dire. »

Mgr de Bonald, cardinal archevêque de Lyon,
alors aussi vicaire général de Chartres, a daigné
nous transmettre les douces impressions qu'il a
conservées de ses rapports, à cette époque, avec
M. de Simony : « J'ai conservé de Mgr de Simony, dit Mgr de Bonald, de bien profonds et
de bien doux souvenirs. Nous avons été au séminaire ensemble, mais alors je n'étais qu'un
enfant près de lui... Nous nous sommes retrouvés
près de Mgr l'évêque de Chartres, dont nous
étions les grands vicaires; là, il y a eu entre
nous beaucoup plus de rapports. Il était plus
âgé et nos fonctions nous mettaient continuellement en contact. J'ai toujours admiré sa piété,
sa douceur, sa gravité sacerdotale; son caractère était toujours égal. Il était notre modèle
à tous. L'extérieur de sa personne était l'image
de son âme. Tout chez lui était dans la paix et la
tranquillité. Rien dans sa conduite d'extraordinaire, mais une régularité soutenue, une vie
toujours ecclésiastique. Sa société était des plus
agréables. » Ce qui nous frappe dans ces différents témoignages rendus à la vertu de M. de Simony, à des époques souvent fort éloignées, et

par des personnes différentes, c'est ce constant accord à signaler en lui un tempérament admirable de toutes les vertus, et une immuable persévérance dans tous ses devoirs, ce qui a toujours été regardé comme le chef-d'œuvre de la grâce, et le signe le plus certain d'une éminente sainteté.

M. de Simony avait été nommé par Mgr de Latil, supérieur de plusieurs communautés religieuses, et spécialement des Carmélites de Chartres. Sa tendre piété, la sagesse de son esprit, la connaissance qu'il avait acquise des voies intérieures, le rendaient plus propre qu'aucun autre à diriger sûrement ces âmes pures et craintives, ces victimes innocentes qui s'immolent chaque jour à Dieu pour l'expiation des dérèglements du monde. Nous laisserons ici, la vénérable supérieure de cette communauté, payer à la mémoire de M. de Simony, le tribut de sa vénération et de sa reconnaissance.

« Mgr de Simony, nous écrit-elle, a répandu partout la bonne odeur de J.-C. et y a laissé, pendant son séjour à Chartres, la réputation d'un saint; cependant il n'a point fait de choses extraordinaires que l'on puisse citer, il tâchait d'imiter celui dont il est écrit : « Il ne criera point, et ne fera point entendre sa voix au dehors, et qui a dit de lui-même : apprenez de moi que je suis doux et humble de cœur. » Sa vie, en effet, a été

humble et cachée, son souvenir est le souvenir
d'un homme simple et modeste, bon et doux,
charitable et miséricordieux, d'une conscience
délicate et timorée. Cette même impression est
restée dans notre communauté qui n'a eu le bonheur de posséder ce respectable supérieur que pendant huit mois; nous n'avons plus nos anciennes
mères qui ont eu des rapports plus fréquents avec
lui, de sorte que nous ne pouvons rappeler aucun fait particulier. Mais son nom est toujours
resté en vénération parmi nous, souvent nous
parlons de lui dans nos récréations avec le regret
de n'avoir pas vécu plus longtemps sous sa conduite toute paternelle. Il a eu la bonté de nous
visiter en 1836, époque où nous nous établissions
dans notre nouvelle maison qu'il visita avec
beaucoup d'intérêt; il nous témoigna la consolation qu'il en éprouvait et ses touchantes paroles
me sont restées gravées dans le cœur surtout
celles qui exprimaient son attrait pour la vie
cachée : « Oh! mes filles, nous dit-il, que vous
êtes heureuses, que j'envie votre bonheur, et
que bien volontiers je quitterais mon évêché
pour goûter la paix et le repos de la vie religieuse ! »

Pendant que M. de Simony s'occupait ainsi de
toute espèce de bien, il reçut de la cour une
marque de faveur qui fit voir la haute estime
qu'on y avait de son mérite et de ses vertus. M. de

Chabons était devenu premier aumônier de la duchesse de Berry (avril 1822), M. de Simony fut appelé à le remplacer en qualité d'aumônier par quartier de Monsieur, comte d'Artois. Il reçut la nouvelle de cette nomination, qui devait influer sur sa vie entière, sans aucune démonstration de joie. Ce n'est pas qu'il ne fût sensible à l'honneur de faire partie de la maison d'un prince, en qui ses ennemis même s'accordaient à reconnaître les plus nobles qualités de l'esprit et du cœur, jointes à une religion sincère et à un grand amour du bien ; mais les séductions de la grandeur et de la puissance, même vues de loin, effrayaient son âme humble et modeste. Il se fit dès lors une loi de ne paraître à la cour que lorsque ses fonctions exigeraient sa présence, et de ne jamais solliciter aucune faveur personnelle, résolution à laquelle il tint constamment pendant toute sa vie.

Mais plus il fuyait les honneurs, plus les honneurs le recherchaient. Monsieur, comte d'Artois, lui donna plus d'une fois, et en public, des témoignages d'estime et d'affection. Tous, si ce n'est lui seul, y voyaient le signe certain d'une élévation prochaine à la première dignité du sanctuaire. Cependant les nouvelles prématurées que des esprits inquiets ou intéressés s'empressaient de répandre, aussitôt qu'un siége devenait vacant, lui inspiraient de véritables frayeurs. Au commencement de l'année 1823, on s'occupa de

nommer aux siéges épiscopaux qui étaient définitivement conservés, et dont les premiers titulaires étaient morts, ou démissionnaires, ou transférés à d'autres siéges. Quinze nominations restaient à faire. M. de Simony fut proposé pour un
des siéges vacants. L'annonce d'un malheur
dont on l'eût menacé, n'eût pas fait sur lui une
impression plus vive : on peut en juger par ces
quelques lignes qui n'étaient point destinées à voir
le jour, et où se révèlent dans toute leur sincérité
les sentiments que lui inspiraient sa profonde humilité.

« (12 janvier 1823.) On va nommer vingt-
quatre évêques qui n'auront pour lutter contre
le mal et soutenir le bien que le secours d'en
haut. C'est bien assez, diras-tu, ma bonne
sœur. Oui, pour ceux qui sauront l'invoquer et
s'en rendre dignes. Hélas! on parle de moi et
je crains encore d'être le plus léger dans la
balance. Que ne m'est-il permis de calculer, ma
liberté que je perdrai, mon insuffisance que je
mettrai à découvert, ma tranquillité qui sera
bien compromise, mon obscurité enfin qui était
mon bien, j'aurais bientôt dit : non. Si l'on
me dit absolument d'aller, j'irai, mais quel
sacrifice !... »

Les deux ordonnances qui nommaient aux différents siéges, suspendirent pour un temps les
alarmes de M. de Simony. M. Milhaux, grand

vicaire de Rennes (1), l'avait remplacé sur la liste pour l'évêché de Nevers. M. de Simony applaudit d'autant plus hautement à la sagesse qui avait présidé aux choix des sujets, qu'il se félicitait intérieurement de n'y avoir pas été compris.

« J'ai été placé sur la liste, mais une main plus amie m'en a fait rayer, *Deo gratias*. Puisse, mon nom, ne se plus trouver sous la plume de celui qui encourt une si grande responsabilité! Nevers aura dans M. Milhaux un homme d'une grande vertu; il tirera, j'espère, des pierres même des enfants d'Abraham; c'est un diocèse à tirer du néant : il fallait une autre main que la mienne. »

L'année suivante, M. de Coucy, archevêque de Reims, étant mort, la voix publique désignait M. de Latil pour son successeur. « Voilà l'archevêque de Reims au ciel, écrivait M. de Simony, car c'était un saint prélat, cela ravira-t-il le mien à Chartres? c'est probable, car tout dit qu'on doit l'y nommer. J'en serai fâché pour lui, et encore plus pour Chartres; fâché pour moi,

---

(1) M. Jean-Baptiste-Nicolas Milhaux, né à Rennes, le 25 novembre 1756, devint supérieur du grand séminaire et grand vicaire de Rennes. Il fut nommé évêque de Nevers en 1823. Le diocèse de Nevers, précédemment réuni à celui d'Autun, est un de ceux où la disette de prêtres se faisait le plus sentir. Dans le peu de temps qu'il gouverna ce diocèse, M. Milhaux montra beaucoup de zèle et d'activité, forma des séminaires, et prit des mesures efficaces pour réparer les pertes du Sacerdoce.

que cela dépaysera encore plus, mais cet excellent prélat est devenu si bien mon ami, qu'il n'y a qu'un devoir plus impérieux qui puisse nous séparer. » Les prévisions de M. de Simony se réalisèrent bientôt ; M. de Latil fut nommé archevêque de Reims, à la fin d'avril 1824, préconisé le 12 juillet suivant, et il prit possession de son nouveau siége, le 24 août, accompagné de M. de Simony et de M. Blanquet de Rouville, qui devint depuis son suffragant, sous le titre d'évêque de Numidie *in partibus.*

Le 16 septembre suivant, Louis XVIII mourut, et Monsieur lui succéda sous le nom de Charles X. M. de Simony continua de remplir près du nouveau Roi les fonctions d'aumônier par quartier, tout en partageant avec M. de Latil les soins de l'administration. Son désir était de travailler toute sa vie au bien de l'Eglise, sous la direction d'un prélat pour lequel il avait conçu autant d'affection que de vénération. M. de Latil possédait depuis longtemps la confiance de Charles X, sans avoir toutefois cette influence politique qu'on s'est plu à lui supposer dans les dernières années de la Restauration. M. de Simony lui fit part plusieurs fois de la volonté ferme où il était, de ne point accepter l'épiscopat. Il espérait que son évêque, que son ami aurait égard à des répugnances qu'il regardait comme invincibles, et qu'il détournerait de lui un honneur dont la vue seule avait troublé son âme.

La Providence en avait disposé autrement.
M. de Simony était à peine de quelques mois à
Reims, que ce qu'il redoutait le plus lui arriva.
M. de Villèle, évêque de Soissons, venait d'être
appelé à succéder à M. de Fontenay, sur le siége
métropolitain de Bourges (octobre 1824), et le
Roi avait nommé M. de Simony pour le remplacer sur le siége de Soissons. Cette nouvelle
fut un véritable coup de foudre pour cet humble
prêtre, aussi défiant de lui-même que pénétré
des obligations et des dangers de l'épiscopat. Il
pouvait bien se rendre le témoignage qu'il n'a-
vait ni recherché, ni désiré cette dignité, et
qu'il ne la devait à aucune espèce de sollicitation,
mais cela ne suffisait pas pour le rassurer. Il eut
recours alors aux sollicitations et aux prières,
mais ce fut pour conjurer le Roi de ne point
lui imposer un si lourd fardeau. Le pieux
monarque, touché d'une si grande vertu, per-
sista plus fortement dans sa résolution. Le vénérable M. Duclaux, pour lequel M. de Simony avait
conservé toute la docilité d'un enfant, M. de Latil
lui-même, joignirent leurs instances à celles du
Roi, et représentèrent à M. de Simony qu'un
refus de sa part dans les circonstances actuelles,
serait une espèce de trahison à l'égard des intérêts de Dieu et de son Eglise. M. de Simony,
dont les résistances rappellent les Grégoire

de Nazianze, les Ambroise, les Augustin et tant
d'autres saints évêques, qui ne se laissèrent
imposer l'épiscopat qu'en tremblant, crut devoir
se soumettre. Dans la lettre qu'il écrivit à sa sœur
(29 octobre 1824), pour lui apprendre sa nomination, on remarque encore les mêmes alarmes,
les mêmes regrets, les mêmes inquiétudes; mais
en même temps la paix d'une ame qui obéit à
la voix de Dieu, une ferme confiance dans le secours du ciel, et une généreuse résolution de
tout faire pour la gloire de Dieu et le service de
son Eglise.

« ..... Je te disais, il y a peu de temps, chère
amie, que j'étais fortement menacé de perdre, en
gagnant un peu d'honneur, ma liberté d'esprit
avec mon indépendance (ce que j'avais de plus
précieux). L'affaire est consommée, il a fallu boire
le calice et baisser la tête sous le joug : M. de
Villèle accepte Bourges. Déjà j'ai fait visite au
ministre et au nonce ; grâces à Dieu, le diocèse
dont je m'effrayais offre plus de ressources que je
n'en n'attendais. L'évêque est parvenu à y créer
à peu près cinq séminaires et il y a, dit-on, af-
fluence de sujets; mais deux cent trente et quelques paroisses vacantes seront, pendant bien des
années, une cruelle épine à supporter. Il y a de
bons grands vicaires qui me restent, et un chapitre composé d'hommes vénérables. On me dit
du bien du clergé ; mais je ne me dissimule pas que

quand je serai assis sur le siége, je verrai le revers de la médaille. Je ne te parle pas des embarras de la représentation, tu sais combien ils me sont antipathiques. Un domestique me paraissait presque un superflu, que sera-ce d'en avoir quatre ou cinq ? Mais il ne faut pas considérer cela, il faut aller, et se tirer le moins mal possible des obstacles ou des embarras qu'on n'a pas pu éviter.

« Je ne sais si le haut degré où je dois promptement arriver, si le bon Dieu me conserve encore quelque temps en ce monde, sera un moyen plus sûr pour moi de parvenir à lui ; mais je sais déjà combien la route en sera plus pénible. Que la volonté de Dieu se fasse... Prie Dieu pour que je sois un bon évêque... »

Le départ de M. de Villèle causait de justes regrets au diocèse de Soissons, qu'il administrait depuis 1820. Ces regrets étaient suffisamment justifiés par son élévation à l'un des siéges les plus éminents de l'Eglise de France. Il était difficile d'ailleurs de réunir au même degré l'éclat des grands talents, joints à une grande sagesse d'administration et au mérite d'une grande vertu. Mais l'église de Soissons était en possession, de temps immémorial, de ne voir à sa tête que de sages et saints évêques. Cette église, illustre entre toutes les autres par son antiquité, par les titres qui la distinguaient autrefois dans l'ordre politique, l'était encore plus par la longue suite de vertueux pontifes qui l'ont gouvernée et parmi lesquels douze reçoivent les honneurs publics que la religion décerne à ses saints (1). Cette longue génération de saints évêques devait se continuer glorieusement dans le nouveau pasteur que Dieu envoyait à cette église. Sa réputation de sagesse, de modération, de douceur, de piété, de charité l'y avait précédé. M. de Villèle lui-même, dans les adieux qu'il adressait au diocèse de Soissons, faisait l'éloge de son successeur, en termes d'autant plus précieux à recueillir qu'ils sont l'abrégé, le sommaire et comme la prophétie de l'épiscopat de Mgr de Simony. Nous avons été témoins de son accomplissement littéral et nous pouvons dire en toute vérité : « Ce qui nous a été annoncé nous l'avons vu de nos propres yeux. » *Sicut audivimus, sic vidimus.* (Ps. XLVII.)

« Lorsque Notre-Seigneur, après sa glorieuse résurrection, disait M. de Villèle, annonça à ses apôtres qu'il les quitterait bientôt pour se réunir à son Père, il leur dit : *Je ne vous laisserai pas orphelins.* Nous éprouvons un adoucissement à la douleur que nous cause notre séparation, en vous adressant cette parole de notre divin Maître. Vous connaissez déjà, par un grand nombre de rapports, le pasteur que Dieu a destiné à nous

---

(1) St Sixte — St Sinice — St Divitien — St Onésime — St Edibe — St Prince — St Loup — St Bandry — St Ansery — St Drausin — St Gaudin — St Arnould.

succéder au siége de Soissons. Déjà on vous a fait l'éloge de la haute piété de Monseigneur de Simony, du zèle dont il est animé, de la douceur et de l'aménité de son caractère. Quand il aura paru au milieu de son troupeau, sa modestie ne pourra vous dérober tous les dons que Dieu a mis en lui, et vous apprécierez alors le trésor de vertus et de mérites que vous possédez. Il vous sera doux de l'aimer comme un père, de le suivre comme le pasteur que Dieu vous a donné pour vous conduire dans le chemin du salut. Nous avions commencé un peu de bien dans le diocèse dont nous avons été chargés trop peu de temps; il l'étendra par son zèle, il multipliera les ressources du sanctuaire, il mettra tous ses soins à augmenter la tribu sacerdotale pour remplir le vide désolant d'un si grand nombre de paroisses, et faire cesser ce fléau terrible qui nous a donné tant de peines et de sollicitudes pendant notre administration. »

CHAPITRE XX.

SACRE DE MONSEIGNEUR DE SIMONY. — SON INSTAL-
LATION. — SA PREMIÈRE LETTRE PASTORALE.

———

M. DE SIMONY fut préconisé dans le consistoire
du 21 mars 1825. Dès qu'il eut reçu ses bulles
d'institution, il ne songea plus qu'à se préparer
par la retraite, à recevoir dans leur plénitude la
grâce du sacerdoce et les dons de l'Esprit-Saint.
Il choisit le séminaire de St-Sulpice, si riche
pour lui en pieux souvenirs. Il y avait été nourri
du lait de la saine doctrine, et il avait la
consolation d'y retrouver le prêtre vénérable qui
avait guidé ses pas dans le début et le progrès du
ministère sacré. Il médita, sous sa direction et
dans un religieux tremblement, sur les graves
obligations de l'épiscopat, et forma au milieu
des plus saints exercices, les résolutions les plus
généreuses. Le dimanche 24 avril, M. de Simony
reçut la consécration épiscopale dans la chapelle
du séminaire de St-Sulpice, des mains de M. de

Latil, archevêque de Reims, assisté de M. de
Vichy, évêque d'Autun (1), et de M. de Sagey,
ancien évêque de Tulle (2). Dieu seul connaît les
sentiments de crainte et d'espérance qui remplirent
tour à tour son âme au moment où la tête cour-
bée sous le fardeau des saints évangiles, il était
marqué du caractère sacré qui fait les pontifes.
Cette cérémonie si auguste par elle-même, reçut
une nouvelle majesté, du recueillement profond,
de la piété toute céleste du nouveau pontife qui,
tout absorbé dans la pensée des grâces qu'il recevait, semblait ne rien voir de ce qui se passait
autour de lui.

Depuis le jour de sa consécration, Mgr de Si-

---

(1) M. de Vichy aumônier de la Reine, avant la Révolution,
et aumônier de la duchesse d'Angoulême en 1814, avait été
nommé à l'évêché de Soissons, en 1817, par suite de la trans-
lation de M. de Beaulieu à l'archevêché d'Arles. Il fut institué
pour ce siége dans le Consistoire du 1er octobre, mais il n'en
prit jamais possession à cause des difficultés qui suspendirent
l'exécution du concordat. Il fut nommé évêque d'Autun en
1819, devint pair de France et conseiller d'Etat, et mourut en
1829.

(2) Le même jour eurent lieu, à Paris, trois autres sacres
d'évêques : celui de M. Feutrier, évêque de Beauvais, sacré
dans l'église de Ste-Geneviève, par M. de Quelen, archevêque
de Paris, assisté de M. de Villèle, archevêque de Bourges, et
de M. de Prilly, évêque de Châlons ; celui de M. de Mailhet,
évêque de Tulle, sacré dans la chapelle du séminaire de St-Sulpice, par M. de Latil, assisté de MM. de Sagey et de Vichy ; celui de M. de Gualy, évêque de Carcassonne, sacré dans la chapelle des Dames du Sacré-Cœur, par M. Frayssinous, évêque
d'Hermopolis, assisté de M. Soyer, évêque de Luçon, et
M. du Chatelier, évêque d'Evreux, nommé, en 1817, à l'évêché
de Laon, qui devait être rétabli par le Concordat.

mony n'eut plus qu'une seule pensée, qu'un seul désir : accomplir sans partage, pratiquer sans réserve toutes les vertus d'un évêque, quoiqu'il dût lui en coûter. Des affections bien légitimes, et de douces habitudes l'attachaient à une famille dont il avait jusqu'alors fait le bonheur et le charme. Une correspondance précieuse avait été le fruit de cette tendre amitié que resserraient de jour en jour les épanchements mutuels de la plus affectueuse piété. Ce fut un des premiers sacrifices que fit Mgr de Simony, à l'Eglise à laquelle il venait de s'unir si étroitement par son sacre. Une lettre qu'il écrivit le lendemain à sa sœur, lui apprit qu'il n'appartenait plus à sa famille ; que ses jours, que ses moments n'étaient plus à lui, que Dieu venait de lui donner une nouvelle et bien plus nombreuse famille pour laquelle seraient désormais ses premières et ses plus vives affections. Il ne renonçait pas sans doute à l'amitié de ses parents, mais il n'avait plus la liberté d'en jouir comme par le passé, avec cette constante assiduité qu'il devait réserver au soin de son nombreux troupeau. Cette lettre, nous dit une des parentes de Mgr de Simony, avait dans son ensemble quelque chose d'austère qui contrastait avec le ton affectueux et tendre des lettres précédentes. Ce langage fut compris d'une famille où la piété réglait toutes les affections du cœur, et que Dieu avait habitué depuis longtemps aux sacrifices de la vie chrétienne. Dès lors, les rapports devinrent moins fréquents, les lettres ne s'échangèrent qu'à de longs intervalles, et sans plus offrir cette liberté, cet abandon d'une âme qui s'épanche sans réserve dans une autre elle-même.

Nous aurions tout lieu de regretter ces pages touchantes où Mgr de Simony déposait ses pensées les plus intimes, s'il n'en avait fait le sacrifice à l'Eglise et au Diocèse de Soissons, auxquels furent désormais consacrés tous les sentiments de son cœur, tous les moments de sa vie. Mgr de Simony accomplissait ainsi, dans le sens le plus sublime, ces paroles du Livre saint : « L'homme quittera son père et sa mère, et se séparera de sa famille pour s'attacher étroitement à son épouse (*Genes.*, II, 24). » Cet attachement était plus fort que la mort, car lorsqu'après sa démission, il eut pendant quelque temps le projet de finir ses jours hors de son Diocèse, ce fut à la condition expresse que son corps fût ramené après sa mort parmi les siens qu'il avait tant aimés.

Mgr de Simony ne voulut pas différer plus longtemps de resserrer les liens qui l'unissaient définitivement à l'église de Soissons ; il envoya ses bulles d'institution, ses lettres de consécration et sa procuration à M. de Bully, doyen du Chapitre (1), afin qu'il prît possession de son siége, en son nom. Cette cérémonie eut lieu selon le cérémonial usité en pareil cas, le

---

(1) Nous croyons devoir payer ici à la mémoire d'un homme d'un si rare mérite et d'une si aimable vertu le juste tribut d'éloges qui lui est dû par l'exposé succinct de tout ce qu'il entreprit pour l'organisation et l'administration du diocèse de Soissons, depuis 1802 jusqu'en 1843.

M. de Bully, né d'une famille recommandable, ne s'était pas destiné d'abord à l'état ecclésiastique. Cependant il était jeune encore lorsque des inclinations plus prononcées, et les conseils de personnes sages, lui firent regarder comme la vocation du ciel, celle qu'il devait honorer, dans le cours d'une longue carrière, par de grands talents joints à de grandes vertus. Nous ne parlerons ici des premières années de la vie sacerdotale de M. de Bully, que pour rappeler ses vifs et continuels regrets d'avoir été poussé dans le schisme qui désolait alors l'Eglise de France, par des préjugés d'éducation, par l'entraînement de l'amitié, l'inexpérience de la jeunesse, et il faut bien le dire, par les vertus extérieures de quelques-uns de ceux qui soutenaient une lutte déplorable contre la sainte autorité dn St-Siége et de l'Eglise catholique. Il est impossible de dire avec quelle droiture de cœur, avec quels vifs sentiments de foi il se hâta de renoncer à des erreurs qui étaient plutôt les erreurs de son cœur que de son esprit, aussitôt que le Seigneur eut fait briller à ses yeux le flambeau de la vérité. Toute sa vie fut une preuve de la sincérité de son retour et une continuelle expiation d'une faute qui devint pour lui le principe d'une profonde humilité, d'une douce condescendance pour ceux qui étaient dans l'ignorance ou dans l'erreur, et aussi d'un attachement inviolable à l'autorité divine du chef de l'Eglise. Son testament contient, dès les premières lignes, un dernier et touchant témoignage de ses regrets, et il recommanda expressément que le souvenir en fût rappelé après sa mort. « Je bénis Dieu, disait-« il, de m'avoir éclairé sur ces erreurs, et en le remerciant « avec St Paul, d'avoir *eu miséricordieusement pitié de mon* « *ignorance*, et pardonné les fautes qu'elle m'avait fait com-« mettre; combien je voudrais les avoir réparées avec le même « zèle que cet apôtre, et par des œuvres aussi pleines de toutes « sortes de mérites ! »

M. l'abbé de Bully arriva à Soissons, le 30 avril 1802, accompagnant Mgr de Beaulieu, avec le simple titre de secrétaire du prélat. Le nouveau diocèse de Soissons, composé de la plus no-

samedi 3o avril 1825, à l'issue des premières
vêpres, de St Sixte et de St Sinice, premiers
évêques de Soissons. M. de la Loge, grand-archi-

---

table partie de l'ancien diocèse, de tout le diocèse de Laon,
d'une fraction considérable de celui de Noyon, et de quelques
paroisses des diocèses limitrophes de Cambrai, Meaux et
Châlons, se trouvait dans un état déplorable, par suite des désastres de la Révolution, de la dispersion des pasteurs, mais
surtout de l'existence d'intrusions encore flagrantes dans un
certain nombre d'églises.

M. l'abbé de Bully, avec la haute intelligence, la sage discrétion et la prodigieuse activité qui le caractérisaient, s'occupa,
tout d'abord, du soin de remédier au mal, de réunir les éléments propres à reconstruire le diocèse, et d'en réaliser enfin
la complète organisation. Une correspondance continuelle, des
visites locales, de fréquentes et sérieuses conférences avec les
principaux membres du clergé des diverses fractions du diocèse, le mirent en mesure de soumettre à son évêque, en moins
de six mois, un plan général d'organisation qui embrassait le
chapitre, les séminaires, les cures, les succursales, les vicariats
et dont les heureux résultats justifièrent bientôt les sages dispositions. Mgr de Beaulieu compléta cette organisation, en con-
férant à M. l'abbé de Bully le titre de vicaire général et de
grand archidiacre. Depuis il n'est pas une œuvre importante à laquelle M. de Bully n'ait concouru. Il était l'âme des conseils;
il était à tout et partout, et rien n'échappait à sa vigilance.
Nous devons rappeler aussi qu'à une époque de douloureux
souvenirs, de 1811 à 1814, alors que par suite de sa généreuse
résistance aux empiétements du pouvoir, Mgr de Beaulieu,
disgracié, avait vu briser son conseil, M. de Bully, resté seul à
la tête de l'administration, sut se multiplier pour satisfaire à
tous les besoins, faire face à toutes les exigences, et maintenir
une situation rendue si difficile par les tracasseries et les menaces du Gouvernement.

M. de Bully retrouva près de Mgr de Villèle et de Mgr de
Simony la confiance et l'amitié que lui avait accordées son
premier évêque, son bienfaiteur et son ami, et il continua encore, pendant plus de vingt-cinq ans, de partager avec eux les
soins et les travaux de l'administration. La haute sagesse, l'ha-
bileté vraiment extraordinaire avec lesquelles il négociait les
affaires les plus délicates était si bien établie, que des administrateurs distingués avouèrent hautement, plus d'une fois,
qu'ils redoutaient par dessus tout d'avoir à traiter avec lui de

diacre, déclara qu'à partir de ce moment le gouvernement de l'église de Soissons était remis entre les mains de Mgr de Simony, et proclama les noms de ceux que le nouveau prélat s'associait pour l'aider dans l'administration du Dio-

---

ces affaires, certains qu'ils étaient d'être amenés malgré eux, à consentir à ce qu'il demandait. Il faut convenir, en effet, qu'il était difficile de réunir à un plus haut degré, toutes les qualités propres à réussir dans le maniement des affaires administratives : des manières pleines de noblesse, un tact exquis, une élocution qui charmait, une constante sérénité dans son âme comme sur les traits de son visage, une connaissance exacte du personnel et des localités, et le talent si rare de céder à propos, pour reprendre les négociations lorsque les difficultés étaient aplanies.

Cependant, le dépérissement de sa santé, une infirmité cruelle qui lui rendait sans cesse la mort présente, avaient porté plus d'une fois M. de Bully à renoncer au titre et aux fonctions de vicaire général, pour passer dans la retraite et la prière, les dernières années d'une vie si occupée et si laborieuse. Mgr de Simony ne voulut jamais consentir à se priver des lumières d'un homme dont la retraite laisserait un si grand vide dans son conseil et dans l'administration de son diocèse. C'était au milieu même des soins qu'il donnait aux affaires, que la mort devait le frapper, mais non le surprendre, car depuis longtemps il marchait en présence de la mort. Il se trouvait à Laon, occupé de la visite et de la direction des communautés religieuses, dont il était supérieur, lorsqu'il mourut subitement, le 14 juillet 1843, dans les salons du préfet de l'Aisne, auquel il faisait visite. Cet événement, aussi douloureux qu'inattendu, plongea dans la consternation tout le diocèse. Plus de quarante années consacrées avec un dévouement constant, aux soins de l'administration, et les qualités les plus éminentes, unies au caractère le plus gracieux et le plus bienveillant, avaient concilié à M. de Bully les esprits et les cœurs. Ses restes mortels, qui devaient être inhumés à Soissons, furent présentés dans la cathédrale de Laon, où s'était réunie la plus grande partie de la population, pour rendre un dernier hommage à sa mémoire. Ses funérailles eurent lieu le lendemain, à Soissons, au milieu d'un concours non moins considérable, du clergé, des principales autorités civiles et militaires, et d'une foule immense de personnes de toutes cèse : c'étaient MM. de Bully, doyen du Chapitre, de la Loge, grand-archidiacre (1), de Beauregard et Formantin, tous vicaires-généraux de M. de Villèle. Mgr de Simony ne pouvait faire une chose plus agréable au diocèse de Soissons que d'appeler à son conseil ces hommes éminents que ses prédécesseurs avaient honoré de leur confiance, et qui jouissaient à juste titre de l'estime de tout le clergé. Le Chapitre de la cathédrale s'empressa d'en témoigner à Mgr de Simony toute sa reconnaissance, et de le remercier en même temps du choix obligeant qu'il avait fait de M. de Bully, doyen du Chapitre, pour prendre possession de son siége, en son nom.

Mgr de Simony fit son entrée dans sa ville épiscopale le jeudi 5 mai 1825. C'était la première réception solennelle que la ville de Soissons faisait à ses évêques depuis la révolution. A onze heures du matin le Chapitre de la cathédrale, le

---

les classes, chacun ayant voulu rivaliser de zèle dans cette douloureuse circonstance, pour témoigner de sa vénération et de son attachement pour un homme si digne de regrets.

Mgr de Simony interrompit le cours de ses visites pastorales pour venir rendre les derniers devoirs à celui qu'il aimait avec la tendresse d'un père et d'un ami. Il fit lui-même l'absoute, et adressa une lettre touchante à tous les curés du diocèse, pour réclamer le secours de leurs prières en faveur d'un prêtre qui avait des titres si légitimes à l'affection et à la reconnaissance de tout le clergé.

(1) Une notice aussi intéressante que détaillée sur M. de la Loge, a été publiée, en 1838, par M. l'abbé Leredde, professeur de théologie morale, au séminaire de Soissons, et maintenant curé-doyen de Marle.

clergé de la paroisse, et les élèves des deux séminaires se rendirent processionnellement, au
son de toutes les cloches, hors de la porte de la
ville. Un grand nombre d'ecclésiastiques de toutes
les parties du diocèse étaient venus se joindre
spontanément à cet imposant cortége. M. le sous-
préfet, M. le maire et les adjoints en grand cos-
tume, les membres du conseil municipal, tous en
habit noir, MM. les présidents et membres des
tribunaux civil et de commerce, les administrateurs des hospices, toutes les autres autorités
civiles et militaires, s'étaient rendues à l'Hôtel
de la Poste, où le prélat devait descendre. A
onze heures et un quart, une salve d'artillerie
annonça son arrivée.

Après avoir reçu les hommages du Chapitre et
des Autorités, Mgr de Simony se revêtit de ses
habits pontificaux et le cortége se mit en marche
au milieu d'une foule innombrable composée
d'habitants de la ville et des campagnes qui cou-
vraient la place qui est en dehors des portes et les
remparts. Ce fut un moment solennel que celui
où le nouveau pontife donna sa première bénédiction à cette immense multitude. Dans l'espace
qu'il eut à parcourir pour arriver aux portes
de la cathédrale, le peuple ne pouvait se lasser
de contempler sa dignité, la douce émotion
peinte sur son visage, et cet air de bonté qui lui
conciliait déjà tous les cœurs. Chacun se plaisait

à voir en lui par avance le modèle des évêques et
le plus tendre des pères (1). En arrivant à la
cathédrale, M. de Bully, doyen du chapitre et
premier vicaire général, le complimenta au nom
de tout le clergé. Mgr de Simony répondit avec
autant de modestie que de bonté, et témoigna
combien il lui était doux de se trouver au milieu
de ceux qu'il affectionnait déjà comme ses amis,
comme ses enfants. Le discours qu'il prononça
quelques instants après, du haut de la chaire,
fut la révélation complète des sentiments de son
âme. Ce n'était point un discours étudié, c'é-
taient des paroles vraies et senties, c'était le langage d'un cœur qui s'ouvrait sans effort, pour
embrasser dans ses tendres effusions le vaste diocèse confié à sa sollicitude pastorale. On re-
marqua entre autres ces paroles, qui sortaient
de l'abondance de son cœur : « Dieu le sait,
Nos très-chers Frères, si après avoir consulté
des hommes dont les lumières et la sainteté nous
étaient bien connues, une voix intérieure ne nous
eût dit clairement : Prends la conduite de ce
peuple, je serai avec toi; jamais nous n'eussions
consenti à nous charger du redoutable fardeau
qui nous a été imposé. »

Après son installation, il reçut à l'évêché les

_____

(1) Une femme, placée près de la porte de la cathédrale, fut
tellement frappée de cette douce majesté répandue sur toute
sa personne, qu'elle s'écria naïvement : « Ah ! pour le coup, en
voilà un d'évêque, je n'en ai pas encore vu comme celui-là. »

diverses autorités, et leur exprima avec autant de
bienveillance que d'à-propos , la vive satisfaction
qu'il ressentait de leur concours et l'heureux
augure qu'il en tirait pour le bien de la religion
et le succès de son ministère. Les pauvres , cette
portion si intéressante de son troupeau, ne furent
pas oubliés dans cette circonstance; et d'aban-
dantes aumônes, distribuées par ses ordres, leur
prouvèrent dès ce premier jour, qu'il avait pour
eux, non-seulement le nom , mais les sentiments
d'un bon père.

La lettre pastorale que Mgr de Simony adressa
à son diocèse le jour même de son installation ,
est toute empreinte de ces mêmes vertus d'humilité, de simplicité, de tendre charité qui
furent comme la devise de son épiscopat.

« Devenu , Nos très-chers Frères, le premier
pasteur de ce diocèse , il n'est pas jusqu'à la
moindre brebis de cet immense troupeau qui ne
nous soit devenue chère. Ce sentiment si vif dont
nous nous sommes senti animé , dès l'instant
que la voix de Dieu s'est fait entendre pour vous
confier à notre charge, nous éprouvons un ardent
désir de vous le manifester ; et pour vous en convaincre , N. T.-C. F. , il nous suffira de vous dire
que c'est *la charité même de Jésus-Christ qui
nous presse* (1) , et que l'onction sacrée qui nous

_____

(1) Caritas Christi urget nos. II. *Cor.* v. 14.

28*

a fait entrer en participation du ministère apostolique, nous a investi de celui même que J.-C. a voulu remplir. *Ainsi que mon Père m'a envoyé, je vous envoie* (1), c'est-à-dire, avec la même puissance pour gouverner, les mêmes trésors à distribuer, la même charité pour consoler. Aussi, N. T.-C. F., au milieu des terreurs dont nous frappe la vue des devoirs qu'imposent de si hautes fonctions, et dans la défiance que fait naître en nous le sentiment de notre propre faiblesse, ce qui nous fortifie et nous rassure, c'est que, sans égard à notre personne, vous ne devez voir que ce qu'il y a de sublime, d'utile et de consolant, dans le caractère dont nous sommes revêtu.....

« C'est donc avec confiance que nous venons à vous, N. T.-C. F. Désigné de Dieu pour être près de vous la source de ce ministère, nous nous persuadons que nous serons reçu de vous comme un père l'est de ses enfants bien-aimés. Oui, vous êtes déjà placés dans notre cœur avec ce titre si doux. Nous ne pouvons désormais penser à ce peuple confié à notre amour, sans sentir nos entrailles s'émouvoir. Déjà des larmes amères ont coulé sur ceux d'entre vous qu'un funeste éloignement a jusqu'ici privés des bienfaits du ministère pastoral. Déjà notre cœur s'est ouvert

---

(1) Sicut misit me Pater et ego mitto vos. *Joann.* xx. 21.

à ces heureux fidèles en qui la foi est vivante ,
et qui en suivent religieusement les maximes.
C'est ainsi que désormais , à la mort et à la vie ,
nous sommes à vous. Nos sentiments et nos
pensées, en un mot, notre cœur tout entier vous
appartient. Rendez-nous, N. T.-C. F., amour
pour amour. Nous ne voulons point d'autre titre
près de vous. Nous ne venons point avec les
avantages d'une science recherchée et d'une éloquence sublime; mais nous venons avec l'attrait de
cet esprit, dont la force est dans la douceur.
Faites rejaillir sur nous ces sentiments dont vous
payiez l'attachement des deux pontifes qui m'ont
précédé dans cette chaire , et qui, tout éloignés
qu'ils sont , n'en vivent pas moins au milieu de
vous par le souvenir de leurs travaux et de leurs
vertus. Puissions-nous imiter dans l'un cette
piété fervente, cette inépuisable charité, ce dévouement sublime avec lequel, dans la retraite
où le retiennent ses infirmités, il ne cesse de
s'offrir chaque jour comme une victime pour le
salut de ses anciennes brebis ! Puissions-nous ,
ainsi que l'autre , par un zèle éclairé, un courage supérieur aux obstacles, par une sagesse,
enfin, et une prudence consommées, rendre
fécond notre ministère, et le faire toujours honorer ! »

CHAPITRE XXI.

CARACTÈRE GÉNÉRAL DE L'ÉPISCOPAT DE MONSEI-
GNEUR DE SIMONY. — SACRE DE CHARLES X. —
MONSEIGNEUR DE SIMONY SIGNE L'EXPOSÉ DES
ÉVÊQUES DE FRANCE, SUR L'INDÉPENDANCE DU
POUVOIR TEMPOREL. — MÉMOIRE DES ÉVÊQUES
CONTRE LES ORDONNANCES DE 1828. — RÉTA-
BLISSEMENT DU TITRE DE L'ÉGLISE DE LAON.

—

L'Episcopat de Mgr de Simony, dont il nous
reste à parler, embrasse depuis son installation
jusqu'à sa démission, une période de vingt-trois
ans. Il commence avec le sacre de Charles X,
qui eut lieu quelques jours après, pour finir le
jour même où la révolution de Février renver-
sait un trône élevé dix-huit ans auparavant, par
une autre révolution, celle de juillet.

Nous ne nous dissimulons pas les difficultés
qu'offre cette partie de la vie de Mgr de Simony,
à celui qui veut en retracer le tableau. Ce qui
fait son plus grand mérite fait notre embarras,

nous voulons dire cette constante et admirable
uniformité des mêmes actions comme des mêmes
vertus. Sans doute, le plus bel éloge que l'on
puisse faire de la vie épiscopale de Mgr de Simony, c'est de dire qu'elle a été une suite non
interrompue de bonnes œuvres, une pratique
continuelle de toutes les vertus qui font les saints
évêques. Mais après tout, comme l'a remarqué
un célèbre écrivain : « L'éloge de la simple vertu
est comme un beau portrait, quelque parfaite
qu'en soit l'exécution, il frappera beaucoup
moins qu'une physionomie passionnée dans un
tableau d'histoire (1). » Quoiqu'il en soit, ne
nous plaignons pas que Mgr de Simony, dans le
cours d'un long épiscopat, ne nous offre aucun
de ces faits extraordinaires, aucune de ces actions éclatantes qui émeuvent, qui intéressent
plus qu'elles n'instruisent. Qu'il nous suffise de
le voir dans une des plus hautes dignités de
l'Eglise, donner l'exemple des vertus, que jusque-là il avait pratiquées à l'ombre du sanctuaire.
Le lieu d'où brillent ces vertus est plus élevé,
mais ces vertus conservent leur même caractère
de simplicité, de modestie, et jusque dans les
actes publics de son administration, on ressent
toujours les goûts, les instincts et comme le parfum de la vie cachée. Mgr de Simony, par la na-

---

(1) La Harpe, *Cours de Littérature*.

ture de son âme et par ses habitudes de prudence se tint constamment à l'écart de toutes les
affaires, de tous ces débats, de ces discussions
qui donnent quelquefois de la célébrité, mais
presque toujours au détriment de la paix dont
les évêques sont les premiers ministres, et de
l'autorité toute divine qui leur est confiée. Exclusivement renfermé dans le cercle de ses fonctions épiscopales, Mgr de Simony croyait que le
gouvernement d'un Diocèse offre un champ assez
vaste au zèle d'un évêque, sans qu'il eût besoin
de chercher ailleurs un aliment à son activité.
Mais là encore il fuyait avec le plus grand soin tout
ce qui avait l'apparence de l'éclat ou de l'ostentation ; il redoutait par-dessus tout, cet art d'administrer qui veut tout innover, tout démolir,
tout reconstruire. Il créa ou rétablit, il est vrai,
un grand nombre d'institutions utiles à son
clergé et à son diocèse ; mais il le fit toujours
avec tant de maturité, que plusieurs y voyaient
plutôt l'œuvre du temps et des circonstances,
que le fruit de ses conseils et de sa haute sagesse.
D'ailleurs, Mgr de Simony, loin de revendiquer
la gloire qui lui revenait des actes de son administration, n'avait qu'une seule pensée, celle
d'en dérober, d'en effacer promptement le souvenir. Redoutant la publicité comme l'écueil de
l'humilité, il ne voulut jamais que l'on commu-
niquât aux journaux ou revues ecclésiastiques,

les faits qui pouvaient lui être honorables, et sur l'observation qu'on lui faisait, que le Diocèse de Soissons était un de ceux dont on parlait le moins : « Tant mieux, répondait-il, il importe peu que nous soyons connus des hommes, pourvu que nous soyons connus de Dieu (1). »

Mgr de Simony était à peine arrivé dans sa ville épiscopale, qu'il reçut du Roi une lettre (10 mai) par laquelle ce prince l'invitait à remplir les fonctions de diacre à son sacre qui devait avoir lieu à Reims, le 29 mai. C'était un des priviléges de l'évêque de Soissons, doyen et premier suffragant de la province de Reims, d'assister comme diacre au sacre des Rois de France, et de les sacrer lui-même, au défaut de l'archevêque de Reims ; c'est ainsi que Jacques de Bazoches avait sacré St Louis, à Reims, en 1226 ; Milon de Bazoches, Philippe le Hardi, en 1271 ; et Simon Legras, Louis XIV, en 1653.

Quelque soit le changement qui s'est fait depuis ce temps dans nos institutions et aussi dans nos idées, la cérémonie du sacre de nos rois n'en reste pas moins une des plus belles, une des plus augustes comme des plus sages institutions de la religion chrétienne. En effet, par cette cérémonie qui remontait au berceau même

---

(1) Par le même motif il refusa tout renseignement aux auteurs de la Biographie du Clergé. On lui fit entendre alors que l'on composerait sa vie sans documents. Mgr de Simony se contenta de répondre : Qu'ils fassent ce qu'ils veulent.

de la monarchie française, l'Eglise, sans pré-
tendre, comme on l'a dit faussement, conférer
aux princes un pouvoir et des droits qu'ils tenaient déjà des lois fondamentales du royaume,
leur découvrait la source d'où découle toute
puissance, environnait leur autorité de la majesté
de la religion, et rappelait à tous que c'est Dieu
qui donne aux Rois, l'esprit de sagesse, de conseil et de force, qui fait l'appui des trônes, la
gloire des Etats, et le bonheur des peuples.

Mgr de Simony assista l'archevêque de Reims
dans cette imposante cérémonie qui avait réuni
dans l'antique métropole de Reims tout ce que
la France avait de plus illustre. M. de Latil, crai-
gnant de ne pouvoir achever lui-même la cérémonie, avait prié Mgr de Simony de se réserver
pour le suppléer au besoin. Nous ne décrirons
pas ici la pompe et la magnificence de cette
journée. Il n'y eut qu'une voix pour louer la foi
vive du monarque fils aîné de l'Eglise, son attitude
pleine d'humilité comme chrétien, et en même
temps sa dignité comme Roi. Pour ôter tout pré-
texte à des gens disposés à voir de l'excès ou de
l'abus dans les formules les plus innocentes et
les plus consacrées par l'usage, on retrancha du
cérémonial du sacre tout ce qui n'était plus en
harmonie avec le nouvel ordre de choses,
comme aussi toutes les anciennes formules qui
pouvaient recevoir un sens contraire aux droits

que les Rois de France tenaient de leur naissance
et des lois du royaume.

Mgr de Simony reçut Charles X à son passage
dans la ville de Soissons, avant et après le sacre.
A son retour, Charles X s'arrêta quelques heures
dans cette ville, fut complimenté à la porte de
la cathédrale par Mgr de Simony, et lui répondit
en termes qui montraient la haute idée qu'il
avait de son mérite et de ses vertus.

Mgr de Simony, quoique honoré de l'estime et
de la confiance de Charles X, et en liaison
étroite avec les premiers personnages de la cour,
demeura toujours étranger aux passions et aux
intrigues qui s'agitèrent en tout sens autour de
ce prince, bon jusqu'à la faiblesse et qui, tour à
tour, par des concessions que la crainte lui arra-
chait, et par des résistances imprudentes, encourageait l'audace de ses ennemis. Aussi, tandis que les organes de l'opposition libérale et
anti-religieuse dirigeaient chaque jour leurs traits
envenimés contre quelques-uns des premiers pasteurs de l'Eglise de France, le nom de Mgr de
Simony fut toujours respecté, et la calomnie
n'essaya pas même de l'atteindre, tant il fut
attentif à éviter ce qui pouvait compromettre
son ministère par un imprudent mélange des
intérêts de la terre avec les intérêts du ciel.

Deux fois seulement, il sortit de la sage réserve
qu'il s'était imposée, parce que l'honneur de la

religion lui en faisait un devoir. En 1826, l'abbé
de Lamennais venait de publier son livre : *De la
Religion considerée dans ses rapports avec
l'ordre politique et civil.* Il paraissait n'avoir eu
pour but, dans cet ouvrage, que d'annuler
presqu'entièrement le pouvoir temporel, en le
plaçant dans une dépendance absolue de la puissance spirituelle. Son livre fut déféré aux tribunaux qui le condamnèrent. En même temps les
évêques de France furent invités à se prononcer
sur une affaire qui les regardait à plus juste titre.
Quatorze d'entre eux, réunis à Paris, renouvelè-
rent explicitement, par un exposé de leurs sentiments, la doctrine de la déclaration de 1682, sur
l'indépendance absolue des Rois dans l'ordre
temporel, et d'une manière générale celle des
trois autres articles. Cette déclaration reçut
l'adhésion immédiate de trente-quatre autres
évêques, parmi lesquels était Mgr de Simony,
et successivement celle de presque tous les autres
évêques de France.

Mgr de Simony n'avait point hésité à protester
avec ses collègues dans l'épiscopat contre des
opinions funestes à la religion par leur excès
même, et qui tendaient à la rendre odieuse en
lui attribuant sur l'autorité des princes des
droits exagérés et arbitraires. Il n'hésita pas davantage à réclamer contre les envahissements du
pouvoir temporel, lorsqu'il le vit empiéter sur

les attributions essentielles de la puissance ecclésiastique, par les fameuses ordonnances du 16
juin 1828 : l'une qui excluait les Jésuites de l'é-
ducation de la jeunesse, l'autre qui imposait des
entraves sans nombre aux petits séminaires.
Quoiqu'on ait pu dire contre la légalité de ce
Mémoire, adressé au Roi par les évêques de
France, il est certain qu'il a toujours été dans
les traditions de l'Eglise que les évêques élèvent
la voix, soit pour éclairer les fidèles, soit pour
avertir l'autorité, soit pour défendre les droits
de la religion, soit enfin pour protester contre
des mesures inquiétantes. Or, telles étaient justement les ordonnances de 1828. De concessions
en concessions faites aux ennemis de la religion,
Charles X en était réduit, pour les satisfaire, à
dépouiller les premiers pasteurs de l'Eglise d'un
droit inhérent à leur caractère, exigé par la nature même des choses, proclamé par les conciles,
reconnu par les décisions du conseil et même
par des arrêts du Parlement, celui d'être seuls
juges de la nécessité, du nombre, de la forme, de
la direction des écoles destinées à perpétuer le
sacerdoce, et les bienfaits d'un ministère qui a
pour objet unique le salut des âmes.

Les intentions du Roi étaient droites et en-
traînaient à sa suite un ministre, évêque lui-
même, et plus malheureux que coupable. Mais
la pensée secrète de ceux qui avaient dicté les or-

donnances, n'en était pas moins une pensée hostile à la religion. Refroidir les vocations naissantes, dégoûter les jeunes gens et les jeunes prêtres d'une carrière où l'entrée seule présentait tant de difficultés, les effrayer en ne leur offrant en perspective que des humiliations à recueillir, que des mépris à supporter, en un mot, dépeupler de fait les petits séminaires pour ôter au sacerdoce le moyen de se recruter et de se perpétuer, tels étaient les motifs secrets et non avoués qui avaient préparé sous main la rédaction des ordonnances, dirigées en apparence contre les seuls jésuites.

Mgr de Simony, plein d'une respectueuse soumission pour les droits du souverain, crut cependant que le silence des évêques serait dangereux dans cette circonstance et qu'on s'en prévaudrait pour persuader au peuple qu'on n'avait rien voulu diminuer des droits inhérents au sacerdoce. Il signa le Mémoire rédigé par le cardinal de Clermont-Tonnerre, archevêque de Toulouse, doyen des évêques de France, au nom de l'épiscopat français. Ces courageuses représentations étaient justifiées par les tristes fruits que portaient déjà les ordonnances. Des mesures aussi pleines de défiance et d'arbitraire avaient jeté l'alarme et l'anxiété dans tous les petits séminaires. Plusieurs évêques avaient reculé l'époque de la rentrée pour voir si les difficultés qu'on leur suscitait s'applaniraient dans l'intervalle. Enfin une transaction intervint. Le gouvernement consentit à ne point presser l'exécution de certains articles plus odieux. Les huit écoles ecclésiastiques, dirigées par les jésuites furent fermées. Les séminaires du diocèse de Soissons étaient tous dirigés par des prêtres séculiers. Le gouvernement se contenta de déterminer, par une ordonnance du 29 septembre, le nombre des petits séminaires, c'est-à-dire qu'il maintint ceux qui se trouvaient établis (1). Une autre ordonnance agréait les nominations que Mgr de Simony avait faites des supérieurs ou directeurs de ces trois écoles.

Le souverain pontife, dans le Bref qui accompagnait le concordat, avait exprimé le désir que le titre des anciens siéges qui étaient supprimés, ne fût pas entièrement éteint. Quelques évêques avaient déjà obtenu de joindre au titre de leur siége le titre des siéges qui, par les nouvelles démarcations, sont compris dans leur juridiction. Mgr de Simony, dont le diocèse comprend l'ancien diocèse de Laon tout entier, demanda de

---

(1) Le diocèse de Soissons compte trois petits séminaires : celui de Laon, qui comprend les classes supérieures depuis la quatrième jusqu'à la rhétorique inclusivement, ceux de Notre-Dame de Liesse, pour le Laonnois, et d'Oulchy le Château, pour le Soissonnais, où sont les classes inférieures, depuis la huitième jusqu'à la cinquième. De plus, depuis 1836, la maîtrise des enfants de chœur de la cathédrale de Soissons a fourni aux séminaires diocésains de nombreux sujets.

pouvoir unir à son titre celui de l'église de Laon, de cette église si ancienne, qui avait un chapitre si nombreux, de si brillantes prérogatives, et qui voyait ses pontifes s'asseoir à côté du trône de nos rois. Léon XII, par un Bref du 17 juin 1828, qui commence par ces mots : *Inter cæteras,* ordonna que le titre de l'église de Laon fût rétabli, et uni à perpétuité à celui de Soissons, de manière que les évêques de Soissons pussent prendre à l'avenir le titre d'évêque de Soissons et de Laon.

CHAPITRE XXII.

RÉVOLUTION DE 1830. — PRUDENCE ET SAGE RÉSERVE DE MONSEIGNEUR DE SIMONY. — SA CONDUITE VIS-A-VIS DU NOUVEAU GOUVERNEMENT. — CONSEILS QU'IL DONNE AUX PRÊTRES DE SON DIOCÈSE.

L'ORAGE qui se formait depuis plusieurs années sur la monarchie venait d'éclater. Un nouveau trône s'était élevé sur les débris de l'ancien. On ne fera pas sans doute un crime à Mgr de Simony de n'avoir point applaudi à la révolution de juillet. Il n'avait pas toujours approuvé la marche du gouvernement de Charles X, mais il avait un cœur trop reconnaissant pour ne point regretter la chute malheureuse d'un prince qui l'avait comblé de bienfaits, et il aimait trop sincèrement son pays pour ne pas gémir de voir la France rentrée dans la carrière des révolutions, le droit d'insurrection de nouveau légitimé et le pouvoir dépouillé de cette force, de ce respect, de cette stabilité sans lesquels il ne peut rien pour la paix et le bonheur des peuples. Il eut d'ailleurs à déplorer comme évêque, les excès d'impiété qui se mêlèrent en plusieurs endroits à l'inauguration des nouvelles institutions politiques.

Au milieu des peines et des appréhensions légitimes que dut éprouver son cœur dans des circonstances aussi difficiles, Mgr de Simony donna des preuves de ce calme, de cette patience, de ce courage que la foi inspire et que fortifie l'habitude de la prière et de la confiance en Dieu. Alors aussi il recueillit les fruits de la prudence et de la sage circonspection qu'il s'était toujours imposées. Au milieu des troubles de la terre, il continua d'être pour tous les partis, l'homme du ciel. Les regrets lui étaient permis, mais il sut les renfermer dans son cœur, et donna constamment au nouveau gouvernement l'appui d'une tolérance chrétienne, et d'une entière soumission.

Les circonstances commandaient un surcroît de circonspection et de réserve, Mgr de Simony écrivit à tous les curés du diocèse pour leur conseiller cette prudence, cet esprit de sage condescendance, de modération et de douceur dans tous leurs rapports avec l'autorité. Rien de plus sage, de plus mesuré que cette lettre. Après leur avoir accordé tous les pouvoirs dont ils pourraient avoir besoin dans les circonstances actuelles, il ajoutait : « Dans une commotion aussi

violente que celle qu'éprouve en ce moment la
France, des inquiétudes ne peuvent manquer
d'agiter nos esprits. Mais, mon cher curé, rap-
pelons-y les pensées de la foi, et bientôt ils auront retrouvé le calme. Quelles que puissent être
nos épreuves, nous serons toujours heureux, si
chaque jour, en nous présentant à Dieu, pour
remettre notre sort entre ses mains, nous pouvons dire avec vérité, ainsi que le prophète :
Tuus sum ego, salvum me fac. Au nom de notre
divin Maître, je recommande à mes coopérateurs
la simplicité envers Dieu par une confiance filiale
et un dévouement absolu à sa gloire et au salut
des âmes qu'il nous a confiées, et la prudence pour
ne jamais donner occasion à de justes reproches.
Ne nous occupons des discordes civiles, que pour
les apaiser, et quelque chose qui nous arrive,
montrons-nous les véritables disciples de Jésus-
Christ, par une fidèle imitation de sa patience,
de sa constance et de sa charité. »

Cette lettre indiquait l'esprit qu'il apporterait
dans ses rapports avec les nouvelles autorités ; un
principe, dont il ne se départit jamais, fut de
mesurer toutes ses paroles, toutes ses démarches
selon les règles de cette prudence et de cette charité toute chrétienne, qui s'assujettissent à tout
sans murmures, pourvu que la foi demeure in-
tacte, et ne se permettent pas de condamner les
exigences auxquelles il peut être utile de se sou-

mettre. Dans les premiers jours qui suivirent la révolution de juillet, quelques jeunes gens à qui le patriotisme avait monté la tête, et qui entendaient la liberté à leur façon, se présentèrent avec un drapeau tricolore, pour l'arborer sur la porte de son palais. Une personne attachée à son service voulut les éloigner avec menaces. Mgr de Simony, entendant quelque tumulte, demanda ce que c'était, fit entrer ces jeunes gens, les reçut avec calme, avec douceur, mais avec dignité, s'informa de ce qu'ils voulaient, et sur leur réponse il les remercia gracieusement et leur paya généreusement le drapeau, en leur faisant observer qu'il n'était pas juste qu'un autre que lui en fît les frais.

Quelque temps après, un malheureux accrédita le faux bruit que Mgr de Simony avait fait cacher des armes dans son parc de Mercin, qui servait de campagne au séminaire. Chacun sentait tout le ridicule d'une pareille imputation. Cependant le commandant de la garde nationale vint officieusement représenter à Monseigneur l'indispensable nécessité de faire une visite pour imposer silence aux malveillants, confondre la calomnie, et empêcher qu'on n'en vînt à piller les quelques meubles du château de Mercin. Mgr de Simony consentit à tout de la meilleure grâce. Le parc et le château furent visités dans toutes leurs parties. Le délateur qui prétendait avoir tout vu, était à la

tête des visiteurs. Il leur indiqua plusieurs endroits où la terre paraissait nouvellement remuée ;
on fit quelques fouilles qui n'amenèrent d'autre
résultat que celui qu'on avait prévu. Des pierres
avaient été extraites de ces différents endroits
pour réparer les chemins vicinaux, de là les soupçons de la malveillance, et les prétendues armes
cachées. L'accusateur était confondu, sa lâche
calomnie allait lui faire perdre une place de
garde dont il avait besoin pour vivre. Le charitable prélat, autant au-dessus de la vengeance que
de la crainte, employa tout son crédit pour la
lui faire conserver, le laissant pour toute punition à sa conscience, et à la honte d'avoir osé
attaquer son évêque et son bienfaiteur.

Mgr de Simony, dans ses conversations fa-
milières, appelait ces petites tracasseries les
fleurs de la liberté ; il ne fut pas longtemps
sans en recueillir les fruits. Dès les premiers
jours de la Révolution, il avait été question de
mettre les bâtiments occupés par le séminaire de
Laon, à la disposition du ministre de la guerre.
Au printemps de 1831, une ordonnance vint
frapper sérieusement de la même mesure le grand
séminaire de Soissons. Le sous-préfet pressait
avec vivacité l'exécution de cette ordonnance.
Mgr de Simony, après quelques observations
pleines de sagesse, de douceur et de fermeté,
avait cru devoir céder pour le moment, et déjà

il était convenu que les bâtiments du grand séminaire tout entier seraient évacués, à l'exception
de la chapelle. MM. les directeurs et les élèves,
au nombre de cent, étaient obligés d'aller s'établir dans la maison dite des Capucins, où vingt-
cinq élèves à peine peuvent loger commodément.
On ne pouvait d'ailleurs imaginer de mesure plus
désastreuse pour le grand séminaire, dont l'occupation, disait-on, ne devait être que temporaire.
En effet, la disposition d'une caserne n'a rien
de commun avec celle d'un grand séminaire, et
il devait résulter de là des dépenses énormes,
lorsque les bâtiments du grand séminaire seraient
rendus à leur première destination. M. l'éco-
nome du séminaire, après avoir pris l'avis de Mgr,
alla représenter toutes ces difficultés à l'autorité
militaire, et lui proposa de prendre l'aile gauche
du séminaire, qui venait d'être construite tout
nouvellement, sur l'emplacement de l'ancien petit
séminaire de Soissons, et qui n'était pas encore entièrement distribuée. La sagesse de ces propositions, l'esprit de conciliation qui les avait dictées,
et le nom de Mgr de Simony, vénéré de tous,
les firent accueillir favorablement par le commandant du génie, et par l'intendant militaire.
Une partie des bâtiments fut seule occupée par
la troupe. Restaient les inconvénients d'un voisinage aussi rapproché et si peu en rapport avec
les habitudes de paix et de calme d'une maison

de prière et d'étude (1). Mgr de Simony, vivement affecté de l'état de gêne où était placé son grand séminaire, se détermina malgré le principe qu'il s'était fait de ne jamais solliciter aucune faveur du gouvernement, à faire le voyage de Paris ; il exposa au ministre tous les inconvénients d'une telle cohabitation et obtint immédiatement une ordonnance de restitution, qui, malgré les nouvelles difficultés soulevées par quelques officiers du Génie, reçut son exécution.

---

(1) Cette mesure impressionna vivement M. l'abbé Maréchal, alors supérieur du Grand Séminaire. Le profond chagrin qu'il en conçut, joint à une grande fatigue des nerfs, détermina chez lui une cruelle maladie qui résista opiniâtrement à tous les remèdes, et, après trois ans de souffrances, l'enleva à l'âge de 40 ans, à la vénération et à l'affection de tout le clergé et de ses nombreux amis. M. Alphonse-Michel Maréchal, était né à Laon, le 10 janvier 1795, d'une famille où la piété et la vertu étaient héréditaires. Ceux qui l'ont connu dès son enfance ont toujours rendu un témoignage unanime à l'innocence de sa vie, à son esprit droit et à des habitudes de gravité et de dignité qu'il a toujours conservées. Il a laissé les plus honorables souvenirs au séminaire de St-Sulpice, où il avait reçu les ordres ; et il suffit de dire que c'est sur la recommandation de M. Duclaux, cet homme si vénérable et si vénéré, qu'un an après avoir reçu le sacerdoce, étant vicaire de la cathédrale, il fut nommé, par M. de Villèle, évêque de Soissons, supérieur du Grand Séminaire. M. l'abbé Lequeux, son compatriote, son collègue, son ami, et depuis son successeur, lui fut adjoint comme directeur du Grand Séminaire et professeur de théologie morale. M. Maréchal remplit les fonctions de supérieur pendant douze années entières avec une application et une régularité qui ne se sont pas démenties un seul jour, et qui étaient devenues proverbiales. Atteint, dans le cours de 1832, de cette maladie qui devait le conduire au tombeau, il ne fit plus que languir, en donnant constamment l'exemple d'une édifiante et touchante résignation. Mgr de Simony l'avait nommé chanoine titulaire de la cathédrale et promoteur du diocèse. Il mourut le jour de Noël de l'année 1834.

Il n'est pas besoin de rappeler les accusations qu'on formulait alors chaque jour contre le clergé, qu'on trouvait affichées partout, qu'on portait même à la tribune, sans qu'une seule pût être prouvée, et les circulaires injurieuses qui soumettaient à l'inquisition d'employés subalternes ce qu'il y avait de plus moral dans la société. Dans toutes les lettres qu'il écrivit à ses curés, comme dans tous ses entretiens avec eux, Mgr de Simony leur conseilla de n'opposer à ces attaques que la patience, la foi, une confiance inébranlable, une prudence extrême à éviter tout ce qui pourrait être une occasion de division et de désordre, et en observant plus que jamais les règles d'une sage retraite, d'une vie humble et cachée, d'un zèle uniquement appliqué au salut des âmes.

Dans différentes parties de son diocèse, il se rencontra, comme ailleurs, des administrateurs légers et capricieux qui, sans autre raison que leur mauvais vouloir, firent retrancher ou diminuer le traitement des desservants, s'occupèrent de discipline ecclésiastique, firent ouvrir de force les églises, condamnèrent les curés à y entendre des airs patriotiques, et voulurent régler la liturgie ; quelques-uns s'imaginèrent aussi que le moment était venu de satisfaire leurs mécontentements particuliers, et de demander le changement de leur curé. Mgr se contenta d'éclairer l'autorité supérieure, sans répondre à aucune demande. Il pensait avec raison qu'un évêque, uni avec ceux qui sont dépositaires de l'autorité civile, peut plus facilement remédier, aux difficultés et faire le bien ; mais fidèle gardien de l'autorité que Dieu lui avait confiée, il ne pouvait souffrir qu'on lui dictât ce qu'il devait faire, et qu'on voulût lui forcer la main pour le déplacement d'un de ses prêtres. Sa conscience était comme un point d'arrêt qu'il n'outrepassa jamais, et contre laquelle venaient échouer toutes les demandes, toutes les sollicitations. « Dieu a placé les évêques pour gouverner, disait-il, et ils sont responsables à Dieu de l'exercice de leur autorité. »

Toutefois, cette fermeté était toujours tempérée par la douceur, et plusieurs fois ses lettres, pleines de sagesse et de modération, calmèrent les haines et les ressentiments, et rapprochèrent les cœurs. Plusieurs magistrats avouèrent qu'ils avaient vu tomber leurs préventions devant les sages représentations d'un évêque dont ils admiraient et vénéraient la piété touchante, le jugement droit, le zèle prudent, la charité tendre. En toute occasion, il cherchait à inspirer à ses curés cet esprit de conciliation et d'égards vis-à-vis des autorités communales. On en trouvera la preuve dans le petit trait suivant qui nous a été transmis par un des prêtres les plus distingués du diocèse.

Le maire d'une commune, au lieu de s'entendre de vive voix avec le curé de la paroisse, lui avait écrit pour qu'il eût à célébrer un service anniversaire de juillet, à dix heures précises. Le curé avait annoncé de son côté que la messe aurait lieu à neuf heures ; aussi quand arrivèrent la municipalité et la garde nationale, l'office était-il à peu près terminé. De là, exaspération générale, et par suite, dénonciation au préfet qui renvoya à l'évêché. Quelques jours après, Mgr de Simony ayant eu occasion de voir le curé de cette paroisse, il lui montra avec bonté la plainte dont il était l'objet ; celui-ci expliqua le motif de sa conduite, et le sage prélat lui adressa ces paroles vraiment remarquables : « Vous vous êtes trompé, mon cher ami ; ce monde, dépourvu le plus souvent de foi, et très-ordinairement d'éducation, nous manque sans en avoir l'intention. Si nous voulons relever un défaut de convenances, dont il ne peut avoir comme nous le sentiment, il ne comprend pas notre remarque, et ne voit dans notre conduite qu'un affront qu'il ne nous pardonne pas. Promettez-moi qu'à votre retour vous irez rendre visite à votre maire. » Le curé le lui promit et apprit, en effet, dans sa visite, que le maire était loin de soupçonner que sa lettre renfermât une injonction à son pasteur.

CHAPITRE XXIII.

CARACTÈRE DE L'ADMINISTRATION DE MONSEIGNEUR
DE SIMONY. — SA TENDRESSE POUR LES PRÊTRES
DE SON DIOCÈSE. — ESTIME QU'IL FAISAIT DE
SON CLERGÉ. — CE QU'IL RECOMMANDAIT SURTOUT
POUR LE SUCCÈS DU MINISTÈRE, LA PATIENCE ET
LA PRIÈRE. — COMMENT IL REMPLISSAIT LE DEVOIR
DE LA RÉPRIMANDE. — IMPRESSIONS QU'IL PRO-
DUISAIT DANS SES VISITES PASTORALES. — IL
PUBLIE LES NOUVEAUX STATUTS DU DIOCÈSE. —
IL RÉTABLIT LES CONFÉRENCES ET LES RETRAITES
ECCLÉSIASTIQUES. — IL ÉTABLIT UNE CAISSE DE
SECOURS POUR LES PRÊTRES AGÉS OU INFIRMES.

———

Le caractère particulier de l'administration de
Mgr de Simony fut la prudence, la douceur et la
bonté. Il voulait gouverner son diocèse comme
une famille dont il était le père, et n'y avoir
d'autre ascendant que celui que donne une plus
grande charité. Aussi son commandement fut
toujours modeste, son autorité douce et pacifique.

Les actes de son administration n'eurent jamais
rien d'impérieux ni de violent, jamais rien d'arbitraire ni de précipité. Les règles sacrées de
l'Eglise, la sage lenteur de la vénérable antiquité,
l'esprit de la charité furent les principes invaria-
bles de tous les actes de son épiscopat. Cette douceur et cette bonté étaient d'autant plus remarquables dans Mgr de Simony, qu'il était plus
naturellement jaloux de son autorité, et impatient
de tout ce qui lui était contraire. Mais depuis longtemps les inspirations de la vertu avaient remplacé chez lui celles de la nature. On le pressait un jour de terminer une affaire par un coup
d'autorité qui eût mis fin à toutes les difficultés.
Il s'y refusa constamment en faisant cette réponse
remarquable : « Chez nous les affaires doivent
se traiter moralement. » Ces paroles ne sont-
elles pas le commentaire le plus littéral de ces paroles du Sauveur : « Les rois des nations les dominent, mais il n'en sera pas ainsi parmi vous? »

De ce principe naissait en lui une tendresse de
mère pour tous les ecclésiastiques placés sous ses
ordres. C'était sur eux qu'il étendait de préférence ses soins, ses affections, ses espérances,
comme sur ceux qui soutenaient avec lui les pénibles fonctions de l'apostolat. Ils le trouvaient
en tout temps disposé à partager avec eux les
peines, les dégoûts, les contradictions et les succès attachés à l'exercice de leurs fonctions. Le

moindre d'entre eux était accueilli avec les plus grands égards et ne sortait jamais sans avoir reçu quelques-uns de ces encouragements qui consolent et fortifient. Les peines qu'ils éprouvaient devenaient ses peines personnelles, il s'en occupait sans cesse, il voulait que tous ses prêtres vinssent déposer dans son sein leurs douleurs, lui faire connaître leurs besoins, et ceux qui eurent en lui cette confiance, trouvèrent-ils jamais un ami qui sût mieux les comprendre et les consoler.

Il apprit un jour qu'un d'entre eux cherchait la somme de mille francs pour remplir quelques obligations de famille; il le fit venir et lui dit : je viens d'apprendre, mon cher ami, que vous aviez quelques embarras domestiques, il me ferait peine que, pour y faire face, vous ayez recours à d'autres qu'à moi, votre évêque et votre père; prenez ce billet, vous me le rendrez plus tard, si vous le pouvez. Et il lui remit en main un billet de mille francs, d'un air aussi indifférent que s'il ne se fût agi que de la somme la plus modique, lui laissant à peine le temps de lui exprimer sa reconnaissance et lui demandant avec une bonté touchante des nouvelles de ses parents. Six ans plus tard, la même personne lui ayant reporté cette somme, en lui témoignant avec sa reconnaissance la crainte d'avoir retardé quelques-unes de ses bonnes œuvres, Mgr de Simony prit le billet, le déposa en souriant dans son se-

crétaire, et s'informa de nouveau avec le plus
grand intérêt de l'état de sa famille. Quelque
temps après la révolution de 1830, alors que
d'injustes préventions rendaient le clergé tout
entier solidaire des torts de quelques-uns de ses
membres, un curé du diocèse était harcelé par
ses créanciers et se trouvait hors d'état de les
satisfaire. Mgr de Simony l'ayant appris, s'empressa de satisfaire et le débiteur et ses créanciers,
en versant entre les mains de ces derniers la
somme de 1,700 fr.

Ce ne sont pas assurément les seuls traits de
générosité et d'exquise délicatesse que nous
pourrions citer. On nous a assuré que Mgr de
Simony donna plusieurs fois, jusqu'à deux et trois
mille francs, à des ecclésiastiques qui lui faisaient
connaître leur position fâcheuse ; et qu'à d'autres
il envoyait annuellement de fortes sommes pour
subvenir à leurs besoins, disant souvent que
tout ce qu'il avait était moins à lui qu'à ses coopérateurs, qu'à ses enfants.

L'estime que Mgr de Simony faisait de son
clergé était égale à son affection ; il ne mettait
rien dans son esprit au-dessus de ses prêtres, et
sans faire jamais de comparaison blessante pour
d'autres diocèses, c'était pour lui une des plus
douces satisfactions que d'entendre les prédicateurs de retraite, les évêques qui le visitaient,
rendre hommage aux lumières, aux vertus, à la

sagesse, à la modération, à la tenue ecclésiastique, à la piété du clergé du diocèse de Soissons.

Mais c'était surtout sur les prêtres qu'il savait
plus exacts à leurs devoirs, plus vertueux, plus
détachés, que son cœur s'épanchait aussi plus
affectueusement. Il ne manquait aucune occasion
de relever leurs vertus et leurs travaux. « Vous
avez près de vous, disait-il, un prêtre bien rempli de l'esprit de Dieu, quelle source de bénédictions pour le voisinage ! » Lorsqu'il les
voyait, il les embrassait avec tendresse, leur témoignait sa reconnaissance, et se plaisait à attribuer à leurs prières tout le bien qui se faisait
dans son diocèse. « Les prières que vous adres-
sez au Seigneur pour moi et pour le diocèse,
écrivait-il à un prêtre fervent, nous ont valu
une retraite très-édifiante... Mes prières ne sont
rien, écrivait-il à un autre, auprès de celles que
chaque jour vous pouvez mettre aux pieds de la
sainte mère de Dieu, mais elles ne vous manque-
ront pas, car c'est mon œuvre que vous faites. »
Lorsqu'il apprenait la mort de quelques-uns
d'entre eux, on voyait à la douleur qu'il en
éprouvait, combien il les aimait tendrement.
Ceux qui le visitaient, découvraient facilement,
malgré la constante égalité de son âme que quelque sujet de peine l'affligeait profondément, et il
lui arrivait souvent de dire aux personnes du

monde qu'il recevait : « Je viens de perdre un excellent prêtre, c'est une perte qui m'est bien sensible, c'est un homme que je remplacerai difficilement. »

Cette tendresse, cette haute estime que Mgr de Simony avait pour ses prêtres, ne dégénéraient jamais en faiblesse ou en molle condescendance pour leurs défauts. Attentif à la conduite des pasteurs dont il était le chef, il veillait sur chacun d'eux, il se regardait comme responsable de toutes leurs négligences, il se les imputait à lui-même, et on l'entendit quelquefois dire : « Dieu me châtie comme je le mérite, ce sont mes propres péchés qui sont cause de ces désordres. »

Il est une vertu qu'il aimait par-dessus tout à voir dans un prêtre, et sur laquelle il insistait continuellement, c'était cet esprit d'abnégation et de dévouement, qui est l'esprit du sacerdoce, qui ne recule jamais devant le sacrifice et va toujours au-delà de ce qui lui est demandé. Par une raison contraire, rien ne lui était plus pénible que de voir l'intérêt particulier ou la recherche personnelle travailler le cœur des jeunes prêtres, leur persuader qu'ils seraient mieux là où ils n'étaient pas, leur faire désirer un poste plus éminent et former des projets qui les faisaient sortir de l'ordre de la Providence. « Est-ce que ce n'est pas dans les paroisses de campagne, disait-il, qu'un jeune prêtre avec des talents et l'amour de l'étude, peut se préparer à rendre plus tard, d'importants services à l'Eglise ? »

Ce n'est pas qu'il ne comprît et n'appréciât les difficultés de leur position, et qu'il ne déplorât la stérilité de leurs travaux ; mais il était persuadé que l'œuvre du ministère et de la conversion des âmes est par-dessus tout une œuvre de patience. Toutes ses conversations, toutes ses lettres tendaient à rappeler cette vérité. J'ai toujours été frappé, disait un prédicateur de retraite ecclésiastique, de cette parole de Mgr de Simony : « Il faut quelquefois qu'un prêtre reste dans une paroisse quatorze ans avant de recueillir quelques fruits de ses travaux. » — « Je suis désolé, écrivait-il à un curé presque découragé, de ce que vous me dites de l'insouciance de la jeunesse et de l'insensibilité des parents. J'espère pourtant que vous n'en serez pas réduit à secouer la poussière de vos pieds, et que quelques âmes entendront la voix du pasteur, et sortiront du tombeau. Qu'un petit noyau seulement se forme, et peu à peu il s'étendra.... » — « Vous n'avez pas toutes les consolations que vous pourriez espérer, disait-il une autre fois. Un pasteur se trouve presque toujours en présence des passions du monde, et rencontre sans cesse quelqu'obstacle au bien qu'il se propose. C'est une guerre continuelle dans laquelle nous n'avons pas d'arme plus puissante, après la prière, que la patience. »

Aussi cherchait-il, par tous les moyens possibles, à enflammer le zèle, à ranimer la crainte et la timidité, ou à relever le courage abattu! Un jour il écrivait à un prêtre à qui il donnait une mission : « Cette place a ses difficultés, mais avec la grâce de Dieu, vous les surmonterez : il y a là des âmes à sauver, des pécheurs à convertir, des enfants et des ignorants à instruire, des confrères à édifier, en un mot, le nom de Dieu à glorifier, et des peuples à évangéliser, c'est bien assez pour exciter votre zèle. » Un autre jour il lui mandait : « Quelque stérile, quelqu'ingrat que soit le sol de votre paroisse, il y a bien certainement encore un certain nombre d'âmes à sauver; j'espère que ce sera par votre ministère. Prières, patience, zèle persévérant, charité sans mesure, ce sont les armes qui vous rendront maître des cœurs. » Il lui disait une autre fois encore : « Eh bien, mon cher, n'eussiez-vous sauvé qu'une seule âme, n'eussiez-vous obtenu même que notre habit ne soit plus détesté et un objet d'horreur, vous n'auriez pas perdu votre temps et vos peines : vous semez, vous plantez; un autre que vous et après vous récoltera, et il recueillera les fruits que votre semence aura produits ; ainsi courage, confiance, abandon à la volonté de Dieu.... »

Cette patience, cette longanimité, cette mansuétude, il la recommandait surtout à ses prêtres,

lorsqu'ils étaient victimes de quelque odieuse calomnie. « L'ennemi de tout bien, mon cher curé,
écrit-il à l'un d'eux, travaille à détruire votre
ouvrage, ne vous en étonnez pas, admirez au
contraire que ce soit par la guerre que le démon
fait aux saints, que Dieu les sanctifie et assure
l'œuvre de leur ministère. Continuez d'unir la
prudence et la charité aux efforts de votre zèle.
Ne parlez jamais de vous en chaire, que pour
faire déborder dans le cœur de vos paroissiens,
les sentiments de tendre charité qui remplissent
le vôtre, et vous vaincrez le mal par le bien, et
après la tempête viendra le calme, et la grâce
descendant dans quelqu'une de ces âmes qui vous
poursuivent de leur injuste haine, opérera en
elle le miracle qui change les loups en agneaux.
Restez dans la disposition d'esprit que le bon
Dieu met dans votre âme, écrit-il une autre
fois, élevez-vous au-dessus d'une trame inique-
ment odieuse et attendez de lui seul et de votre
innocence la manifestation de la vérité. Ne parlez de la conduite que l'on tient à votre égard,
qu'avec modération et charité.... »

Après la patience, il ne recommandait rien tant
que la prière, pour le succès d'un ministère où tout
doit se faire sous la direction et comme par l'impression de la main de Dieu. Cet esprit de grâce
et de prière se répandait comme un baume délicieux sur toutes les lettres qu'il écrivait, et il

n'en est presque pas une seule de celles que nous avons parcourues qui ne respire ce doux parfum de la piété et de la prière. Il ne repoussait aucun des moyens que la prudence humaine met en œuvre pour établir le règne de Dieu et faire le bien; mais avant tout, c'était à la prière qu'il voulait qu'on eût recours. L'établissement d'une école de filles dans une nombreuse paroisse souffrait quelques difficultés; après avoir indiqué des moyens dont le succès paraissait assuré, il ajoute: « Mais c'est surtout aux pieds de Notre-Seigneur qu'il faut traiter cette affaire, en lui représentant le grand nombre de jeunes âmes qui se perdent ou apprennent le mal par ce malheureux mélange, dans un temps et dans un pays où la malice prévient l'âge et où la plus tendre enfance est précoce pour le désordre. »

Mgr de Simony eut quelquefois à remplir le devoir pénible de la réprimande, mais ceux qui en furent les objets peuvent lui rendre ce témoignage que ce fut toujours avec les formes aimables de la charité qu'il leur faisait sentir l'irrégularité ou l'injustice de leur conduite. Ceux qui ont partagé pendant vingt-quatre ans avec lui les soins et les peines de l'administration, nous ont assuré qu'il n'est pas à leur connaissance que dans tout le cours de son épiscopat, Mgr de Simony ait jamais consenti à regarder un prêtre comme coupable, avant d'avoir épuisé tous les motifs d'ex-

cuse, et saisi tous les moyens de défense avec
plus d'empressement que l'accusé lui-même. Lorsqu'il lui était impossible de ne pas se rendre à la
vérité, jamais il ne voulut en venir aux moyens
de rigueur avant d'avoir employé toutes les voies
de douceur et de charité. Enfin, lorsqu'il était
obligé, selon le conseil de l'Apôtre, de reprendre
durement ceux qui étaient en faute (Tit. I. 13),
ce n'était pas sans une grande anxiété de cœur
et sans beaucoup de larmes, et en leur montrant
par la peine qu'il éprouvait, que s'il les reprenait ainsi, ce n'était pas pour les contrister, mais
pour les faire rentrer en eux-mêmes et leur
faire connaître la tendre charité qu'il avait pour
eux.

Cette charité se manifestait par les effets les
plus touchants. Lorsque ces prêtres étaient obligés
de quitter leurs paroisses, Mgr de Simony s'offrait
de faire tous les frais de leur déménagement. Son
cœur de père les suivait jusque dans la retraite
qu'il leur avait assignée, il voulait savoir si rien ne
leur manquait; s'ils venaient à tomber malades il
n'était pas tranquille que le curé de la paroisse
ne l'eût rassuré sur leur état: « Je viens d'apprendre, écrivait-il à l'un de ses curés, que
M. l'abbé ... vient de tomber dangereusement
malade. Je vous engage à aller le visiter et à lui
donner tous les témoignages de charité que votre
cœur sacerdotal vous inspirera. Vous lui offrirez

tous vos services et s'il vous confiait que quelque chose de convenable dans son état, lui manquât, vous m'en feriez part sans tarder. » Quelquefois même il eut à lutter contre l'opinion publique de son clergé et contre les réclamations de plusieurs personnes respectables qui le conjuraient d'éloigner du diocèse un ou deux prêtres qui avaient été flétris par les arrêts de la justice humaine. Mgr de Simony n'ignorait pas les tristes suites d'un pareil scandale, mais il était père, et son cœur était comme aux prises avec la voix de la justice et de la sévérité. Voici en quels termes touchants il plaidait la cause d'un de ces infortunés qu'il voulait placer près d'un des plus vertueux prêtres du diocèse.

« ..... Ce pauvre prêtre a eu de grands torts assurément, écrit-il, mais mérite-t-il d'être rejeté absolument et qu'on le condamne à n'avoir ni feu ni lieu ? C'est un prêtre coupable sur un point important, mais il est repentant. Où doit-il trouver pitié et miséricorde si ce n'est près du père commun, si ce n'est près de ses confrères ? La justice humaine est inexorable, je le veux bien, mais elle ne lui a pas interdit l'eau et le feu, et elle ne trouvera jamais mauvais qu'il trouve près de ses confrères un morceau de pain, et ce qui lui est plus nécessaire, une occupation à laquelle il peut être propre. Je ne crains pas que le bon Dieu permette que nous souffrions une ruine entière pour avoir obéi aux lois de la charité et de la prudence chrétienne... Engagez tous ses confrères à le traiter avec bonté, à compatir à son malheur, et surtout à ne jamais parler de lui, si ce n'est avec intérêt, et tout s'oubliera. Ses émoluments le mettront à même de contenter peu à peu ses créanciers et de diminuer avec le temps le scandale de ses injustices, ce sont bien ses intentions, j'en ai la persuasion. »

Les visites pastorales de son diocèse étaient pour Mgr de Simony, la plus douce de ses occupations. Il aimait à être témoin par lui-même du bien que les pasteurs opéraient, il s'entretenait avec eux de tout ce qui pouvait contribuer aux progrès de la piété et à l'affermissement du règne de Dieu dans les âmes, et il se plaisait à rendre publiquement témoignage à leur zèle apostolique et à leur dévouement de chaque jour. Le Diocèse de Soissons est un des plus grands de l'Eglise de France : il comprend la totalité de l'ancien diocèse de Laon et la plus grande partie de l'ancien diocèse de Soissons. Pendant vingt-trois ans d'épiscopat, Mgr de Simony ne dérangea pas une seule fois l'ordre de ses visites malgré les incommodités de la saison, et ses indispositions personnelles. Il les commençait régulièrement après Pâques, revenait célébrer dans sa cathédrale les fêtes de la Pentecôte, faire l'ordina-

tion annuelle et repartait après la Fête-Dieu.
Rien ne l'arrêtait jamais, il était d'une exactitude
remarquable, arrivait toujours à l'heure donnée,
et prévenait même quelquefois les pasteurs et les
fidèles. Jamais aussi, on ne l'entendait se plaindre
de la chaleur ou de la fatigue qui souvent étaient
excessives. Il voulait que les paroisses qu'il visitait pussent jouir pleinement de la présence de
leur premier pasteur, il ne consentait pas qu'on
abrégeât pour lui les cérémonies, et rien ne tra-
hissait jamais chez lui ces impressions souvent
involontaires de fatigue, d'impatience ou d'ennui
qu'il est si difficile de réprimer.

Ce qui le touchait surtout, dans le cours de
ses visites pastorales, était de voir la foi et l'empressement filial des populations à venir à sa rencontre pour recueillir ses bénédictions. Il jouissait de ce concours, et il en jouissait en père,
car il avait pour tous les fidèles de son diocèse les sentiments, les émotions d'un cœur
tout paternel. De leur côté, tous ceux qui le
voyaient étaient frapppés de la douceur, de
la bonté, de la sainteté empreintes dans toute
sa personne; on vit souvent bon nombre d'hommes qui n'étaient rien moins que religieux, se
porter au-devant de lui, ne pouvoir se lasser
de contempler ses traits, et disputer aux plus
fervents l'honneur de l'approcher de plus près
et d'être bénis par lui; d'autres, dont les senti-

ments d'impiété étaient bien connus, après avoir passé quelques instants avec lui, soit dans un dîner, soit dans une conversation, s'en aller pénétrés d'estime et de respect pour sa personne, et racontant à tous l'impression étonnante qu'il avait faite sur eux.

Il était difficile, en effet, de réunir en même temps une dignité plus imposante dans ses fonctions comme dans ses rapports avec le monde, une simplicité de manières plus grande, et une plus aimable douceur. Mgr de Simony tenait à la noblesse par son nom, par son éducation, mais il tenait au peuple par la simplicité de ses habitudes et de ses goûts. Dans les dîners qui suivaient les confirmations, et où se trouvaient réunis les autorités communales et MM. les curés des paroisses voisines, Mgr de Simony s'oubliait lui-même pour ne s'occuper que des autres. C'était pour lui un plaisir de servir tous les convives, et sans parler beaucoup, de dire à chacun quelques mots agréables. Sa frugalité dans ces repas dont il faisait si bien les honneurs, était vraiment extraordinaire, jusque-là que souvent, après une longue et fatigante cérémonie qui l'avait tenu à jeun jusqu'à une heure de l'après-midi, il ne prenait qu'un potage, quelque léger dessert, sans laisser voir qu'il ne mangeait point, par l'attention qu'il mettait à servir tout le monde. Pour résumer les sentiments de respect, de vénération, d'attachement que Mgr de Simony se conciliait dans ses visites, nous citerons ce mot d'une personne du monde qui, dans l'admiration où elle était des vertus de Mgr de Simony, ne put s'empêcher de dire : « Si tous les évêques ressemblaient à Mgr de Simony, Lamartine ne regretterait pas que le royaume de Dieu ne fût pas gouverné par des anges. »

Le principe de Mgr de Simony, en arrivant dans le Diocèse de Soissons, avait été de conserver religieusement les usages établis, de ne faire aucun changement, soit dans la liturgie, soit dans les règlements de discipline ecclésiastique, avant d'avoir pris le temps de connaître et de d'observer par lui-même l'état des choses et la disposition des esprits. Aussi, bien qu'il eût compris dès lors la nécessité de recueillir des diverses ordonnances de ses prédécesseurs, tout ce qui était applicable à l'état présent du clergé, et de rédiger, en y joignant tout ce qui paraîtrait devoir le compléter, comme un corps abrégé de discipline ecclésiastique ; il attendit pour publier ces nouveaux Statuts, dix années entières, et il voulut s'aider pour ce travail, des lumières des prêtres les plus expérimentés du Diocèse, dont il prit l'avis pendant plusieurs retraites consécutives.

Ces Statuts sont dans les mains de tout le clergé, et notre dessein ne peut être d'en ex-

traire ici tout ce qu'ils renferment de sage, d'é-
difiant, d'utile; nous dirons seulement qu'ils
montrent autant de zèle pour la discipline ecclésiastique, que de connaissance des décrets et
canons des conciles et des règlements de la vénérable antiquité consacrée par l'expérience des
siècles. Ils ne sont pas moins remarquables par
le sage esprit de discernement qui a su modifier
les règlements de l'ancienne discipline, pour les
mettre d'accord avec la situation nouvelle de
l'Eglise en France, et pour renouer à l'état présent les anciennes prescriptions de l'Eglise de
Soissons, tout en conservant toujours un caractère frappant de modération et de charité.
« Nous y avons bien rarement ajouté la sanction
des peines, dit Mgr de Simony, dans le Mande-
ment qui précède les Statuts, préférant de beaucoup en confier l'exacte observation à l'amour
qu'à la crainte. » Et en effet, les avis, les recommandations, les défenses même, tout y est
si modéré et exprimé dans un langage si paternel, que ces Statuts ne pouvaient manquer d'être
reçus par tout le clergé, comme un joug salu-
taire, et observés avec une soumission filiale.

C'est encore à Mgr de Simony qu'est dû le
rétablissement des Conférences ecclésiastiques
dans le Diocèse de Soissons. Interrompues par
la Révolution, elles n'avaient pu être reprises
depuis la nouvelle organisation du culte catho-

lique en France ; les besoins des paroisses absorbaient tous les moments du petit nombre de
pasteurs qu'il était permis d'y envoyer. Aussitôt
que le nombre des ouvriers évangéliques se fut
accru , et eut permis de restreindre dans de plus
justes limites les efforts de leur zèle , Mgr de Simony résolut de rétablir l'usage de ces réunions
savantes où se traitent en commun les sciences
sacrées , où les études particulières deviennent un
trésor public , et permettent à chacun d'y puiser
tout ce qui peut éclairer l'esprit , former le cœur,
et sanctifier les mœurs. Déjà dans un grand
nombre de doyennés , des ecclésiastiques zélés
avaient établi spontanément de ces réunions où
chacun d'eux apportait le fruit de ses veilles et
de ses réflexions sur les points les plus importants de l'Ecriture sainte , de la théologie et de
l'histoire ecclésiastique. Mgr de Simony voulut
donner à ces réunions une forme et une existence régulières. Pour mieux prouver à son clergé
qu'il ne voulait en cela que remettre en vigueur
les anciennes traditions du Diocèse de Soissons,
il se contenta de publier en tête du Règlement
des Conférences ecclésiastiques, l'ordonnance
d'un de ses prédécesseurs, M. Languet , dans
laquelle ce savant prélat expose avec autant de
clarté que de force, la nécessité , les avantages
des conférences ecclésiastiques et les moyens
d'en profiter.

Parmi les motifs pressants qu'il développe, il en est un qui fait trop honneur au Diocèse de Soissons, pour ne pas être rappelé : « Les Conférences ecclésiastiques, disait M. Languet, sont devenues depuis saint Charles, une discipline presqu'universelle, surtout dans l'Église de Rome. Mais ce qui nous est glorieux, c'est qu'en cela on n'a fait que rétablir ce que la province de Reims et en particulier le Diocèse de Soissons pratiquaient il y a plus de huit cents ans. » Après avoir rapporté le capitulaire d'Hincmar, archevêque de Reims, et la Constitution de Riculphe, évêque de Soissons, qui ont pour objet ces réunions. M. Languet ajoute : « Il est difficile de trouver ailleurs des monuments si précis et si anciens de l'établissement des Conférences. Notre province et notre église semblent en avoir les premières la gloire. N'est-il pas de l'honneur de ce Diocèse de conserver avec plus de soin une pratique dont nous avons peut-être donné l'exemple au monde chrétien, et de l'emporter en zèle et en assiduité sur toutes les autres églises, comme nous croyons déjà l'emporter sur elles par l'antiquité de cette discipline ? »

Ces Conférences se tiennent régulièrement dans chaque doyenné tous les mois, à l'exception des mois de décembre, janvier, février et mars. On y traite trois sujets : l'un sur l'Écriture sainte, l'autre sur la Théologie, le troisième sur les de-

voirs ecclésiastiques, ou sur l'histoire de l'Eglise.
Les procès-verbaux de chaque Conférence sont
envoyés à l'évêché, et examinés par des prêtres
expérimentés, et versés dans la science des saintes
Lettres et de la Théologie. Un rapport général
est fait à Monseigneur qui en extrait ce qu'il juge
utile pour le mettre en tête du sujet des conférences de l'année suivante.

On ne fut pas longtemps sans recueillir les
fruits précieux du rétablissement des Conférences
ecclésiastiques. Dès les premières années, les
prêtres se rendirent à l'envi à ces utiles réunions.
Les procès-verbaux dépassèrent les espérances
qu'on avait conçues, Mgr de Simony y vit la
preuve évidente qu'un grand nombre se livraient
à des études profondes, malgré les occupations
du ministère, et il put se convaincre que « les
lèvres du prêtre dans son diocèse étaient encore
dépositaires de la science, et que les peuples pouvaient recueillir de sa bouche l'explication de la
loi du Seigneur. »

Plusieurs fois on lui exprima le désir que les
sujets de conférences les mieux traités fussent
réunis et publiés comme il est d'usage dans quelques diocèses. Mgr de Simony accueillit favorablement une demande qui avait pour but d'exciter dans son clergé une louable émulation pour
les sciences sacrées. Cependant il préféra la modestie du silence à l'éclat d'une publicité qu'il

appelait l'ennemie jurée de l'humilité sacerdotale. Mgr de Simony aimait du reste à être mis au courant des points les plus importants qu'on avait traités dans ces Conférences. Plusieurs fois, à la suite de discussions très-épineuses, des ecclésiastiques lui soumirent les difficultés qui les arrêtaient dans les matières les plus pratiques du ministère pastoral, et presque toujours il leur répondait lui-même avec cette clarté et cette justesse d'expression, qui était l'image de la clarté et de la justesse de ses pensées. Nous n'en citerons ici que deux exemples qui achèveront de faire connaître et apprécier la science théologique de Mgr de Simony, la sagesse de ses décisions, et qui pourront servir de règles dans des points si difficiles.

Un ecclésiastique lui avait soumis la question suivante : « Dans une paroisse où les danses publiques ouvertes ne sont pas en usage, doit-on exclure de la participation aux sacrements, pour le *seul fait* de la fréquentation des danses renfermées, tous les dimanches de l'année, excepté l'Avent et le Carême ? »

Monseigneur lui renvoya, à peu près poste pour poste, cette réponse : « S'il n'y avait qu'une question spéculative à trancher, la décision serait facile. La danse n'est pas condamnable en elle-même; ceux qui n'y trouvent aucune occasion prochaine de péché, peuvent donc la fréquenter

sans se rendre criminels, et souvent être admis
aux sacrements.

« Mais si l'on entre dans le détail des circonstances, il en est tout autrement. Ce n'est plus
de la danse en général qu'il s'agit, mais de la
danse telle que l'a faite la licence des temps cor-
rompus où nous vivons ; la danse avec ses valses,
ses galops, et tout ce que le démon invente tous
les jours pour perdre les âmes ; ce sont des danses
entre personnes parmi lesquelles s'en trouvent,
et le plus souvent en grand nombre, qui joignent
à un cœur déjà corrompu, des manières libres,
et quelquefois jusqu'à l'indécence, car on est de
bonne heure maintenant bien avancé dans le
mal ; des danses dans des lieux renfermés, et
qui ajoutent ainsi aux autres principes de désordre, des facilités pour le mal, telle que l'obscurité plus ou moins grande, des réduits écar-
tés, et une durée jusqu'à des heures avancées
dans la soirée et même dans la nuit.

« Mais, dit-on, des personnes qui les fréquentent n'y font aucun mal. D'où leur vient,
je vous prie, cette impassibilité ? Apparemment
c'est qu'elles ont l'âme simple et le cœur inno-
cent. Qui ne sait pourtant que plus il y a de simplicité et d'innocence dans un cœur, plus il sera
exposé à la séduction, à moins que la modestie,
la réserve et la garde des sens ne le mettent à
l'abri de toute contagion ? Eh ! qui ne sait encore

mieux quelles fatales illusions créent l'amour
des plaisirs et la passion? Comment, dans l'âge
de l'effervescence et de la sensibilité, lorsqu'on
a constamment sous les yeux les exemples, et
aux oreilles les discours les plus licencieux,
lorsque tous les sens sont excités par une joie
dissolue que rien ne maintient dans la modestie
et la réserve, pourra-t-on se conserver pur, et
ne pas souiller au moins son cœur? Peut-être
pendant un temps pourra-t-on se préserver des
actes les plus criminels; mais combien de fautes
graves se sera-t-on dissimulées, jusqu'à ce qu'on
se laisse entraîner aux derniers excès! Je veux
qu'on ne voie pas de scandales fréquemment
éclater par suite de ces danses; mais la malice
est en ces temps si raffinée; et qui pourra croire
à l'innocence de ceux et de celles qui fréquentent ces divertissements? »

Après avoir insisté sur une considération in-
directe, tirée de la nécessité pour les curés d'a-
voir sur ce point des principes et une conduite
uniformes, Mgr de Simony ajoute : « La con-
clusion de ce qui précède me paraît être que
l'on ne peut généralement regarder comme innocentes les danses publiques en lieu renfermé; et que ce ne pourrait être que par des
exceptions extrêmement rares que l'on pourrait admettre ceux ou celles qui y vont, à
quelques époques extraordinaires et comme for-

cées, mais jamais ceux ou celles qui les fréquentent.

« Mais comment faire? Faut-il abandonner cette jeunesse? Non, assurément, non. Il faut instruire, presser, conjurer, supplier; il faut tant prier que le Seigneur donne force à la parole; il faut faire diversion par toutes les industries du zèle et de la charité, et poursuivre son but avec patience, sans se lasser, gagnant l'un, et puis l'autre, jusqu'à ce qu'il plaise au Seigneur de combler les vœux d'un pasteur qui, comme vous, veut se consumer pour le salut de son peuple. »

Un autre Curé du Diocèse lui ayant demandé jusqu'où s'étendait l'obligation de donner le Saint-Viatique aux mourants, Mgr de Simony lui répondit en lui envoyant les considérations suivantes qui lui paraissaient résoudre la question :

« Il y a un précepte divin de recevoir le St-Viatique à la mort.

« Il y a donc pour tout pasteur obligation étroite non-seulement de l'administrer à ceux qui le demandent, mais même de faire connaître à ceux qui ne le demandent pas, l'obligation où ils sont de le recevoir, et de les y disposer, soit en les instruisant, soit en leur en inspirant le désir par toutes les instances du zèle et de la charité.

« D'où il suit qu'un prêtre appelé auprès d'un

malade, quelqu'il soit, ne doit point se croire quitte de toute obligation envers lui lorsqu'il lui a administré les sacrements de pénitence et d'extrême-onction, mais qu'il doit tendre par ses soins empressés et ses douces insinuations à lui faire désirer de s'unir à J.-C. et de trouver en lui la plénitude de la miséricorde et de la charité qui couvre la multitude des péchés : cette conséquence me paraît certaine.

« Mais tout mourant à qui on a cru pouvoir et même devoir accorder l'absolution, doit-il pour cela même être regardé comme disposé à recevoir le St-Viatique ? Je ne le pense pas ; il faut qu'il sache encore au moins jusqu'à un certain point discerner le corps du Seigneur. C'est pour l'amener à ce point qu'il peut être permis au pasteur, s'il le juge indispensable, de différer, mais non d'abandonner le malade en ne négligeant aucune des ressources du zèle, pour lui inspirer le désir de recevoir son Sauveur.

« Dans le cas même où le malade pourrait être dispensé par la crainte d'irrévérence envers le sacrement où J.-C. est présent, on doit au moins lui inspirer le regret de ne pouvoir jouir du bonheur de le recevoir, et lui apprendre à y suppléer par un fervent désir de s'unir à J.-C.

« Tels sont, mon cher Curé, les principes qui me paraissent devoir diriger la conduite du pasteur, et être applicables à tous les cas possibles. »

Un autre point non moins important que la science sacrée, éveilla la sollicitude pastorale de Mgr de Simony. Aussitôt qu'il fut arrivé dans son Diocèse, il ramena l'usage de ces retraites sacerdotales où les prêtres viennent chaque année, sous la direction de leur premier pasteur, se renouveler dans l'esprit de leur vocation. Mgr de Simony choisissait toujours pour donner ces retraites, les plus célèbres de ces ouvriers évangéliques, qui consacrent le fruit de leurs veilles et les dons qu'ils ont reçus d'en haut, à la sanctification des ministres de l'Eglise. Il présidait lui-même tous les exercices de la retraite avec une assiduité, une modestie, une piété qui étaient pour son clergé une instruction encore plus éloquente que tous les discours. Image de J.-C., le bon pasteur des âmes, il faisait aimer à ses prêtres, par son exemple et par son humilité, les conseils que son expérience et son cœur leur adressait. Il désirait voir dans le cours de la retraite chaque ecclésiastique en particulier. Toujours il recevait avec reconnaissance les témoignages de leur confiance et de leur attachement, et y répondait par les marques d'un intérêt et d'une affection dont ils connaissaient bien la sincérité; il mettait dans tous ses rapports avec eux cette bienveillance, cette douceur, cette bonté qui le caractérisaient, et leur donnait avec une sagesse toute céleste les conseils qui

convenaient à la situation de chacun ; il instruisait surtout les jeunes prêtres, de la manière
dont ils devaient gouverner leurs paroisses, et
leur recommandait de n'exercer jamais d'autre
autorité que celle qu'obtiennent toujours la douceur, la modestie, la patience et la piété. Une
de ses maximes favorites et qu'il répétait souvent
dans les courtes allocutions qu'il faisait après les
Conférences, était : de se respecter soi-même
et de voir toujours en soi le caractère sacerdotal ;
de le voir et de le respecter toujours dans tous
ses confrères. Ces assemblées saintes où un pieux
pontife venait mêler, pendant huit jours, ses
prières à celles de son clergé, étaient pour tous
ceux qui en faisaient partie, un principe de
pieux renouvellement dans l'esprit du sacerdoce.
Les liens qui les unissaient à leur premier pasteur
étaient resserrés ; et tous se retiraient pour aller
reprendre la conduite de leur troupeau, fortifiés,
consolés, en redisant avec transport le cantique
du prophète : « Qu'il est bon, qu'il est doux
pour des frères d'habiter ensemble (Ps. cxxxii). »

Nous avons vu que l'œuvre de prédilection de
Mgr de Simony, était de secourir ceux de ses
prêtres qu'il savait dans le besoin. La simple énu-
mération des sommes multipliées qu'il consacra à
cette œuvre et qui sont à notre connaissance nous
entraînerait trop loin. Lorsqu'il apprenait qu'un
d'entre eux était tombé malade, et qu'il pouvait

éprouver quelque privation, il lui faisait parvenir immédiatement, avec autant de délicatesse que de générosité, une somme qui n'était jamais moins de cent francs et qui allait quelquefois jusqu'à deux et trois cents francs. Si la maladie se prolongeait indéfiniment, et ne permettait plus au pasteur de rester dans sa paroisse, il l'envoyait chercher quelquefois dans sa voiture, le faisait placer dans une maison commode où tous les secours lui étaient prodigués et subvenait généreusement à tous les frais de la maladie. Toutefois, Mgr de Simony sentait depuis longtemps la nécessité de régulariser ces secours afin de proportionner le remède à un mal qui s'accroissait de jour en jour. Il ne pouvait voir sans une vive peine, un certain nombre d'ecclésiastiques vénérables qui avaient blanchi dans les travaux du ministère et qui, après une vie entière de charité et de dévouement aux misères de leurs frères, n'avaient eux-mêmes en perspective qu'un abandon total et une misère profonde; assez souvent encore des infirmités prématurées, venaient arrêter de jeunes prêtres au commencement de leur carrière, et les condamner à plusieurs années de repos. Les fonds déjà insuffisants que le gouvernement mettait à la disposition de chaque évêque, venaient encore de subir une réduction (1835), tandis que les années et les infirmités, suivant leur cours ordinaire, forçaient tous les jours des prêtres jeunes ou âgés, de cesser leurs fonctions. Mgr de Simony conçut alors le projet d'établir une caisse dite de *prévoyance ou de secours*, qui, alimentée par les souscriptions volontaires des prêtres du diocèse, serait destinée à servir des pensions de retraite ou des secours temporaires à ceux auxquels l'âge ou les infirmités ne permettaient plus de continuer le ministère actif. Cette caisse devait être formée des offrandes annuelles des prêtres du diocèse, des sommes que les fabriques pourraient être appelées à y verser amiablement, et de dons volontaires que les fidèles étaient admis à joindre à ceux des ecclésiastiques. Mgr de Simony s'engagea à y contribuer chaque année pour 300 fr. Les souscriptions annuelles étaient proportionnées à l'âge de chaque ecclésiastique, depuis 10 fr. jusqu'à 25 fr, excepté celles des vicaires généraux, des chanoines titulaires, des curés de première et de deuxième classe qui étaient fixées de 50 à 25 francs. Depuis l'année 1846, on a cru plus utile de prendre une autre base, et de prélever un pour cent sur le traitement fixe de chaque ecclésiastique. L'administration des fonds est confiée à une commission dans laquelle chaque classe du clergé a un représentant, et qui se compose d'un grand vicaire, d'un chanoine, d'un curé, d'un desservant, d'un vicaire et du secrétaire de l'évêché comme trésorier. Tous les ans on rend compte des recettes et des dépenses à Mgr l'Evêque, ce compte est publié et envoyé à chacun des souscripteurs. Malgré les inconvénients que peut avoir cette mesure, Mgr de Simony ne voulut point la supprimer afin, disait-il, que tous les ecclésiastiques du diocèse pussent connaître non-seulement les ressources de la caisse, mais encore l'emploi qui en était fait.

CHAPITRE XXIV.

SOLLICITUDE DE MONSEIGNEUR DE SIMONY POUR LES SÉMINAIRES. — CE QU'IL EXIGEAIT DE CEUX QUI ASPIRAIENT AU SACERDOCE. — CONSEILS TOUCHANT L'APPEL AUX ORDRES. — SUR LE DÉFAUT D'ÉDUCATION; SUR LA SIMPLICITÉ. — IMPORTANCE QU'IL ATTACHAIT AUX ÉTUDES THÉOLOGIQUES. — PETITS SÉMINAIRES. — INSTITUTION DE LA SOCIÉTÉ DIOCÉSAINE. — INTÉRÊT QUE MONSEIGNEUR DE SIMONY PORTAIT AUX DIFFÉRENTES MAISONS D'ÉDUCATION, AUX FRÈRES DES ÉCOLES CHRÉTIENNES.

UNE des grandes préoccupations de Mgr de Simony, en arrivant dans son Diocèse, avait été de savoir comment il parviendrait à remplir les vides nombreux que les malheurs passés de l'Eglise y avaient faits, et que les infirmités et la mort venaient chaque jour augmenter. Beaucoup de paroisses étaient sans pasteurs, d'autres n'avaient pas le nombre suffisant de prêtres, et sa plus vive douleur était de ne pouvoir répondre aux demandes multipliées que lui adressaient ces paroisses, presque entièrement privées de secours spirituels.

Aussi tous ses regards se tournèrent-ils vers les séminaires de son Diocèse où se formaient, dans le silence de l'étude et de la prière, cette nouvelle génération d'élèves du sanctuaire, qu'il devait enfanter au sacerdoce, et qui, dans le cours de son long épiscopat, devaient renouveler presque toute entière la tribu sainte (1). Persuadé de cette vérité, que les vrais supérieurs des séminaires sont les évêques; tout en confiant la direction de ces saintes maisons à des prêtres qu'il savait remplis de l'esprit de science et de piété, il ne négligeait aucune occasion de s'assurer par lui-même de l'avancement des élèves dans l'étude et dans les vertus chrétiennes. Comme le Disciple bien-aimé, sa plus grande joie était d'apprendre que ses enfants marchaient dans la dilection et la vertu. Il voulait que les supérieurs lui rendissent, deux fois l'année, un compte exact et détaillé de chaque élève en particulier. « En rédigeant les notes, écrivait-il à l'un d'eux, je vous prie d'y joindre le nom de baptême, la

_____

(1) Sur cinq cents et quelques prêtres que comprenait le Diocèse de Soissons, lors de la démission de Mgr de Simony, plus de quatre cents, actuellement existants, ont été ordonnés par lui.

date et le lieu de naissance, la quotité de la pension payée par l'élève, et de ne point viser à la brièveté dans tout ce qui peut faire connaître la valeur du sujet. » Il lisait et relisait les notes qui lui étaient remises, les comparait à celles des années précédentes, et jugeait ainsi plus sûrement des progrès qu'ils avaient faits dans la réforme de leur caractère. Il connaissait si parfaitement, non-seulement le nom, mais l'esprit et les dispositions de chacun, qu'au seul nom d'un élève prononcé devant lui, il demandait : « Eh bien, avez-vous encore telle chose à lui reprocher ? Va-t-il mieux cette année ? » Il lui suffisait d'ailleurs d'avoir vu une seule fois un élève pour le reconnaître bien longtemps après, et plusieurs ont été agréablement surpris de s'entendre appeler par leur nom, quoique ce fût la première fois qu'il leur adressât la parole. Afin de les connaître mieux encore et d'apprécier par lui-même leur aptitude à remplir les fonctions saintes, il voulait qu'on lui remît, chaque dimanche, la liste des élèves du grand séminaire qui avaient quelque cérémonie à remplir à la cathédrale.

Pour juger si un jeune homme était propre ou non au sacerdoce, il demandait par-dessus tout, s'il avait un esprit droit, une application soutenue, le goût de la piété, une volonté généreuse, un grand fonds d'abnégation et de désintéressement. Lorsque ces qualités essentielles manquaient, les talents les plus brillants lui inspiraient plus de crainte que de confiance, et l'expérience a prouvé qu'il ne s'était jamais trompé dans le jugement qu'il portait de semblables sujets.

Ce n'est pas qu'il fût effrayé de certaines saillies de caractère qui tiennent plutôt à l'âge et à la vivacité des passions, qu'à une nature vicieuse, lorsqu'on faisait preuve d'ailleurs de bonne volonté. « J'en ai connu plusieurs, disait-il, qui étaient de vrais égrillards et qui laissaient beaucoup à craindre; mais s'étant donnés tout entiers à Dieu, ils ont embrassé avec l'ardeur qui leur était naturelle, la pratique de la règle, de la solitude, de la discipline, et sont devenus d'excellents prêtres. » — « Je sais, écrivait-il encore à un supérieur de séminaire, qu'il y a des caractères bons d'ailleurs, à qui il faut passer quelques étourderies; je n'en dirais pas autant, s'il s'agissait de ces actions qui annoncent corruption ou bassesse de cœur. » Pour ces défauts, il voulait qu'on fût sans pitié. « Ne nous embarrassons pas, disait-il, de ces caractères sournois, de ces esprits pesants, qui ne peuvent s'épanouir que pour les objets matériels et sensibles, qui ne sont pas capables de s'élever à une pensée généreuse, et ne fournissent aucune voie pour arriver jusqu'au cœur. » — « Défiez-vous, dans les appels aux ordres, recommandait-il une autre fois à des directeurs du Grand Séminaire, de ces caractères peu ouverts, sans force pour le bien comme pour le mal, à qui l'on ne peut rien reprocher de bien grave en particulier, mais dans lesquels on ne peut trouver un seul indice sérieux de vertu et de vocation. De telles gens, poursuivait-il avec énergie, lorsqu'ils ont le manipule sur le bras, savent qu'ils vous tiennent et déclarent ce qu'ils sont. » Voici quelques règles de conduite qu'il donnait un jour à un autre directeur, touchant l'appel aux ordres.

« 1° N'avoir nul égard aux considérations humaines, par exemple, au numéro du tirage militaire ; — 2° Point d'état plus périlleux que le ministère des âmes ; plus dangereux même que l'état militaire. Par conséquent vertu plus affermie. Point de ces cœurs mous, apathiques ; point de ces caractères grossiers, rieurs, ni à formes rustiques, etc. ; examiner s'il y a de l'honneur, de la délicatesse ; — 3° Voir s'ils sauront se faire respecter, et instruire suffisamment ; il ne suffit pas d'avoir de la science ; il faut savoir la faire entrer dans l'esprit des autres ; — 4° Timidité, grand défaut surtout avec peu de moyens ; moins un jeune homme se sentira de talents, plus il sera timide.... »

Un point auquel il attachait beaucoup d'importance, c'était les défauts d'éducation souvent difficiles à corriger dans des sujets d'ailleurs bons et assez vertueux. « Quant à la grossièreté et aux vices de première éducation, écrivait-il à ce sujet, c'est un mal qu'il ne dépend pas de nous de prévenir, c'est une maladie épidémique dont il faut chercher le remède, mais que nos enfants ne peuvent jamais manquer de nous apporter pour en être guéris. C'est dans l'ordre de la maison, les habitudes de politesse et les insinuations de la foi et de la piété qu'ils trouveront comme une nouvelle existence. Je vous engage, mon cher supérieur, à n'être point découragé de ce que vous reconnaîtrez de défectueux, de vicieux même dans vos enfants. Examinez seulement s'ils se corrigent peu à peu. Ils doivent être onze à douze ans dans nos séminaires : heureux si, à la douzième année, ils sont arrivés au point où nous les souhaitons. Il suffit donc chaque année qu'ils profitent pour ne pas désespérer d'eux. Quant à ceux qui, par inertie ou mauvaise volonté ne font aucun progrès, il n'y a rien à en espérer, et le plus convenable est de s'en débarrasser. »

Mais tout en désirant vivement que les élèves des séminaires se fissent remarquer par l'honnêteté, la bienséance et la délicatesse des manières, il tenait encore plus à ce qu'ils conservassent cette précieuse simplicité que Notre-Seigneur lui-même a tant recommandée : « Conservez votre communauté dans cet esprit de simplicité qui fait actuellement son caractère, écri-

vait-il, et puissent ces pauvres enfants n'en avoir
jamais d'autre. C'est précisément ce qui manque
à notre siècle où tout est emphase, exaltation,
esprit et amour-propre. Continuez à élaguer, pour
ne réserver que les sujets qui ont du *bon sens* et
de *l'âme*. »

Mgr de Simony n'attachait pas une moindre
importance à la solidité des études, et en particulier aux études théologiques qui préparent
directement à l'Eglise de zélés et doctes ministres. Il assistait régulièrement deux fois par an
aux exercices solennels d'argumentation et d'éloquence sacrée qui ont lieu après chaque examen.
Il les suivait avec le plus grand intérêt, et les
quelques mots qu'il en disait, montraient assez
avec quelle justesse il saisissait la nature de la
question, le point précis de la difficulté, le genre
des preuves, des raisonnements, de chacun des
argumentants, et jusqu'aux défauts de leur esprit
et de leur caractère.

Un des résultats fâcheux de la situation du
clergé depuis longtemps, avait été de forcer les
évêques d'abréger, dans l'intérêt des peuples sans
pasteurs, le temps des études ecclésiastiques, et de
se borner à ce qui était essentiellement nécessaire. Cependant le besoin d'études plus profondes
se faisait sentir. A mesure que les nécessités de son
diocèse devenaient moins pressantes, Mgr de Simony désirait vivement que les élèves du sanctuaire

pussent acquérir des connaissances plus étendues
sur les différents objets de la science ecclésiastique. Il établit pour cela en 1835 un quatrième
cours ou quatrième année de Théologie qui per-
mît d'approfondir certaines questions avec tout
le soin qu'elles méritent, et d'introduire dans le
cadre des études ecclésiastiques l'étude du Droit
Canon, des leçons régulières d'éloquence sacrée,
des exercices oratoires, l'étude des saints pères
et des orateurs sacrés, où se puise à sa véritable
source l'art si difficile d'enseigner la religion aux
peuples (1).

Les petits séminaires n'excitaient pas à un
moindre degré sa vigilance et sa sollicitude. Il avait
été obligé, pendant plusieurs années, de confier le soin des classes inférieures à des jeunes
gens qui venaient de terminer leur philosophie;
ces jeunes professeurs étaient très-peu exercés à
l'enseignement et ne pouvaient guère s'attacher
à une fonction qui ne leur était confiée que pour
un an ou deux. Mgr de Simony savait par expérience que pour former tout à la fois l'esprit et le
cœur des enfants, il faut l'unité de vues, une
application soutenue, un long exercice du pro-

_____

(1) Le quatrième cours a été depuis réuni au cours de
Théologie, qui se compose ainsi de quatre années. Les leçons
d'Éloquence sacrée et de Droit Canon se trouvent réparties
entre ces quatre années, et sont générales pour tous les élèves
de Théologie.

fessorat, l'affection qui multiplie les soins et les
dévouements, une observation assidue des enfants dans les récréations, dans les exercices religieux, dans les épanchements de l'amitié, en un
mot, le cœur et la sollicitude d'un père. Aussi,
chercha-t-il à placer successivement, jusque dans
les classes inférieures, des prêtres dévoués et qui,
bornés dans leurs désirs, n'aspirent ni à plus
d'éclat, ni à plus de bien-être que ne peut en
offrir une vie laborieuse, et une carrière modeste.

Mgr de Simony accueillait d'ailleurs avec empressement tout ce qu'il croyait pouvoir contribuer
au bien spirituel de ses séminaires et de son clergé.
Depuis plusieurs années, M. l'abbé Lequeux,
supérieur du grand séminaire, avait eu la pensée
de former au sein du Diocèse, et pour le Diocèse
seulement, une petite société de prêtres, selon
l'esprit des *Oblats de St-Ambroise*, établis autrefois à Milan, par saint Charles Borromée, et sur
le modèle aussi des prêtres de St-Sulpice, insti-
tués depuis par M. Olier, pour la direction des
grands séminaires. C'est en 1836, le 19 juin,
que Mgr de Simony, rendit une ordonnance qui
établit cette société sous le nom de *Société Dio-*
césaine. Nous ne pouvons en faire mieux connaître le but, l'esprit et les avantages, qu'en ci-
tant ici les paroles qui forment comme le préambule, ou l'exposé des motifs de cette ordonnance

et qui sont écrites de la main de Mgr de Simony lui-même.

« Notre Sauveur et notre modèle, J.-C. n'a voulu, pendant le cours de sa vie publique ni marcher ni travailler seul ; toujours il paraissait accompagné des disciples qu'il s'était associés pour l'œuvre que son père lui avait confiée. Lorsqu'ensuite il les envoya devant lui, il voulut qu'ils allassent deux à deux. Ce fut encore par son commandement que ses apôtres, pour se préparer à la descente du St-Esprit et aux fonctions de l'Apostolat, se tinrent unis dans le cénacle, persévérant ensemble dans le recueillement et la prière. Enfin, à leur exemple les fidèles de cette église primitive, qui a dû être et qui sera toujours le modèle et la forme des saintes sociétés par lesquelles doit jusqu'à la fin se perpétuer le véritable esprit et la perfection de la vie chrétienne, n'avaient tous qu'un cœur, et n'étaient que comme une seule âme.

« C'est donc cette union des cœurs, ce soutien mutuel que se prêtent les hommes apostoliques, qu'on doit regarder comme le moyen le plus efficace pour tendre avec profit et sécurité à la perfection ecclésiastique. Une triste expérience a prouvé que l'isolement dans lequel vivent trop généralement les prêtres est pour eux un des écueils les plus funestes. Une sainte association au contraire, ou nous préserve des chutes,

ou nous aide à nous en relever. *Melius est ergo,
duos esse simul quam unum : habent enim emo-
lumentum societatis suæ...* Deux hommes, a-t-il
dit ensuite, s'échauffent mutuellement, un seul
comment se réchauffera-t-il? *Et si dormierint
duo, fovebuntur mutuo : unus quomodo calefiet?*
Et encore, si quelqu'un prévaut contre un seul,
deux lui résisteront ; un triple cordon est rompu
difficilement. *Et si quispiam prævaluerit contra
unum, duo resistunt : funiculuş triplex difficile
rumpitur.* (Eccles. IV, 9, 10, 11, 12.)

Eh ! qui pourrait dire quelle source inépuisable de grâces est ouverte à de vertueux prêtres
étroitement unis à leur premier pasteur, par une
obéissance filiale, unis entre eux en J.-C., leur
centre et leur bien commun ! quels trésors de
mérites ils amassent par les pratiques de dépendance et de pauvreté qui font l'âme d'une société
sainte ! Quelles merveilles sont produites dans
l'exercice des saintes fonctions par un si doux
accord et une si vive émulation pour le bien qui
en font le caractère ! Quel ascendant s'obtient
sur les esprits et sur les cœurs par les prodiges
de désintéressement, de docilité, de prudence,
de force et de courage qui sont les précieux fruits
du renoncement parfait à soi-même, et d'un entier dévouement aux œuvres de la charité ! Enfin
quelle douce consolation pour des prêtres qui,
ne vivant plus en quelque sorte que de foi,

voient autour d'eux la piété refleurir, la charité s'enflammer, et les âmes arrachées à l'enfer et reconquises pour leur salut (1). »

Suit un dispositif qui organise la société d'après ces principes, lui donne pour supérieur, le supérieur du grand séminaire, sous la direction immédiate de l'évêque diocésain, détermine les rapports des membres, soit entre eux, soit avec le supérieur général ou les supérieurs des maisons particulières, fixe les assemblées générales, les réunions partielles, trace les règles propres aux divers emplois de la société, et enfin les principes généraux qui doivent diriger l'enseignement et l'éducation.

Après les séminaires, rien n'excitait davantage la vive sollicitude de Mgr de Simony, que les maisons d'éducation de son Diocèse. Il les regardait avec raison comme un principe de résurrection ou de ruine pour la religion, suivant qu'elles seraient bien ou mal dirigées. En toute occasion, il inspirait à ceux qui se trouvaient à la tête de ces maisons, une haute idée de la mis-

---

(1) Cette association toute libre, et où aucun autre lien que celui de la volonté ne retient les membres, s'accroît insensiblement et possède actuellement une vingtaine de sociétaires, qui partagent conjointement avec d'autres prêtres du Diocèse, l'enseignement dans les séminaires. Elle a de plus, à Chauny, une magnifique institution, dite de Saint-Charles, où les jeunes gens du monde joignent à la culture des sciences et des lettres, une étude et une pratique sérieuse de la religion, seule base de la bonne éducation.

sion qu'ils avaient à remplir, et il leur disait
quelquefois que l'autorité qu'ils exerçaient près
des enfants, participait de l'autorité divine du
sacerdoce. Il témoignait aussi le plus tendre intérêt aux communautés religieuses qui se dé-
vouent à l'éducation des jeunes personnes, et
aux pensionnats séculiers dirigés par des femmes
chrétiennes, animées du même esprit de religion. Mais une des institutions qu'il affectionnait
le plus, était celle des frères des écoles chrétiennes. Ce qui lui rendait chers ces pieux et
modestes instituteurs de l'enfance, c'était leur
dévouement, leur abnégation, leur douceur,
et le talent particulier que ces vertus leur donnent, pour ouvrir l'esprit des enfants aux premiers
éléments des sciences, et leur cœur aux premières leçons de la religion. Pendant plusieurs
années il voulut subvenir lui-même aux frais
d'entretien d'un frère supplémentaire pour les
classes des adultes; et, tous les ans, il contribuait pour une forte somme à l'achat des livres
destinés à récompenser les succès de leurs élèves.
On leur suscita pendant quelque temps des difficultés à cause de leur prétendue obstination à
vouloir enseigner gratuitement : « Et c'est justement, disait Mgr de Simony, cette obstination
que leur règle leur commande, qui leur mérite
la reconnaissance du pauvre, et qui devrait leur
concilier celle de tous les vrais amis de l'huma-
ité. »

CHAPITRE XXV.

CHARITÉ DE MONSEIGNEUR DE SIMONY POUR LES
PAUVRES. — CARACTÈRES DE CETTE CHARITÉ. —
ABONDANCE, ÉTENDUE DE SES AUMÔNES. — SA
DÉLICATE GÉNÉROSITÉ POUR LES MISÈRES SE-
CRÈTES. — INSTITUTION DES SOURDS-MUETS DE
SAINT-MÉDARD. — MONSEIGNEUR S'EN DÉCLARE
LE PROTECTEUR ET LE PÈRE.

On peut dire que la bonté, la charité, un
tendre amour pour tout ce qui était pauvre et
souffrant, étaient comme le fonds, la substance
du cœur de Mgr de Simony, et qu'il doit à cette
bonté, à cette charité, sa physionomie propre
et cette touchante vénération dont sa mémoire
reste environnée après sa mort. En effet, c'est
sur les pauvres que sa bonté aimait surtout à
s'épancher en sentiments affectueux et en œuvres
de charité. Et ici, que de secrets honorables
nous aurions à révéler, si nous avions pu percer

le voile dont cet humble pontife aimait à cacher ses bienfaits, et arracher à sa discrétion les preuves qui attestaient sa sainte prodigalité! Mgr de Simony nous a caché, comme il se cachait à lui-même, la connaissance de ses innombrables aumônes. Tandis que nos utopistes modernes enfantaient chaque jour, à grand bruit, pour le soulagement des classes indigentes, des systèmes, des théories qui n'ont guère produit qu'un accroissement de misères, ce charitable pontife comprenait mieux les besoins des pauvres, et, sans demander à la presse d'enregistrer son nom et ses actes, il se contentait de répandre silencieusement ses aumônes dans leur sein, augmentait tous les jours leur patrimoine, et inventait de nouveaux secours pour de nouvelles misères. Cependant Dieu a permis, pour la gloire de son serviteur, qu'une partie de ses aumônes nous fût révélée. Les indigents eux-mêmes, qui ne pouvaient rien pour leur bienfaiteur pendant sa vie, ont fait éclater leur reconnaissance à sa mort, en s'écriant, les yeux baignés de larmes : « C'est notre père à tous que nous venons de perdre. »

En effet, Mgr de Simony était touché comme un bon père de la misère de ses enfants. Combien de fois son cœur s'est ému jusqu'aux larmes, lorsqu'il apprenait quelque grande infortune, quelques malheurs publics ou privés! Ses traits altérés, son visage abattu, témoignaient un homme qui sent profondément tous les maux qu'on lui raconte. Il éprouvait alors toutes les inquiétudes, toutes les douleurs, toutes les anxiétés de cette charité chrétienne qui fait aimer tendrement les pauvres et compatir sincèrement à leur misère, avant de porter à les secourir. Mais là ne se bornait pas sa tendre charité pour eux. Il ne connaissait d'autre bonheur que celui de leur être utile, d'autre ambition que celle de partager avec eux ses richesses. Nous savons que ses aumônes absorbaient chaque année la plus grande partie de ses revenus qui étaient considérables. « Je suis heureux, dit-il un jour, quand à la fin de l'année je puis joindre les deux bouts ensemble. » C'est qu'en effet il ne pouvait rien refuser de ce qu'on lui demandait pour les membres souffrants de J.-C. Sa charité ne reculait devant aucun sacrifice, il donnait selon ses forces et au-delà de ses forces, jusque-là, que Mgr Letourneur, qui fut plusieurs années vicaire général de Soissons et témoin de quelques-unes de ses aumônes, disait souvent : « En vérité, je ne sais pas où notre digne évêque peut trouver tout ce qu'il donne. »

Mgr de Simony trouvait ces immenses ressources dans la simplicité de son genre de vie, dans l'ordre sévère qu'il mettait dans ses dépenses, et dans les secours dont quelques personnes ri-

ches le faisaient quelquefois dépositaire. On peut
dire, du reste, qu'il se faisait pauvre à la lettre,
pour avoir plus à donner, et que bien souvent il
se refusa les choses les plus nécessaires pour venir
au secours de quelque misère qu'on lui signalait.
On avait acheté un jour une pièce de toile pour
lui faire des chemises dont il avait grand besoin;
la personne chargée de son linge avait déclaré
qu'on ne pouvait pas raccommoder les siennes
davantage. Des dames de charité vinrent sur ces
entrefaites, pour l'intéresser en faveur de pauvres
enfants réduits à n'avoir ni linge ni vêtements.
Mgr de Simony les pria aussitôt d'accepter cette
pièce de toile, et sur l'observation que lui fit son
valet de chambre qu'elle avait une destination
pressante, il répondit en souriant : « Je puis
encore attendre quelque temps. »

Sa charité, sa générosité étaient si connues,
que tous ceux qui éprouvaient quelques malheurs
n'hésitaient aucunement à s'adresser à lui, et je
ne sache pas, nous dit un ecclésiastique qui a vécu
vingt-trois ans dans son intimité, que jamais Mgr
de Simony ait laissé une seule demande sans y
faire droit autant qu'il le pouvait. Ses réponses
étaient toujours accompagnées de quelques bienfaits, et on n'a point d'exemple que la multiplicité
des charges qui pesaient sur lui, l'aient jamais
rendu sourd à aucune prière. Quand il ne pouvait s'assurer lui-même des nécessités des pauvres,

sa maxime était qu'il faut plutôt s'exposer à donner l'aumône au hasard d'être trompé, que d'examiner trop sévèrement les besoins qu'on nous fait connaître. Aussi ne refusait-il jamais un pauvre qui lui demandait l'aumône, quelqu'il fût, quand même il se serait présenté plusieurs fois de suite. « Un mendiant de profession, nous écrit-on du Diocèse, avait l'habitude de suivre Mgr de Simony dans ses tournées de confirmation, à quelques lieues à la ronde. Le voyant un jour se présenter à Monseigneur à l'entrée de mon presbytère, je voulais l'éloigner en lui disant : Monseigneur vous a donné hier deux francs en ma présence, pourquoi venez-vous l'importuner encore aujourd'hui? Pendant que je parlais, le charitable prélat tirait encore deux francs de sa poche et les donnait à ce mendiant, en me disant : « Puisqu'il demande, c'est qu'il a encore besoin. »

Ces aumônes extraordinaires et les aumônes régulières qu'il chargeait chaque année les curés des deux paroisses de Soissons, de distribuer comme ils le jugeraient à propos, ne l'empêchaient pas de nourrir, de vêtir et de loger à ses frais, un grand nombre de pauvres qui n'avaient d'autres ressources que son inépuisable charité; et qui se regardaient comme les pensionnaires réguliers de l'évêché. Un notaire de Soissons, fut un jour appelé par une pauvre femme à l'extrémité et qui désirait faire son testament. La

misère du réduit où elle était couchée, le dé-
nuement entier dans lequel elle paraissait se
trouver, surprirent le notaire qui lui demanda
de quels biens elle voulait disposer par testament :
« Je veux léguer, dit-elle, une petite croix d'argent. » Mais lui répond le notaire, il n'est pas
nécessaire de faire un acte pour un objet de si
petite valeur; puis, dans un sentiment de charitable curiosité, il lui demanda quels étaient ses
moyens d'existence, et qui prenait soin d'elle.
« Est-ce que nous n'avons pas ici, répondit cette
femme, un père commun qui prend soin de nous
tous? » Je sais, reprend le notaire, que Dieu
prend soin de nous et que la Providence veille
sur nos besoins; mais quel est celui dont elle se
sert pour vous faire du bien : « Mais c'est Monseigneur l'Évêque, reprit cette bonne femme surprise de n'avoir pas été comprise tout d'abord.
Grâce à lui, depuis bien des années, je ne manque de rien. »

Quoique tous les pauvres, quels qu'ils fussent,
eussent un droit égal à sa charité, cependant il
portait un intérêt tout particulier aux pauvres
de sa résidence, et de la petite paroisse de Mercin
où se trouve la maison de campagne qu'il avait
achetée pour le séminaire. Il connaissait cette
petite paroisse dans tous ses détails, et ses pauvres avaient une part toute spéciale dans ses aumônes. Chaque année, à l'approche de l'hiver,

il avait soin de recommander au curé de cette paroisse, de distribuer en son nom du bois et du pain à tous ceux qui en avaient besoin. Sa libéralité ne se bornait pas à venir au secours des indigents de cette paroisse; toutes les bonnes œuvres qu'on lui faisait connaître, trouvaient en lui un soutien, un appui et un encouragement puissant. Le curé vient lui dire un jour que le plafond de son église menace ruine, que le conseil de fabrique a décidé qu'il faut un plancher neuf sur toute la nef, mais que la fabrique n'a rien pour faire face à cette dépense, et qu'il y a des planches dans ses bois qui feraient bien l'affaire. « Eh bien, c'est cela, répond le bon évêque, prenez ces planches si elles vous conviennent. » Et comme le curé se confondait en remercîments en son nom et en celui de sa paroisse : « Vous savez bien, mon enfant, reprit Mgr de Simony, que je suis toujours disposé à faire tout ce qui peut vous être agréable. » Une autre fois, c'était quelques mois après la révolution de 1848, le même ecclésiastique avait fait des dépenses extraordinaires pour l'embellissement de son église, et l'achat de différents objets qui montaient à une somme considérable, assuré qu'il était que Mgr de Simony en prendrait pour lui la plus forte part. Mais une traite étant tombée à l'improviste, il fallut avoir recours bien vite à la bourse du charitable prélat, et lui faire connaître la détresse où on se trouvait,... « Ah ! répondit-il, c'est que dans ce temps-ci, chacun a ses embarras de finances, moi comme les autres. Voyons, combien vous faut-il ? et tout en disant cela, il ouvre son secrétaire et donne la somme nécessaire, en ajoutant avec son sourire ordinaire : surtout ne laissez plus tirer sur vous une autre fois. »

Dans les nécessités extraordinaires, lorsque le fléau d'une maladie contagieuse, d'une inondation, d'un incendie venait désoler quelque partie de son Diocèse, Mgr de Simony découvrait les malheureux partout où ils se trouvaient, et répandait ses bienfaits avec une véritable profusion. On se rappelle encore les secours de tout genre qu'il fit distribuer en 1832, à l'époque du choléra, dans toutes les communes qu'il visitait en père, s'approchant du lit des malades, les encourageant, les consolant et répandant sur eux les bénédictions du ciel avec les bénédictions de la terre. Il n'y a peut-être pas eu un seul incendie, dans son Diocèse, pour lequel il n'ait envoyé pendant vingt-trois ans qu'il fut évêque, des sommes de cent, de deux cents, trois cents et quatre cents francs à la fois ; nous en avons les preuves sous les yeux ; il y eut un temps où ces incendies se multiplièrent d'une manière vraiment effrayante. Mgr de Simony multiplia ses aumônes à proportion, tout en s'affligeant de la perversité des hommes qui se livraient à ces excès de barbarie. « De tous côtés des incendies, mon cher curé, écrit-il, en envoyant des secours à cette occasion, et malheureusement aussi des incendiaires; c'est comme une émulation de crimes! nous en savons la raison première. Quand est-ce qu'elle fera impression sur ceux qui pourraient, par leurs exemples, leurs leçons ou leurs actes, porter remède au mal ?.. »

Les pauvres les plus chers au cœur de ce généreux pontife, étaient ces personnes infortunées, déchues de leur premier état, qui préfèrent l'indigence à la honte de se faire connaître, et sont résolues à tout souffrir plutôt que de demander des secours. Mgr de Simony sentait trop vivement tout ce qu'il y a de pénible dans cet état, et, d'un autre côté, il aimait trop à couvrir d'une main ce qu'il donnait de l'autre, pour ne pas saisir cette occasion de faire le bien sans être connu lui-même. Il n'est pas possible d'être plus délicat pour ménager la sensibilité de ces personnes, plus prodigue de ces égards touchants, plus précieux que les bienfaits eux-mêmes, et en même temps plus libéral et plus généreux. En voici un exemple touchant : — Un officier supérieur d'un des régiments en garnison à Soissons était mort, laissant une veuve et deux enfants sans aucunes ressources. Les officiers allèrent trouver M. le Curé, pour demander un service en troisième classe, en se fondant sur la

pauvreté de la famille du défunt. Mgr de Simony
en fut informé ; il ordonna que le service d'inhu-
mation fût célébré en première classe , et en ac-
quitta secrètement tous les frais. La veuve de cet
officier s'étant présentée quelques jours après
pour lui exprimer sa profonde reconnaissance ,
Mgr de Simony la reçut avec les plus grands
égards, la consola par des paroles bienveillantes ,
et lorsqu'elle sortit, il lui demanda la permission
d'offrir à ses deux petites filles , deux paquets de
dragées. Rentrée chez elle , cette dame trouva
au fond de ces deux paquets, plus de 1,000 fr.
en pièces d'or. Il est, du reste, un grand nombre d'autres personnes qui , pendant plusieurs
années , ont vécu honorablement , soutenues par
ses largesses secrètes , et à qui il donnait régulièrement des sommes très-fortes , en exigeant que
ces abondantes aumônes fussent ensevelies avec
les misères qu'elles secouraient. Il en est d'autres
à qui Mgr de Simony donna , pendant longtemps,
25 et 30 francs par mois ; d'autres , dont il payait
le loyer jusque dans des pays fort éloignés ;
d'autres enfin à qui il prêta quelquefois des
sommes considérables , qui ne devaient jamais
lui être rendues.

Enfin , outre le bien qu'il faisait aux pauvres ,
Mgr de Simony en faisait de toutes sortes et partout. Il suffisait de lui faire connaître quelqu'infortune pour qu'il s'empressât immédiatement de

la secourir. Plusieurs fois, apprenant que des ecclésiastiques ou des personnes respectables avaient succombé dans des entreprises dont ils n'avaient pas calculé la portée, et qu'ils ne pouvaient plus faire honneur à leur signature, il leur envoya jusqu'à mille et deux mille francs. En un mot, son nom, comme celui de la charité, se trouvait mêlé à toutes les œuvres de miséricorde, et il n'est pas une mesure de charité chrétienne, et d'humanité, qu'il n'ait jusqu'à sa mort, encouragée et soutenue par ses souscriptions, par ses aumônes et par ses bienfaits.

Mais où l'ardente charité de Mgr de Simony, parut avec plus d'éclat, ainsi que son zèle pour tout ce qui pouvait contribuer à l'adoucissement des souffrances qui travaillent notre humanité, ce fut dans l'institution des Sourds-Muets de St-Médard les Soissons, que nous pouvons appeler l'œuvre et la consolation de sa vieillesse.

En 1840 un prêtre du diocèse, alors chargé de la paroisse de Villeneuve St-Germain, M. l'abbé Dupont, forma le dessein de rendre à la société quelques-uns de ces malheureux que la nature a privés du moyen de recevoir et de communiquer la pensée par la parole. Il les reçut gratuitement dans son modeste presbytère, sans se douter encore de la grande œuvre que la Providence voulait produire par ses mains, et sans se préoccuper des moyens propres à assurer le succès matériel de sa généreuse entreprise.

Sa confiance ne fut pas trompée. A peine Mgr de Simony connut-il ses projets qu'il se hâta de l'aider de sa bourse et de ses recommandations auprès des fidèles. Il voulut voir lui-même l'institut naissant et il écrivit de sa main, sur le registre des visiteurs, ces paroles que la Providence se chargeait de réaliser : « C'est la charité qui a inspiré cette œuvre, le Seigneur bénira les dons qu'elle inspirera de faire pour la soutenir. »

En effet, quelques mois s'étaient à peine écoulés, que leur premier asile ne suffisait déjà plus au nombre toujours croissant des élèves malheureux, que le zèle du jeune instituteur enflammé par le succès, contraignait en quelque sorte d'y entrer. Il choisit alors pour le nouvel emplacement de l'institut, l'ancienne abbaye de St-Médard, ou plutôt les débris de cet antique monastère, croyant sans doute qu'une œuvre toute de dévouement serait bien abritée à l'ombre de ces vieux cloîtres où la sève vigoureuse du christianisme avait produit pendant de longs siècles tant de fruits de vertus et d'abnégations héroïques. Soutenu par les mille inventions d'un esprit fécond en ressources et par les dons généreux de la charité des fidèles encouragée par celle du premier pasteur, l'abbé Dupont espérait avec raison que peu à peu, il acquitterait les frais d'une acquisition onéreuse et créerait des revenus

assurés pour l'éducation gratuite d'un grand
nombre d'élèves, quand la Providence, impéné-
trable dans ses desseins, vint le ravir à l'affection
de ceux qu'il pouvait à juste titre appeler ses enfants. Le coup était terrible et c'en était fait de
l'établissement et des espérances qu'il avait fait
naître, si Mgr de Simony n'eût été là pour lui
servir de second père. Il alla visiter le bon prêtre
mourant sur sa couche de douleur et quand celui-ci, plein de résignation et de confiance, lui
proposa de lui léguer la maison de St-Médard
avec ses 80,000 fr. de dettes ; il n'hésita pas un
instant à accepter ce fardeau qui eût effrayé une
âme moins disposée que la sienne à tous les sacrifices.

Nous ne pouvons mieux faire que de mettre
sous les yeux du lecteur les passages principaux
de la lettre circulaire qu'il adressa aussitôt à tout
le Diocèse (10 mai 1843), et qui feront connaître
à la fois, l'état où se trouvait alors la maison et
les sentiments dont son cœur était rempli pour
elle.

Après avoir rapporté en quelques mots le commencement de l'œuvre, le zèle et l'esprit inventif
de M. l'abbé Dupont, et la longue maladie à laquelle il venait de succomber, Mgr de Simony
ajoute : « Aussitôt que le projet de cet établissement eût été conçu, il fut accueilli par un intérêt universel, et des offrandes multipliées mirent

le fondateur en état de le monter sur un pied déjà satisfaisant et propre à justifier la confiance publique. Non-seulement l'instruction s'y donne avec succès et rend à ces infortunés la portion la plus précieuse de leur être, en rendant à leur intelligence l'usage de toutes ses facultés ; mais la charitable prévoyance du fondateur, s'étendant à tous leurs besoins, a su organiser des ateliers de divers arts mécaniques, où chacun d'eux apprenant un métier conforme à la capacité et à ses goûts, se prépare pour l'avenir des moyens honorables d'existence, tout en contribuant aussi pour sa part à accroître insensiblement les ressources de l'établissement (1).

« En même temps que les espérances croissaient dans l'esprit du fondateur, sa charité s'exaltait. Il s'était procuré l'état exact des sourds-muets existant dans le département (2) ; il eût voulu pouvoir les recueillir tous, et sans trop calculer l'étendue des ressources, son cœur et ses bras s'ouvraient pour recevoir tous ceux qui lui étaient offerts, et presque tous à titre absolument gratuit...

« Dès qu'il put entrevoir que le Seigneur sem-

---

(1) Déjà sont en pleine activité les ateliers de menuisiers, tourneurs, tisseurs, scieurs de long, tailleurs, cordonniers, et on doit organiser prochainement une forge et une boulangerie.

(2) Ils sont au nombre de trois cents.

blait vouloir le préparer au sacrifice de sa vie, une paisible résignation à la volonté divine s'est alliée aussitôt dans son âme, au vœu que l'œuvre de son cœur (malgré les embarras et les charges dont elle était grevée), ne pérît pas avec lui ; et ce vœu, il l'a déposé de nouveau à son lit de mort dans notre sein paternel.

« Pouvions-nous ne pas le recueillir, ce vœu, N. T.-C. F.? Oui, nous avons dû le faire avec d'autant plus de confiance, que cette œuvre n'est pas seulement l'œuvre de M. l'abbé Dupont, mais bien celle du Diocèse tout entier qui l'a en quelque sorte adoptée. Malgré la pesanteur du fardeau, nous en avons accepté la charge, persuadé que, comprenant comme nous que nous ne pouvons le porter seul, vous vous empresseriez de nous offrir le concours et l'assistance de votre inépuisable charité...

« Vous la soutiendrez donc, vous la fonderez cette œuvre de bénédiction, nous n'en pouvons douter ; aussi, avons-nous sur-le-champ pourvu au maintien de l'établissement, et en avons-nous aussitôt assuré la direction et l'administration. »

La circulaire se termine par une nouvelle exhortation adressée à la sympathie généreuse des fidèles pour cette œuvre dont Mgr devait être lui-même le soutien principal, quoiqu'il semblât vouloir attribuer aux fidèles tout l'honneur de ce bienfait. On sut plus tard qu'il y avait du moins contribué personnellement pour une somme de plus de 30,000 francs.

Le Diocèse se montra digne de son premier pasteur ; encouragé par ses paroles et par l'exemple d'une générosité que la modestie du prélat ne parvenait point à cacher complètement, il continua d'apporter à l'œuvre de St-Médard le concours d'une charité qui justifiait sa réputation, en même temps que les éloges et la confiance de son bien-aimé pontife.

Aussi, grâce aux dons offerts de toutes parts, aux loteries annuelles et aux autres ressources que sut ménager habilement le nouveau directeur, l'établissement s'affermit-il chaque jour, et dès l'année 1846, Mgr put annoncer dans une nouvelle circulaire que de 80,000 francs qu'il était en 1843, le passif était réduit à 30,000 francs, tandis que le personnel des élèves s'était élevé au chiffre de soixante-huit.

Nous voudrions pouvoir citer toute entière cette seconde lettre où Mgr, qui venait d'admettre lui-même pour la première fois au banquet sacré, vingt-six de ces jeunes élèves, exprime d'une manière si touchante la joie qu'il a ressentie en voyant leur attitude recueillie, la foi simple et naïve, et le bonheur empreints sur tous leurs traits. La distance qui les séparait de Dieu était franchie, leur isolement et leur grossièreté remplacés par les douces communications de la fa-

mille et de l'amitié, leur caractère égoïste et
sauvage, par une douceur complaisante et une
aimable gaîté. Ce résultat lui paraissait si admirable, qu'il ne pouvait s'empêcher de le faire
connaître à tout son Diocèse, comme une reconnaissance des anciens sacrifices que les fidèles s'étaient imposés, et un encouragement
pour ceux qu'il leur restait à faire, afin d'assurer entièrement l'avenir de l'œuvre.

Jusqu'à la fin de son épiscopat, où il eut la consolation de voir l'institution de St-Médard entièrement libérée, ou plutôt jusqu'à la fin de sa
vie, Mgr ne cessa de montrer toujours le même dévouement et la même tendresse pour ces pauvres
enfants adoptés par son cœur. Il prenait part à
tout ce qui les concernait; il entrait avec le directeur dans mille petits détails qui ne pouvaient
itéresser que le cœur d'un père, il s'entretenait quelquefois avec eux au tableau, malgré sa
réserve qui était si grande; il acceptait avec effusion de cœur les petits présents que leur industrie,
excitée par la reconnaissance, lui offrait quelquefois; il leur en donnait lui-même à son tour,
aimait surtout à présider les distributions solennelles de prix, qu'il ouvrait ordinairement par
quelques-unes de ces paroles pleines d'onction
et de bonté qui ont toujours été si bien accueil-
lies et si fécondes pour la prospérité de St-Médard.
Pour tout dire en un mot, il se montra dans

toutes les circonstances tel que si l'honneur de l'initiative appartient à M. l'abbé Dupont, nous pouvons à bon droit réclamer pour lui la gloire d'avoir sauvé à son berceau et assuré définitivement l'avenir d'une œuvre que tant d'autres Diocèses envient à celui de Soissons. En acceptant cette lourde succession, en se déclarant le protecteur et le père d'un établissement destiné à rendre à la société de pauvres enfants déshérités de tous biens, Mgr de Simony s'est acquis des droits éternels à la reconnaissance des peuples.

CHAPITRE XXVI.

VERTUS ET CARACTÈRE DE MONSEIGNEUR DE SIMONY. — SON ESPRIT DE RELIGION, DE PIÉTÉ. — SA DIGNITÉ DANS LES SAINTS OFFICES. — SON ESPRIT DE PRIÈRE. — CONSTANTE ÉGALITÉ DE SON AME; SA DOUCEUR; SON HUMILITÉ. — SA MODÉRATION; SA VIE RÉGLÉE. — SA CONVERSATION. — SON AMOUR DE LA RETRAITE. — SON AFFABILITÉ. — SA RÉSERVE. — SA SIMPLICITÉ. — SON AMOUR POUR LA PAUVRETÉ ET POUR LA MORTIFICATION.

On ne considère ordinairement la sainteté que par ce qu'elle a d'extérieur et de frappant, et on a peine à concevoir qu'un homme soit saint, à moins qu'il n'étonne l'imagination, ou par de grandes austérités, ou par des actions extraordinaires. La vie de Mgr de Simony nous donne une idée plus juste de la vraie sainteté, de cette sainteté qui consiste dans la pratique toujours égale, de toutes les vertus chrétiennes et sacerdotales jointes à la modestie, à la simplicité et à l'humilité de ces mêmes vertus. A ce point de vue, nous pouvons bien dire que Mgr de Simony a retracé dans sa conduite toutes les vertus de ces grands évêques de l'antiquité, que l'Eglise propose à notre vénération. Cette vénération, Mgr de Simony se l'est acquise au plus haut degré par ces vertus de foi, de religion, de piété, de modestie, de dignité, d'affabilité, de charité, d'humilité, de patience, de désintéressement, de régularité répandues dans toute sa personne, et sans lesquelles il était comme impossible de le concevoir.

Où trouver, en effet, une foi plus vive, une religion plus profonde, une piété plus tendre et aussi une dignité, une majesté plus grande dans la célébration des saints offices? Nous ne faisons que rappeler ici bien faiblement les impressions qu'il produisait partout où il paraissait, en disant qu'on ne pouvait le voir ou à l'autel, célébrant les saints mystères, ou présidant les offices de sa cathédrale, ou remplissant quelqu'autre fonction de son ordre, sans être saisi d'un saint recueillement, sans qu'on fût involontairement porté à la piété et à la prière. Mais c'était surtout au milieu des grandes solennités, alors qu'il officiait pontificalement, environné d'un nombreux cortége de ministres sacrés qu'on voyait reluire avec plus d'éclat, cette angélique modestie, cette majesté toute épiscopale, cet air de foi et de sainteté qui ajoutaient à la religion de ceux qui en étaient les témoins. Tous les prélats qui ont honoré l'église de Soissons de leur présence, et tous les autres pieux visiteurs, lui ont rendu ce témoignage que le service divin y était célébré avec une dignité que beaucoup d'autres églises non moins illustres pourraient lui envier. Cette gloire, l'église de Soissons la doit à la beauté simple de son antique liturgie, à la pieuse magnificence de Mgr de Simony pour sa cathédrale (1), et à la religieuse exactitude avec laquelle chacun s'acquitte des cérémonies qui lui sont prescrites. Mais la pompe de nos solennités semblaient emprunter une nouvelle expression de la présence de ce saint pontife qui, sans jamais manquer à une seule des cérémonies, paraissait être tout en Dieu, et comme abîmé dans une profonde con-

---

(1) Il ne se passait presque pas une année sans que Mgr de Simony fît don à son église cathédrale, ou d'un ornement, ou d'une forte somme destinée à l'embellissement et à la décoration du lieu saint. C'est à lui que l'on doit, en particulier, les six chandeliers du maître autel, le grand et magnifique chandelier pour le cierge pascal, le tapis du sanctuaire, qui sert aux grandes solennités, les pierres précieuses qui ornent l'ostensoir, l'orgue d'accompagnement, pour lequel il a donné près de 4,000 francs, la chapelle dite du Collège, pour l'acquisition de laquelle il a donné 4,500 francs, etc., etc. Afin que les enfants de la Maîtrise de la cathédrale pussent contribuer, en plus grand nombre, à relever les cérémonies et les chants sacrés, il donnait tous les ans près de 3,000 francs pour le traitement des professeurs, et pour les autres dépenses de cet établissement. Enfin, pendant tout son épiscopat, Mgr de Simony a défrayé et indemnisé les prédicateurs de la station du Carême.

sidération des mystères qu'il célébrait. La ferveur de son âme s'imprimait dans tous ses traits, et on eût dit, à voir son visage, que l'Esprit-Saint venait former en lui ces touchantes prières qu'il prononçait avec tant d'effusion de cœur. Aussi il n'était pas jusqu'à ces hommes qui mettent rarement le pied dans les églises qui n'aient avoué que la vue seule de Mgr de Simony, revêtu de ses habits pontificaux, semblait exhaler un parfum de religion, une odeur de piété qui leur rappelait que le lieu où ils se trouvaient, était la maison de la prière. Cependant, alors même, il n'y avait dans ses traits, dans son maintien, dans sa démarche rien d'exagéré ou de trop composé, tant cet air de majesté lui était naturel. Toujours maître de ses premiers mouvements, il ne brusquait, ne pressait, ne reprenait jamais personne au milieu des offices, bien que quelquefois, ceux qui l'entouraient, vinssent déranger ou contrarier l'ordre des cérémonies, par inattention ou par gaucherie. Si on le faisait attendre, si l'on ne comprenait pas un ordre donné, il ne marquait aucun signe d'impatience. Rien n'était plus facile que de remplir quelque fonction autour lui, il savait doucement rappeler un oubli, il avait la bonté de faire un signe inaperçu, ou laissait le temps de reconnaître et de réparer une faute commise.

Cet esprit de foi, de religion et de piété le sui-

vait partout et toujours. Au milieu des occupations les plus accablantes de l'épiscopat, Mgr de
Simony était toujours *l'homme de Dieu*, l'homme
de la prière. Il était facile de voir, à la constante
sérénité de son visage, au recueillement dont il
était sans cesse environné, qu'il se tenait toujours
en présence de Dieu pour lui demander d'agir en
tout dans son esprit et par ses lumières. Les
heures particulières qu'il donnait à la prière dans
la journée, ne suffisaient point à sa piété, et
chaque jour, après les occupations nombreuses
de sa charge, quand toute sa maison était retirée,
alors que tant de chrétiens ne prolongent leurs
veilles que pour se livrer à des joies insensées ou
à de coupables plaisirs, cet ange de paix, dont
la vie fut une prière continuelle, passait tous les
jours, hiver comme été, un temps considérable
dans sa chapelle, traitant seul à seul avec Dieu,
dans le silence de la nuit, de ses projets, de ses
travaux, et des intérêts de son nombreux troupeau.
C'est de cette union continuelle avec Dieu par
la prière, que lui venaient ces idées de foi qui
faisaient le principe et la règle invariable de ses
jugements, de sa conduite et des actes de son
administration. De là encore ce goût intérieur
des choses de Dieu, cette onction, qui se com-
muniquaient à tous ceux qui conversaient avec
lui, cet extérieur si parfaitement réglé sur celui
de Notre-Seigneur Jésus-Christ lui-même, sur

les saints canons de l'Eglise , sur les principes de modestie donnés par les saints et par les maîtres de la vie spirituelle.

C'est encore à cette source inépuisable de la prière que Mgr de Simony puisait cette constante égalité d'âme qui ne se démentit pas une seule fois dans le cours d'une si longue vie. Jamais on ne lui vit l'air triste, maussade, ennuyé; à peine si l'on pouvait parfois apercevoir dans ses traits, de la fatigue, de l'épuisement, après un long travail, une longue cérémonie, un long jeûne. Il eut souvent des peines très-vives; jamais il n'en parlait, jamais aucunes plaintes, aucunes paroles de mécontentement contre ceux qui en étaient cause. Il s'était comme imposé de renfermer au dedans de lui-même toutes les émotions de son âme, qui fut quelquefois si cruellement déchirée. Toujours calme, toujours serein, il avait toujours la même douceur dans le regard; toujours le même sourire sur les lèvres; ce sourire de bonté lui était habituel; rarement on le voyait rire, mais il souriait souvent, non pas de ce sourire fade et de pure cérémonie qu'affectent certaines personnes du monde, mais de ce sourire naturel et vrai qui révèle un bon cœur, et le désir de faire du bien. Aussi ce sourire avait-il une grâce, un charme inexprimables, surtout quand on l'abordait ou que l'on prenait congé de lui.

Ces manières affectueuses étaient, en effet, chez Mgr de Simony, l'expression naturelle de la bonté et de la douceur de son âme. Il pouvait bien dire, à l'exemple de son Divin Maître : « Apprenez de moi que je suis doux et humble de cœur. » Il pouvait le dire sans vaine complaisance, par le sentiment seul de l'étroite obligation où il était de donner l'exemple à tous. Jamais on ne vit en lui rien d'aigre, d'amer, de rude, de piquant. Cette douceur, il la portait, dans ses paroles, dans le ton de sa voix, dans son regard, dans tous les traits de son visage, dans ses gestes, dans tout son maintien. Jamais, par exemple, on ne l'a vu regarder quelqu'un d'un œil sévère, adresser un reproche d'un ton dur ou ironique, faire un geste d'empire ou d'autorité, ou qui sentît le moins du monde la mauvaise humeur.

Son humilité n'était pas moins profonde. Jamais il ne parlait de lui, ni de sa famille, ni de ce qu'il avait été, ni de ce qu'il avait fait ou de ce qu'il ferait, et ceux mêmes qui ont été honorés le plus longtemps de sa confiance et de son intimité, n'ont jamais pu surprendre, dans ses conversations, le moindre trait qui lui fût avantageux. Combien de fois, au contraire, les couvrit-il de confusion, en leur disant qu'il n'était bon à rien ; qu'il était, par ses péchés, un obstacle au bien ; qu'il était un grand pécheur, et

qu'on se persuadât bien qu'il l'était véritablement comme il le disait. Il ne parlait de lui que
pour se recommander aux prières des autres, et
témoigner la défiance qu'il avait de ses propres
mérites devant Dieu; car un des caractères les
plus sensibles et les plus ordinaires de son humilité, c'était la défiance de lui-même, surtout
de ses talents et de ses lumières, défiance qui
même allait quelquefois trop loin peut-être.
« Que de bien il y avait à faire, disait-il quelquefois, que la faiblesse de mes moyens et peut-
être mon peu de courage m'ont empêché d'entreprendre! Que d'imperfections encore dans le
bien que j'ai fait! » Cette humilité eût-elle été
aussi constante, si elle ne fût venue du cœur et
des bas sentiments qu'il avait de lui-même? Il
en coûte trop de se contraindre, de se contrefaire
sans cesse; on finit par s'oublier, on laisse
échapper quelque chose qui trahit. D'ailleurs, la
vérité a des caractères inimitables, et a-t-on jamais pensé à mettre en doute la sincérité de l'humilité, de la vertu de Mgr de Simony? C'est par ce
même sentiment d'humilité et de défiance qu'il
s'entoura toujours de tous les conseils, de toutes
les lumières, et qu'il choisit pour ses conseillers
habituels, les hommes les plus distingués par
leur science et par leur vertu. Le discernement
admirable de ce sage prélat le servit à souhait.
Il suffit de nommer ici MM. de Beauregard,

Formantin, de la Loge, de Bully, dont les noms sont encore chers aux prêtres et aux communautés religieuses du Diocèse; Mgr Letourneur, mort depuis évêque de Verdun; Mgr de Marguerye, évêque de Saint-Flour; Mgr de Garsignies; enfin M. Ruellan, doyen du Chapitre, et M. Lequeux, supérieur du grand séminaire, qui continuent de prêter à la nouvelle administration, le concours d'une science éminente et d'une prudence consommée.

A l'exemple du grand Apôtre, Mgr de Simony portait cette humilité jusqu'à se glorifier de ses infirmités et de ses humiliations. Il en donna un jour, au grand séminaire, une preuve bien touchante (4 nov. 1846, fête de saint Charles).

On avait commencé la lecture spirituelle, c'était le chapitre de M. Olier *sur l'humilité,* dans son Introduction aux vertus chrétiennes. Mgr de Simony devait arriver vers la fin et adresser quelques mots, avant le salut solennel auquel il devait présider. Il arrive, il commence par nous féliciter de la reprise de nos travaux scolaires. Il nous compare au cultivateur qui travaille et laboure dans l'espérance de la moisson. Pour nous, quelle moisson excellente!... Il nous parle de la dignité de notre vocation, qu'il appelle toute divine.... Là, sa mémoire hésite. Après quelque moment de silence, il reprend la suite de son discours; mais il ne peut faire en-

tendre que la vertu de *renoncement à tout*. Il
hésite de nouveau, et, se croyant incapable de
continuer, il a la simplicité de nous dire qu'il
regrette de ne pouvoir nous exprimer les pensées
qui avaient occupé son esprit en pensant à nous ;
mais que son cœur nous parle assez, que nous
savons très-bien qu'il nous porte tous en son
cœur... M. le supérieur prit occasion de là pour
lui témoigner toute notre reconnaissance pour
ses paternelles bontés... Monseigneur alors, parlant de l'abondance du cœur, insista de nouveau sur l'affection qu'il nous portait et revint
encore au regret de ne pouvoir nous exprimer
ses pensées... M. le supérieur reprit que l'exemple qu'il nous donnait présentement de simplicité et d'humilité, nous parlait plus haut que
tout ce qu'il aurait pu nous dire... Mgr de Simony
termina en se recommandant à nos prières, en
nous remettant aux leçons de Jésus, lequel
serait à son défaut, notre docteur et notre maître ; il nous dit de demander pour lui le courage
et la force pour supporter les humiliations que
Dieu lui réservait, et la grâce d'une vie meilleure.
Il est certain que cette scène si touchante de
simplicité et d'humilité, dans un évêque si vénérable par tant de vertus, fut pour nous un
discours mille fois plus éloquent que tous les
sermons possibles. Il avait en ce moment un
visage si calme, si riant, si heureux, qu'on pou-

vait comprendre aisément, à le voir, le bonheur
que donnent aux saints la connaissance de leurs
infirmités et l'humiliation qui leur en revient de
la part des hommes.

A cet esprit de douceur et d'humilité, Mgr de
Simony joignait un grand fonds de modération,
et une horreur extrême pour tout ce qui avait
l'apparence de la dispute. Aussi, ne le vit-on
jamais disputer ou contester. Il exprimait son
sentiment et s'en tenait là. Il pouvait bien dire
avec saint Paul : « Si quelqu'un aime à contester, pour nous, ce n'est point là notre coutume,
ni celle de l'Eglise de Dieu. » (*Corinth.*, cap. XI.)
Dans les discussions, il parlait peu, et toujours avec modération ; il n'élevait point la
voix, ni pour imposer silence, ni pour intimer
un ordre, ni pour inculquer plus fortement son
opinion, ni pour dominer dans une conversation,
il disait simplement ce qu'il pensait, ce qu'il désirait, ce qu'il fallait faire. Sa manière de prê-
cher même, ou de parler en public était également simple, douce, son ton de voix très-modeste, un peu timide, même. On eût été fort
surpris, et en quelque sorte scandalisé de l'entendre prendre un ton élevé ou rire aux éclats,
tant cela était et paraissait loin de son caractère.

Mgr de Simony usait de cet esprit de modération envers toutes les personnes avec lesquelles
il avait à traiter. On a pu quelquefois dire qu'il

prenait trop de précautions, trop de ménagements pour éviter des ruptures, des froisse-
ments à l'égard de certaines familles influentes
ou de quelques prêtres coupables., mais jamais
on n'a pu lui reprocher trop de précipitation,
de sévérité, de rigueur; il préférait avec N.-S.,
être appelé l'ami des publicains et des pécheurs.
N'accusait-on pas aussi saint François de Sales,
d'être trop bon envers ceux qui avaient de grandes
fautes à se reprocher?

Nous avons vu que Mgr de Simony avait contracté depuis longtemps l'habitude d'une vie réglée. Dès les premiers jours de son épiscopat,
il se fit un genre de vie saintement uniforme,
dont il ne s'écarta que quand il y était forcé par
des circonstances tout à fait extraordinaires.
Nous ne craindrons pas de faire conntaîre en détail l'ordre de ses journées, et le détail de ses actions. Mgr de Simony, par ses vertus, et par le
privilége dont jouit la sainteté d'ennoblir, de relever tout ce qu'elle touche, était dans ce rang
exceptionnel où les moindres circonstances sont
du plus haut intérêt.

Mgr de Simony se levait toujours de grand
matin, hiver comme été, bien que le soir il ne
sortît de sa chapelle qu'à onze heures, et qu'il
ne se couchât guère avant onze heures et demie.
Il s'habillait seul, excepté dans les derniers temps
de sa vie, où ses infirmités exigeaient qu'il reçût

les soins de son domestique. Il faisait ensuite son oraison, et nous savons de source certaine qu'il n'y a jamais manqué une seule fois dans tout le cours de son épiscopat, non plus qu'à ses autres exercices de piété, qu'il accomplissait avec la régularité, avec la ferveur d'un pieux solitaire. Il consacrait à la lecture des livres saints le temps qui s'écoulait depuis son oraison jusqu'à la sainte messe, qu'il disait régulièrement à huit heures, dans sa chapelle, sans que jamais il s'en soit dispensé pour cause d'affaires ou de voyages, si ce n'est quatre ou cinq fois qu'il fût empêché par des indispositions sérieuses. Après son action de grâces, il récitait les petites heures; puis il rentrait chez lui et s'occupait d'affaires et de sa correspondance jusqu'à dix heures et demie, où il déjeûnait très-légèrement. Il prenait ensuite la récréation dans son jardin, ou au salon, avec les personnes qui étaient présentes, et recevait tous ceux qui lui faisaient visite. Mgr de Simony, dans ses rapports avec le monde, parlait peu, autant par caractère que par prudence; mais cette discrétion ne ressemblait en rien à la sombre discrétion de ces caractères froids et insensibles, qui n'éprouvent aucun besoin d'épancher leur cœur. Quoique Mgr de Simony parût un peu froid et peu expansif, il était gracieux, délicat dans ses souvenirs, et trouvait toujours quelque chose d'heureux à dire; il témoignait d'ailleurs tant d'intérêt aux personnes qu'il recevait, il entrait si volontiers dans les moindres détails de ce qui les touchait, qu'on ne sortait jamais de chez lui sans éprouver un véritable sentiment de bonheur. Il n'avait pas une conversation savante, vive, enjouée; il ne brillait point par de fines plaisanteries, quoiqu'il eût de la finesse dans l'esprit, et qu'il fût naturellement enclin à une douce raillerie. Mais malgré ce ton de dignité et de réserve qu'il conservait vis-à-vis des personnes du monde, il était difficile de le voir quelque temps sans être touché jusqu'à l'admiration de son aimable simplicité, de son égalité de caractère, de la bonté de son cœur. A midi, Mgr de Simony se retirait dans son cabinet et s'occupait d'études ou d'affaires, répondant constamment lui-même à toutes les lettres qui n'étaient pas de pure administration. A deux heures, il récitait son chapelet et son office, puis reprenait sa correspondance jusqu'au dîner, qui avait lieu à six heures. Sa table était toujours servie avec décence, mais aussi avec une très-grande simplicité; et il n'y avait ordinairement que trois plats. Sa frugalité était extrême; il ne faisait jamais que deux légers repas, et dans le Carême, ainsi que les autres jours de jeûne, il prenait à peine, le soir, un peu de pain, quelques fruits secs, et quelquefois une simple tasse de thé, cherchant à déguiser sa mortification en mangeant très-lentement. Lorsqu'on servait sur sa table quelques primeurs en légumes ou en fruits, il n'y touchait jamais, et après le dîner, il disait doucement à ses domestiques, qu'il ne fallait pas acheter des choses d'un prix si élevé. La soirée se passait au salon, à converser, jusqu'à neuf heures. C'était l'heure de la prière, qu'il faisait en commun avec toute sa maison, après quoi il récitait Matines et Laudes, et puis allait faire sa visite au Saint-Sacrement, et la prolongeait bien avant dans la nuit.

Dans cette distribution de la journée, Mgr de Simony n'avait point marqué de temps déterminé pour recevoir les ecclésiastiques ou les autres personnes qui avaient à lui parler d'affaires importantes. C'est qu'en effet, il était toujours visible à toutes les heures pour ceux qui avaient à le consulter ou à l'entretenir sur ces matières. Toutes les fois que ses fonctions ne l'appelaient pas au-dehors, on était sûr de le trouver chez lui, et d'en être reçu, à quelqu'heure qu'on se présentât. Mgr de Simony sortait peu, excepté pour la promenade, que les médecins lui recommandèrent dans les dernières années de sa vie. Il ne fit jamais d'autres visites que celles qui lui étaient commandées par la bienséance, et encore ces visites furent-elles toujours aussi courtes qu'elles étaient rares. A son arrivée à Soissons, il s'était fait un devoir sacré de la retraite, et avait pris la résolution de s'y tenir aussi étroitement renfermé que le lui permettraient les obligations de sa charge. Sa pensée était que c'est moins dans des rapports fréquents avec le monde, que dans le silence de la solitude et de l'union à Dieu, qu'un évêque trouve et cette force d'action, et ces lumières d'en haut aussi nécessaires pour l'instruction et le gouvernement de son peuple que pour sa propre sanctification. Aussi disait-on de lui qu'il pratiquait la vie cachée dans la place la plus éminente.

Toutefois, Mgr de Simony savait se prêter au monde avec une douce condescendance, lorsque les circonstances le demandaient. Accessible à tous sans distinction, il accueillait gravement, mais cordialement, avec un air qui prévenait au premier abord et qui inspirait tout à la fois de la confiance et du respect. On remarquait en lui ce ton d'urbanité, d'insinuation, qui annonce la haute compagnie où on a vécu, et qui en même temps, comme on l'a observé justement, se rapproche du peuple, par la simplicité et par la naïveté de ses formes. Mgr de Simony ne faisait, du reste, aucune distinction de condition ou d'opinions, dans les personnes qu'il recevait : « Un évêque, disait-il, établi pour les hommes en ce qui est de Dieu, doit s'élever au-dessus de tous les partis pour trouver en Dieu le nœud secret par où on peut les réunir. » Aussi fut-il cons-

tamment aimé et vénéré des hommes de toute
opinion qui approchaient de lui avec confiance,
sûrs qu'ils étaient d'avance, de trouver en lui le
cœur d'un évêque, et l'affection d'un père.

Ce qu'il y avait d'admirable dans Mgr de Simony, disait un prêtre qui l'avait approché souvent et longtemps, c'est qu'on n'aurait pu dire
pour qui il avait plus d'estime et d'affection, tant
il avait soin de témoigner à tous les mêmes attentions, les mêmes égards; certainement, il avait
intérieurement ses préférences, mais il avait la
délicatesse de n'en rien laisser paraître, au moins
en public. Voyez son testament, ajoutait-on, on
reconnaît bien là Mgr de Simony, il ne donne
aucun legs particulier, si ce n'est à quelques personnes qui naturellement faisaient classe à part;
il n'a pas voulu qu'on pût dire qu'il ait jamais
fait acception de personnes. Tous étaient ses enfants à titre égal, tous avaient une part égale à
sa tendresse paternelle; plusieurs ont pu se croire
dédaignés, parce qu'ils ne se voyaient pas pré-
férés, Mgr de Simony ne croyait pas devoir tenir
compte d'une susceptibilité jalouse ou injuste.

C'est par suite du même principe que Mgr de
Simony ne donnait jamais aucune marque extraordinaire d'amitié: ses affections étaient naturellement très-vives, sa sensibilité profonde,
mais continuellement occupé à modérer ses impressions, à dompter sa nature, il voulait que

tout en lui fût subordonné aux impressions de la
grâce et de l'esprit de Dieu. Aussi on ne vit jamais
en lui rien qui indiquât un sentiment un peu
trop tendre. Les témoignages d'amitié qu'il donnait à des enfants, par exemple, étaient pleins de
bonté, mais sans rien de trop sensible dans les
manières ou dans les regards. Il pratiquait cette
sage réserve à l'égard même de ses parents.
Certes, c'eût été bien mal connaître la tendresse
de son cœur, que de lui supposer la moindre indifférence pour les membres de sa famille; mais,
s'il les chérissait tendrement, c'était en Dieu et
pour Dieu, et sans aucun mélange de sentiments
trop humains et trop naturels.

Cette dignité, cette réserve, et l'opinion qu'on
avait de sa sainteté étaient du reste si bien éta-
blies, qu'on n'eut jamais la pensée d'élever sur sa
vertu le moindre soupçon, ce dont les plus saints
et les plus vertueux ne sont pas toujours exempts.
Mgr de Simony s'environnait habituellement de
tant de majesté, qu'il était vraiment sous ce
rapport inabordable, inaccessible à toute familiarité et cela malgré le charme de son sourire,
et l'affabilité de ses manières. Mais il ne se croyait
pas pour cela dispensé des sages précautions que
conseille la prudence chrétienne. Jamais, par
exemple, il n'aurait voulu admettre avec lui une
personne du sexe dans sa voiture, fût-ce même
une de ses sœurs, quelque respectable qu'elle fût

par son âge et par son caractère, tant il était soigneux d'éviter jusqu'à l'ombre même du soupçon.

Ce ton de grandeur, de noblesse qui frappait tous ceux qui l'approchaient, s'alliait en lui avec les goûts les plus plus simples et les plus modestes. Il recevait les honneurs dus à son caractère avec aisance et dignité, il n'hésitait jamais, par exemple, de prendre la première place, d'entrer ou de sortir le premier. Mais avec cela, ses manières étaient aussi simples que nobles, et ce caractère de simplicité était empreint dans tout ce qui l'entourait, dans sa personne, dans sa maison, dans sa table, dans son ameublement. Tout était chez lui d'une grande décence, d'une propreté exquise, mais sans la moindre recherche. Il n'y avait rien qui tendît à l'opulence, à la rareté, à la curiosité, même en ces petites choses que les plus sévères se permettent quelquefois si aisément. Tout était simple, de strict nécessaire, pauvre même, eu égard surtout à sa fortune et à sa condition. Cependant s'il eût été libre, il eût fait disparaître tout ce qui lui paraissait tenir encore tant soi peu du luxe et de l'éclat. Visitant un jour les cellules d'une maison ecclésiastique, qui n'avaient pour tout mobilier qu'un lit, une table et deux chaises, il dit à celui qui l'accompagnait : « Si j'étais maître de vivre à mon goût, je ne voudrais jamais avoir d'autre ameublement, un mur propre sans papier, voilà qui me suffirait, et si j'étais curé, je ne voudrais pas d'autres arrangements dans mon presbytère. »

Il est inutile sans doute d'insister sur son désintéressement et sur le peu de cas qu'il faisait des biens de ce monde. Tout ce que nous avons dit de sa charité, de sa générosité, prouve assez que les richesses ne lui étaient rien; nous ajouterons seulement que sous les dehors de la dignité et de la noble décence qu'il voulut toujours conserver dans tout ce qui l'entourait, Mgr de Simony avait trouvé le moyen d'avoir part aux privations de la pauvreté volontaire. Ainsi, par amour de la pauvreté, il attendait à l'extrémité pour se donner du linge ou un habit; par amour de la pauvreté, Mgr de Simony choisissait toujours ce qu'il y avait de plus commun et de moins cher pour tout ce qui servait à son usage. Une petite table de bois, recouverte d'une serviette, faisait toute sa toilette, son lit n'était composé que de deux petits matelas, d'un traversin sans oreiller et d'une couverture de coton, et sa garde-robe dont on fit l'inventaire après sa mort, annonçait une simplicité presque voisine de l'indigence. Il n'y eut jamais dans son palais épiscopal, qu'une seule pendule dans le salon de réception, encore ne lui appartenait-elle pas. Dans tous les autres appartements une table, quelques chaises, un crucifix, quelques objets de piété formaient tout l'ameublement. Lorsqu'après sa démission, il se retira dans une maison particulière, on lui proposa d'acheter une pendule, il répondit : « Nous nous en sommes bien passé jusqu'à présent, nous tâcherons de faire de même. » Mgr de Simony joignait à cet amour, à cette pratique de la pauvreté volontaire, un amour non moins grand pour la mortification. Comme il ne s'imposait aucune pratique qui pût être remarquée, on aurait pu croire d'abord que sa vie était ordinaire ; mais quand on l'observait de plus près, on découvrait facilement qu'il ne laissait échapper aucune occasion de se mortifier, ne se plaignant jamais de ce qui lui manquait, soit dans son service, soit dans sa table, souffrant volontiers toutes les incommodités des saisons, surtout celle du froid auquel il était cependant fort sensible. Enfin, pour terminer ce court exposé de sa vie intérieure et domestique, nous pouvons dire que Mgr de Simony offrit constamment dans tout l'ensemble de sa vie, tant privée que publique, un si heureux assemblage de toutes les vertus épiscopales, que lorsqu'on voulait se former une idée des saints évêques des premiers siècles, il se présentait naturellement à l'esprit comme le type le plus accompli du pontife chrétien.

CHAPITRE XXVII.

MONSEIGNEUR DE SIMONY DONNE SA DÉMISSION. —
NOMINATION ET SACRE DE MONSEIGNEUR DE
GARSIGNIES. — RETRAITE DE MONSEIGNEUR DE
SIMONY.

Depuis quelques années, la profonde humilité
de Mgr de Simony, jointe aux infirmités d'une
nature épuisée par l'âge et par les fatigues, lui
avait inspiré de se décharger du lourd fardeau de
l'épiscopat, et de faire par avance, comme il
disait, ce que la mort devait faire bientôt. Les
longues cérémonies, la visite de son diocèse, les
confirmations, et la prédication qu'il ne voulut
jamais y omettre, lui étaient devenues très-pé-
nibles, sa timidité naturelle augmentant avec
l'âge, ne lui permettait plus de parler en public
avec toute la liberté nécessaire au développement
de ses idées, et il lui arriva quelquefois, au sortir
d'une confirmation, de dire dans toute la candeur de son humilité à ceux qui l'accompagnaient : « Vous le voyez, je ne suis plus bon à

rien. » Pendant la retraite ecclésiastique de 1845, sa résolution fut connue de son clergé : tous les prêtres se réunirent aussitôt pour conjurer ce bon pasteur de ne pas rompre les liens si doux et si forts qui l'attachaient à son troupeau, et de continuer à le conduire dans les pâturages de la vie. Mgr de Simony ne put résister aux instantes prières qui lui étaient faites, et il ranima tout ce qui lui restait de forces pour le consacrer au bien de ses enfants. C'est alors qu'il conçut un projet qui lui permettait de concilier le désir qui lui était manifesté avec les devoirs indispensables de l'épiscopat, ce fut de demander un coadjuteur, pour partager avec lui le poids de l'autorité pastorale, pour être la lumière de son administration et la consolation de sa vieillesse ; mais le gouvernement ne put faire droit à sa demande. Cependant le poids des années s'accumulait sur sa tête, avec les infirmités qui en sont la suite. Un voyage qu'il fit dans le midi où il passa l'hiver de 1845, d'après le conseil des médecins, l'avait peu soulagé (1). Enfin ses forces ne répondant plus à son

---

(1) Nous ne pouvons passer sous silence ce qu'on nous écrit de la ville d'Apt, où Mgr de Simony passa quelques mois, chez une de ses nièces, Mme la marquise de Gantez. Mgr de Simony ne tarda pas à être apprécié comme il le méritait, et depuis le premier magistrat jusqu'au dernier des habitants, tous n'eurent qu'une voix pour l'admirer, le vénérer pendant son séjour, et le regretter après son départ. Le jour de Noël, il combla les vœux de la population aptésienne, en officiant pontificalement dans l'ancienne cathédrale, privée

zèle et à son dévouement, le 31 mai 1847, il crut devoir déposer sa démission aux pieds du Souverain Pontife. Cette nouvelle ne pût demeurer si secrète que le bruit ne s'en répandît parmi son clergé. Mgr de Simony présida lui-même encore à tous les exercices de la retraite ecclésiastique ; avant de se séparer, un de Messieurs les doyens, organe de tout le Diocèse, lui exprima les regrets et la douleur que la nouvelle de sa démission excitait dans tous les cœurs. Mgr de Simony, vivement attendri, répondit avec une émotion qu'il cherchait en vain à dissimuler, que Dieu seul savait ce qu'il lui en coûtait pour rompre des liens plus forts que la mort, mais qu'il fallait remettre tout entre les mains de sa Providence; que du reste, quelque fût le lieu de sa retraite, son cœur demeurerait toujours au milieu des siens. Tous alors fondirent en larmes, lui-même avait peine à retenir les siennes. Les enfants ne pouvaient quitter leur père, et le père ne pouvant s'arracher du milieu de ses enfants, semblait leur dire aussi : Que faites-vous donc en pleurant et en affligeant mon âme. (Acte xxi.) Je ne vous oublierai jamais ; je vous porte tous dans mon cœur et vous y vivrez jusqu'à mon dernier soupir.

---

depuis si longtemps de la magnificence que la présence de ses pontifes donnait à ses solennités. Aussi, quoique depuis cette époque bien des jours se soient écoulés, la nouvelle de sa mort a été pour toute la ville un jour de véritable deuil.

Le 25 août suivant, la démission de Mgr de Simony fut acceptée par sa sainteté Pie IX, qui lui écrivit à cette occasion, un bref rempli des témoignages les plus honorables et les plus justement mérités. En agréant cette démission, le Pape investissait Mgr de Simony de pouvoirs spéciaux qui lui permettaient de gouverner le diocèse jusqu'à l'installation de son successeur. Mgr de Simony remit alors aussi sa démission entre les mains du Roi. Mais une pensée préoccupait vivement son cœur, sa sollicitude paternelle embrassait l'avenir, et il se demandait à qui désormais allait être confiée la conduite de son cher troupeau. Aussi voulut-il lui donner une dernière marque de son affection en désignant lui-même au choix du Roi, celui qu'il croyait le plus capable de lui succéder, et de perpétuer le bien qu'il avait cherché à faire. Ses saintes prières, celles d'un clergé qui n'avait d'autres désirs que les siens, obtinrent de Dieu que le vœu de son cœur fût réalisé, et le 19 novembre 1848, le Ministre des cultes lui écrivait directement pour qu'il apprît le premier, et qu'il annonçât lui-même à M. de Garsignies, sa promotion à l'évêché de Soissons, haute distinction qui était accordée au rare mérite de M. de Garsignies, autant qu'à l'autorité de sa recommandation. Si quelque chose était capable d'adoucir les cuisants regrets du clergé et des fidèles, en présence de la retraite d'un pontife si vénéré, c'était de le voir remplacé par celui qu'il avait comme choisi lui-même à l'avance pour son successeur. Aussi, cette nouvelle fut reçue partout avec les témoignages de la plus vive reconnaissance, pour le pouvoir qui avait déféré aux vœux du clergé et du peuple réunis à ceux du premier pasteur. Une expérience de plus de dix ans des affaires du diocèse, une connaissance intime du clergé, un zèle infatigable, étaient le gage et l'assurance des biens que présageait une élection si sage et si vivement désirée.

Il restait à solliciter de Mgr de Simony une dernière faveur, c'était, qu'après avoir conféré l'onction sainte à son successeur, il voulût bien choisir sa retraite au milieu de ses enfants, et, comme le lui exprimait si dignement le Chapitre de la cathédrale, qu'il leur fût donné de continuer le combat du Seigneur sous l'influence de ses vertus et dans la communion de ses saintes prières.

La réponse que Mgr de Simony fit à cette lettre, doit trouver ici sa place; elle est pour le Chapitre de l'église de Soissons, un dernier et riche souvenir de l'épiscopat de Mgr de Simony, et un précieux témoignage de sa foi, de son humilité et de sa tendre affection pour tout son clergé.

« Dans la nécessité que me fait l'affaiblissement de mes forces, de résigner en des mains

plus assurées, le gouvernement d'une église pour
laquelle j'aurais si volontiers donné ma vie, rien
ne pouvait m'être plus consolant que l'expression
des sentiments que vous voulez bien me conserver. J'y trouverai, pendant les jours de ma retraite, de nouveaux sujets de me réjouir et d'élever constamment mes mains vers le Seigneur,
pour en obtenir des grâces plus abondantes, s'il
est possible, et toutes les bénédictions qui vous
ont constamment rendus si vénérables aux yeux
du clergé et des fidèles, et si chers à mon cœur.
Ce cœur, Messieurs, vous restera toujours uni,
surtout pour bénir la Divine Providence du choix
qu'elle a fait d'un pasteur selon son cœur, pour
réparer tout ce qui a pu, dans mon administration, échapper à mon insuffisance et à ma faiblesse; et une de mes plus douces pensées sera
toujours une action de grâces pour la Bonté divine, qui l'a réservé pour monter après moi sur
le siége de Soissons.

« Désormais, Messieurs, je n'aurai plus à
penser qu'aux années éternelles; il ne me reste
qu'à vous prier de m'aider à m'en assurer la jouis-
sance. Un souvenir de votre part devant Dieu
adoucira l'examen que doit faire le juste Juge
d'un long épiscopat, et m'assurer un jugement
favorable. Je vous le demande en vous assurant
un juste retour. »

Mgr de Garsignies ayant été préconisé dans le

consistoire du 17 janvier 1848, le jour de son
sacre fut fixé au 25 février, jour où l'Eglise célébrait cette année, la fête de saint Mathias,
apôtre. L'évêque consécrateur devait être Mgr
de Simony, assisté de Mgr Gousset, archevêque
de Reims, et de Mgr Mioland, évêque d'Amiens.
C'était à Mgr l'archevêque de Reims qu'appartenait le droit de conférer au nouvel élu l'onction
épiscopale; mais Mgr Gousset, par un sentiment
d'exquise délicatesse, qui fut apprécié de tous,
déféra cet honneur à Mgr de Simony, et voulut
être son assistant. Toutes les mesures furent
prises pour donner à cette imposante cérémonie
toute la pompe et la majesté possibles, et en rendre la vue accessible au grand nombre de personnes qu'elle devait attirer dans la cathédrale
de Soissons. Une estrade fut dressée à l'extrémité de la nef, contre la grande porte du chœur.
On y avait élevé deux autels, et disposé le tout
de manière à ce que les cérémonies du sacre pussent s'y déployer dans toute leur magnificence.
Le 25 février, malgré les préoccupations si graves
que le bruit des événements accomplis la veille
à Paris, ne pouvaient manquer d'exciter, la
ville épiscopale prit un aspect inaccoutumé.
L'immense basilique put à peine suffire à cette
immense multitude accourue de toutes parts pour
être témoin de cette belle cérémonie qui retra-
çait les plus beaux jours de l'Eglise, et par son

caractère antique, et par le concours d'un nombreux clergé, et par la réunion de sept des plus illustres prélats de l'Eglise de France; c'étaient, outre les trois évêques consécrateurs, son Eminence le Cardinal Giraud, archevêque de Cambrai; Mgr de Prilly, évêque de Châlons; Mgr Gignoux, évêque de Beauvais, et Mgr de Marguerye, évêque de St Flour. La procession se rendit, de la chapelle du grand séminaire au palais épiscopal, et en sortit sur deux lignes majestueuses, composée des élèves du grand séminaire, d'un grand nombre d'ecclésiastiques du Diocèse et des Diocèses voisins; elle se terminait par l'auguste cortége des sept pontifes, qui marchaient la mître en tête, autour de celui qui, simple prêtre encore, allait devenir leur collègue et leur frère dans l'épiscopat. Nous n'essaierons pas de retracer ici cette touchante et magnifique cérémonie qui unissait si étroitement au pied des autels, deux évêques, l'un plein de jours et de vertus, l'autre plein de zèle et d'espérances. L'église de Soissons n'avait plus à craindre le deuil et les embarras de la viduité; le jour qui lui enlevait un évêque sage et pieux, lui redonnait un premier pasteur rempli du même esprit et orné par avance de toutes les vertus pontificales. Une des scènes les plus attendrissantes fut celle où le nouveau pontife, d'une voix émue, et les yeux pleins de larmes, donna sa première bénédiction

à cette innombrable multitude , puis s'agenouil-
lant trois fois devant son auguste consécrateur ,
lui souhaita de longues années, selon la prescrip-
tion du pontifical , *ad multos annos*. Dieu devait
exaucer ces vœux , mais comme le dit Bossuet ,
d'une manière plus haute que celle que nous en-
tendions , en donnant , à un an de distance à
cet humble et pieux pontife , pour les années
passagères de cette vie , ces années éternelles qui
ne connaissent ni limites , ni fin.

Dans l'après-midi , M. le supérieur du grand
séminaire vint à la tête de sa communauté , présenter à Mgr de Garsignies cette pieuse famille
devenue désormais la sienne , et réclamer pour
elle ses premières bénédictions. Tous les évêques
qui avaient assisté à la cérémonie étaient présents.
Mgr de Simony , se dérobant aux honneurs que
ses vénérables collègues rendaient si justement à
son âge et à sa sainteté , se tenait à l'écart comme
le dernier d'entre eux. On le pria de bénir le premier ces enfants bien-aimés sur lesquels il avait
tant de fois appelé les grâces du ciel. L'humble
prélat s'y refusa constamment. « Je ne suis pas
digne , répondit-il , de les bénir en présence de
leur évêque , de leur métropolitain , et d'un
prince de l'Eglise , je veux au contraire recevoir
avec eux les bénédictions qu'on va leur donner ,
et à l'instant il s'agenouilla et inclina sa tête vénérable sous la main de celui qu'il venait de

consacrer de l'onction des pontifes. Ce ne fut
qu'après s'être relevé qu'il consentit, sur de
nouvelles instances, à bénir ses enfants touchés
jusqu'aux larmes, d'une vertu si achevée, et
d'une humilité si profonde.

Après avoir résigné dans les mains de son successeur la charge de l'autorité pastorale, Mgr de
Simony se rendit au vœu qui lui avait été exprimé; il fixa le lieu de sa retraite au milieu des
siens, et vint abriter ses derniers jours près de
l'école du sacerdoce, près du grand séminaire,
objet continuel de sa sollicitude et de son affection. La proximité de la chapelle du séminaire,
qui touchait à ses appartements, était un attrait
pour sa piété, et tous les jours il venait y lever
vers le ciel des mains innocentes pour cette
pieuse famille qu'il édifiait par ses exemples et
dont il consolait la tendresse par sa présence.

Sa vie, dans cette humble et modeste retraite
qu'il s'était choisie, fut plus que jamais une vie
de prières, d'union à Dieu, d'humilité et d'abnégation. Il cherchait de toutes manières à se
faire oublier, mais sans y pouvoir parvenir. Plus
grand encore peut-être depuis qu'il était descendu volontairement de cette première place
qu'il remplissait si bien, il était entouré de plus
de vénération et d'hommages, et tous voulaient
lui rendre au centuple les honneurs auxquels il
avait si humblement renoncé. Chacun pouvait le

visiter dans sa retraite, goûter avec plus de liberté que jamais les charmes de sa douceur, de
son affabilité, respirer le parfum de ses vertus,
et admirer cette simplicité vraiment extraordinaire qui régnait dans tout ce qui l'entourait.
Mgr de Simony trouvait du reste, dans sa vertu,
tout ce qui lui était nécessaire ; et l'innocence de
son âme, son goût pour la solitude, le bon emploi de son temps, le rendirent toujours inaccessible à l'ennui, le fléau de ceux qui se sont dé-
chargés du poids des affaires. Aussi, une personne qui le visitait lui ayant demandé s'il ne
s'ennuyait pas d'être si souvent seul, il lui répondit cette parole, qui peint toute son âme
et résume toute sa vie : « Je n'ai jamais su ce
que c'était que de s'ennuyer. » De même encore,
indépendant par vertu et par le sentiment de sa
dignité, Mgr de Simony acceptait, il est vrai,
avec reconnaissance, toutes les marques de déférence et les services que quelques prêtres s'empressaient de lui rendre dans sa retraite, comme
de l'accompagner aux offices de la cathédrale,
ou du Séminaire, ou bien encore à la promenade ; mais il ne les demandait jamais, et ne paraissait pas même les désirer. Un d'entre eux,
qui l'avait accompagné dans une de ses promenades, lui ayant dit un jour : « Monseigneur, si vous aviez besoin de moi par la suite,
je me ferai un honneur d'être à vos ordres. »

Mgr de Simony lui répondit avec bonté, qu'il le verrait toujours avec le plus grand plaisir, mais, qu'il s'était habitué à n'avoir besoin de personne.

On peut juger de l'extrême simplicité de son genre de vie par le trait suivant. Il invitait ordinairement ceux qui l'accompagnaient à l'office ou à la promenade, à partager son modeste repas. Un jour, revenant de la promenade, il prie un directeur du Séminaire de vouloir bien dîner avec lui; puis il ordonne à son domestique de mettre un couvert. Mais sur la réponse de celui-ci, Mgr de Simony se retourne et dit avec un sourire des plus aimables : « Mon cher ami, j'en suis bien fâché, mais il paraît qu'il n'y en a que pour un; heureusement, vous avez encore la ressource du Séminaire. » A quelques jours de là, on lui avait offert quelque pièce de gibier; il fit l'honneur à la même personne de l'inviter de nouveau, avec cette grâce qui lui était ordinaire.

Cependant, tout en pratiquant à l'égard de tous ceux qui le visitaient, cette grâce, cette amabilité, qui répandaient sur ses vertus si pures un charme inexprimable de candeur et de naïveté, Mgr de Simony se préparait sérieusement à la mort dans le secret de son cœur et sous les yeux du souverain juge. A le voir, offrant les saints mystères avec une piété tout angélique, ou prosterné des heures entières au pied des saints tabernacles, il était facile de juger

qu'il soupirait dans son cœur après la céleste patrie, qu'il la voyait de près, qu'il y habitait par
la ferveur de ses désirs et de son amour. La pensée de la mort revenait souvent dans ses conversations ; il l'envisageait sans crainte, il la désirait même, et un jour qu'il éprouvait une difficulté plus grande à se lever et à marcher, il
parla de sa fin prochaine, ajoutant avec sérénité : « Quand le bon Dieu le voudra, et le plutôt sera le meilleur. »

Depuis quelque temps, Mgr de Simony avait vu
successivement disparaître presque tous ses anciens amis ; dans le court intervalle de trois ou
quatre ans, il eut à pleurer la mort de MM. de Forbin-Janson, Letourneur (1) ; de MM. Lucotte et de
Sambucy, chanoines de Paris, et de Stadler, ins-
pecteur de l'Université, avec lesquels il avait passé
les jours heureux et paisibles de sa première jeunesse ou de son séminaire. Il avait encore quelques
amis bien chers, et l'un d'eux, Mgr Manglard,
évêque de St-Dié, lui écrivait le 1er février 1848 :

---

(1) Le trait suivant fera voir avec quelle docilité les amis
de Mgr de Simony déféraient à ses sages conseils. « Je ne fus
pas évêque en 1827, disait M. Letourneur, parce que Mgr de
Simony, qui sentait jusqu'où il faut porter la douceur dans
l'administration, me trouvait encore trop caustique et trop
pétulant. Quand on m'offrit l'évêché de Verdun, en 1836, je
le consultai de nouveau, et il me répondit : « Maintenant que
vous vous êtes brisé à vingt écueils, allez, vous avez encore
assez de vigueur, et vous comprenez ce qu'il faut de bonté
pour gouverner les âmes ; laissez-vous imposer les mains. »

« Il fut un temps où, vous le savez, nous étions quatre, nous aimant beaucoup, Mgr Letourneur, le bon Lucotte, vous et moi. Il ne reste plus que vous et moi, et alors il faut que nous nous aimions pour les quatre. Pensons souvent l'un à l'autre devant Dieu, prions pour nous mutuellement et pour l'Eglise. » La mort devait briser bientôt ici-bas les liens qui unissaient ces deux amis ; mais l'un ne devait pas survivre longtemps à l'autre. Mgr Manglard mourut deux jours avant Mgr de Simony, et leurs obsèques eurent lieu le même jour.

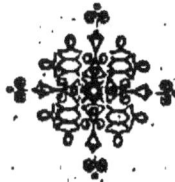

CHAPITRE XXVIII.

DERNIÈRE MALADIE DE MONSEIGNEUR DE SIMONY. —
SES SENTIMENTS ADMIRABLES DE RÉSIGNATION ET
DE PIÉTÉ. — SA MORT. — SES FUNÉRAILLES. —
SOUSCRIPTION POUR UN MONUMENT A ÉLEVER A SA
MÉMOIRE.

A mesure que Mgr de Simony approchait du
terme de sa carrière, son cœur se détachait de
plus en plus des biens et des consolations de
la terre, et n'aspirait plus qu'après l'éternité.
Lorsqu'on lui demandait des nouvelles de sa
santé, il était rare qu'il ne prît sujet de là pour
parler de la proximité de sa mort, ce qu'il faisait
avec un calme et un sentiment de joie qui montraient où étaient habituellement son cœur et ses
plus chères affections. Cette même pensée se traduisait comme un pressentiment dans toutes les
lettres qu'il écrivait. La supérieure d'une communauté l'avait prié de venir présider une prise
d'habit. « Je vous prie de vouloir bien m'excuser,

38*

ma révérende mère, lui répondait-il, le 7 septembre 1848 ; sans être malade, je me trouve plus affaibli, et je ne puis répondre de moi. C'est un sujet de peine bien sensible, ma révérende mère, je vous assure... N'en priez pas moins le bon Dieu pour moi, afin qu'il ait pitié de ma faiblesse, et que dans sa grande miséricorde il m'appelle au plus tôt dans son saint paradis ; j'ai pleine confiance, ma révérende mère, et mes très-chères filles, dans vos saintes prières, et il n'en faut pas moins pour me rassurer aux approches de ce jugement qui fait trembler les saints, et que j'ai bien lieu de redouter...»

Vint le premier jour de l'an 1849, qui devait laisser à tout le diocèse un si douloureux souvenir. La veille, le chapitre et le clergé de la cathédrale après s'être rendu, selon l'usage, en habit de chœur, au palais épiscopal de son digne successeur, était venu lui offrir à son tour l'hommage de sa profonde vénération et de ses vœux les plus ardents. Cette circonstance particulière ajoutait à la fête de famille quelque chose de plus solennel et de plus touchant : Hélas! on était loin de prévoir que c'était pour la dernière fois et que l'on touchait de si près à une séparation si déchirante. On serait tenté de croire néanmoins à quelque pressentiment secret. M. le doyen exprima les sentiments du chapitre d'une voix très-émue et souvent entrecoupée. Et

comme il termina par des souhaits de longues
années, Monseigneur termina sa réponse en ajoutant avec calme, mais avec un ton de voix plus
assuré : « Quant à vos derniers vœux, je ne
puis y entrer, je désire beaucoup ne me séparer
jamais de vous ; mais je désire beaucoup plus
encore me réunir à celui qui doit être notre
centre commun..... » Tous se retirèrent sous le
poids d'un sentiment indéfinissable de tristesse,
qu'un déplorable événement devait bientôt
justifier. Les directeurs et les élèves du grand
séminaire étant venus à leur tour lui offrir l'hommage de leurs vœux et de leur affection toute
filiale, Mgr de Simony éprouva une impression
de bonheur qui sembla lui rendre toute sa joie.
Il adressa quelques avis paternels à ceux dont il
aimait toujours à se dire le père ; mais revenant
bientôt à l'objet habituel de ses pensées, il se
recommanda humblement aux prières de tous,
en insistant sur le compte rigoureux qu'il aurait
dans peu à rendre de sa longue administration,
et comme M. le supérieur prenait occasion de là
pour lui rappeler avec délicatesse tout le bien qui
s'était fait sous son épiscopat, l'humble prélat
reprit : « C'est vrai, le bien ne m'a pas manqué,
mais j'ai beaucoup manqué au bien. »

Le même jour et le lendemain, Mgr de Simony
reçut la visite des différentes autorités qui avaient
comme rivalisé d'empressement et de zèle, pour

lui prouver que le respect, la vénération et l'amour dont il avait été constamment l'objet pendant son épiscopat, l'avaient suivi dans sa retraite, et s'attachaient plus à sa personne et à ses vertus, qu'à son éminente dignité. Mgr de Simony reçut les différents corps avec cette noblesse qui lui était naturelle, mais qu'il savait accompagner d'un charme vraiment ineffable de langage et de manières, et d'une douceur pénétrante à laquelle on ne pouvait résister. Outre ces visites officielles, il vit se presser autour de lui un grand nombre de personnes, heureuses d'approcher de lui, de contempler ses traits, et de lui exprimer des vœux qui étaient si bien au fond de tous les cœurs. L'étonnante simplicité de ses appartements semblait faire ressortir davantage la douce majesté qui reluisait dans toute sa personne et fit une profonde impression sur tous ceux qui en furent les témoins.

Ces visites s'étaient prolongées le premier jour de l'an un peu au-delà de l'heure où l'office des vêpres commençait au grand séminaire. Monseigneur devait y assister, comme il faisait depuis quelque temps. Ce fut en descendant l'escalier qui conduisait de ses appartements à la chapelle, qu'il tomba de tout son poids et qu'ayant cherché à se relever, la force avec laquelle il tenait la rampe, fit tourner son corps et le précipita à la renverse sur les dernières marches de l'escalier.

Un des directeurs du séminaire (1) qui le suivait le crut tué sur place. Mgr de Simony ne jeta pas un seul cri, ne fit entendre aucune plainte. La tête et les reins avaient porté violemment, la tension du bras gauche faisait craindre qu'il ne fût démis, et le sang coulait de ses mains meurtries. Dès qu'on l'eut relevé, et reconduit dans ses appartements, il reprit son calme et sa sérénité; à toutes les questions qu'on lui faisait, à toutes les marques de respectueux intérêt qu'on lui témoignait, il répondait avec bonté, « que ce ne serait rien, que Dieu l'avait voulu ainsi. » On lui dit qu'il fallait appeler son médecin, il y consentit, mais comme on lui eut proposé de recevoir les soins d'un autre docteur qui venait de se présenter pour lui faire visite, Mgr de Simony ne le voulut point, par un sentiment d'attention délicate, dans la crainte de causer quelque peine à son docteur ordinaire. Il aima mieux attendre une heure et demie dans de cruelles souffrances, sans laisser échapper un seul mot de plainte ou d'impatience. Une fièvre violente l'avait saisi et avait augmenté un tremblement de jambes qui lui était ordinaire; comme on lui disait qu'il devait souffrir beaucoup : « Oh ! non, répondait-il, mais je suis si douillet, que je ne puis rien endurer. » Et comme la même personne ajoutait

---

(1) L'auteur de ce livre.

que la chute avait été si forte, qu'elle aurait pu être mortelle, il reprit : « Ah ! si j'étais sûr d'aller seulement en purgatoire, je demanderai à Dieu que ce premier jour de l'an fût le dernier de ma vie. »

Après avoir reçu les premiers soins, malgré les vives douleurs qu'il endurait, Mgr de Simony demanda qu'on lui récitât son office, et il fallut que Mgr de Garsignies, qui s'était empressé de se rendre près de lui, le lui défendît positivement. « Puisque vous l'ordonnez, j'obéirai, répondit l'humble prélat. » Les jours suivants, donnèrent quelqu'espérance, on était certain qu'il n'y avait aucune fracture, aucune lésion grave, les douleurs étaient moins vives, et le vénérable malade semblait reprendre des forces. Il se hâta de demander que des élèves du grand séminaire, vinssent tous les jours réciter l'office près de son lit, afin qu'il pût s'y unir d'esprit et de cœur. Il avait aussi prié un des directeurs du séminaire de lui faire tous les jours une lecture pieuse, soit dans la vie des saints, soit sur les devoirs ecclésiastiques; cette lecture devenait un véritable sujet d'édification pour celui qui lui rendait ce pieux office, par le recueillement de ce saint pontife, par la ferveur de son âme qui était comme empreinte sur son visage légèrement coloré, par les courtes réflexions qu'il faisait sur la lecture et qui renfermaient toujours un trait touchant, d'humilité, de soi, de résignation et de patience. Il avait un attrait particulier pour le livre de l'Imitation de J.-C., et il priait qu'on voulût bien lui en lire, de temps en temps, quelques passages. Comme on lui demandait un jour quel chapitre il désirait qu'on commençât : « Celui qui se trouve marqué, » répondit-il; c'était l'admirable chapitre : *du jour de l'éternité, et des misères de cette vie*, dont il faisait depuis longtemps la nourriture de son âme. Lorsque cette lecture fut achevée : « Que ces vérités sont belles, s'écria-t-il après quelques instants de pieux silence, que ces vérités sont belles pour celui qui sait méditer ! pour moi, j'arrive à la fin de ma carrière sans avoir su ce que c'est que la méditation; demandez bien pour moi, je vous en prie, mon cher enfant, le désir du ciel. » Et comme le prêtre qui lui faisait cette lecture, lui disait qu'il avait trop ce désir, pour le bien de ses enfants. « Voilà ce que c'est, répondit-il avec un sentiment profond d'humilité, chacun me prend pour un saint, et après ma mort personne ne priera pour moi, qui en aurai tant besoin. »

Cependant, les espérances qu'on avait d'abord conçues diminuaient de jour en jour, l'affaiblissement devenait de plus en plus sensible. Les douleurs, en changeant de place, avaient déterminé une maladie plus dangereuse, que l'âge et les infirmités venaient encore aggraver. En quelques jours, le mal fit des progrès effrayants, et on crut devoir, sans délai, lui administrer les derniers sacrements. Mgr de Garsignies, que la maladie d'un de ses frères avait éloigné de Soissons pour quelques jours, étant rentré le 5 février au soir, lui rendit lui-même, sans tarder, ce devoir de piété filiale, à la fois si douloureux et si consolant. L'heure avancée et l'impossibilité de prévenir à temps le Chapitre de la cathédrale, ne permirent pas d'apporter à cette touchante cérémonie l'appareil solennel dont elle est ordinairement environnée. Le vénérable pontife s'unit aux prières si belles de l'Eglise, avec un sentiment de foi et de piété dont il avait donné toute sa vie tant de preuves admirables. En le voyant les yeux fixés et les mains tendues vers la croix, on eût cru voir saint Martin, dont il est dit que, sur son lit de mort, il priait avec une ferveur infatigable, et répétait à ceux qui l'invitaient à prendre quelque soulagement : « Laissez-moi plutôt regarder le ciel que la terre. » Cette parole, que Mgr de Simony dit après son administration, montre bien que telle était la disposition de son âme. « Pour celui qui aime Dieu, disait-il, la vie et la mort sont tout un. » Depuis ce moment, l'auguste malade parut tendre vers une fin prochaine; le Saint-Sacrement fut exposé toute la journée du 6 février, dans

la chapelle du séminaire, où les fidèles vinrent
en foule prier pour celui qui, tant de fois, avait
appelé sur eux les bénédictions du ciel. Le mardi
matin, 6 février, on le crut à toute extrémité.
On s'empressa de réciter les prières des agoni-
sants. Comme sa mort paraissait imminente, on
continua d'entretenir son esprit et son cœur de
toutes les pensées, de toutes les affections qui
doivent inspirer alors la foi, l'espérance et l'a-
mour. Il demandait lui-même qu'on lui suggérât
quelques versets des psaumes, et il les suivait de
cœur et de bouche, avec une ferveur qui édifiait et ravissait ceux qui lui rendaient ce devoir
de piété filiale. Une scène touchante eut lieu
dans cette matinée, lorsque Mgr de Garsignies,
à genoux et fondant en larmes, lui demanda de
le bénir une dernière fois, lui et tout son Diocèse ;
on vit alors ce saint pontife réunir tout ce qui lui
restait de forces, se lever de sa couche de douleur,
et appeler dans toute l'effusion de son cœur, les
bénédictions du ciel, sur un pasteur et sur un
troupeau qui lui étaient si chers. « Père saint,
disait-il, avec le pasteur des pasteurs dont il avait
été la vivante image, conservez en votre nom ceux
que vous m'avez donnés ; déjà je ne suis plus
dans le monde ; pour eux ils sont dans le monde,
et moi je viens à vous. » Puis, jetant les yeux sur
les prêtres, témoins attendris de cette scène déchirante. « Pour vous, semblait-il leur dire avec

le grand apôtre, veillez continuellement, sup-
portez constamment tous les travaux, accomplissez fidèlement votre ministère, car pour moi
je suis près d'être immolé, et le temps de ma
mort approche. » Tout annonçait, en effet, qu'il
touchait à sa dernière heure; on laissa entrer
plusieurs ecclésiastiques qui demandaient comme
une grâce de venir contempler une dernière fois
leur père et leur plus tendre ami, et recevoir de
lui une dernière parole, une dernière bénédiction. Mgr de Simony les accueillit tous avec la
bonté, avec le calme qui lui étaient ordinaires.
Au milieu des angoisses d'une nature défaillante,
le chrétien, l'évêque paraissaient toujours, et
toutes les paroles qu'il adressa successivement
aux personnes qui se présentèrent, furent empreintes de cette foi vive, de cette piété tendre
qu'il avait nourrie par ses méditations, par ses
prières, et par l'exercice de toutes les vertus.
Le soir du même jour, comme le danger continuait, deux élèves du séminaire passèrent la nuit
en prières dans une pièce voisine, et un de MM.
les directeurs se tint constamment près de lui,
pour lui suggérer par intervalles, de pieux sentiments. Au milieu de la nuit, lorsqu'un autre ecclésiastique vint relever son confrère dans ce
pieux office, Mgr de Simony les embrassa tous
deux avec une affection toute paternelle en leur
disant : « Mes enfants, priez bien le bon Dieu

pour moi, car j'en ai un grand besoin, je suis un bien grand pécheur, et croyez bien, continua-t-il en insistant, que je ne parle pas autrement que je ne pense. » Le reste de la nuit, il fut généralement fort calme ; lorsqu'il était éveillé, ce n'étaient qu'aspirations, paroles d'humilité et de confiance en Dieu, saints désirs pour le ciel, pour l'éternité. On lui demandait : Monseigneur, que désirez-vous ? — Je désire le ciel, répondait-il.» Une autre fois qu'il paraissait vouloir se lever : Monseigneur, que voulez-vous faire ?—Je ne veux rien faire, il ne me reste plus qu'à mourir. » On ne lui présentait jamais le crucifix sans qu'il y collât ses lèvres avec une expression de foi et de piété qui contrastait singulièrement avec son état d'anéantissement, ajoutant ces paroles : *O crux ave, spes unica !* Et souvent ces autres : *O Christe, dum fixus cruci !* appuyant sur les derniers mots : *Da nos in amplexu mori !* Il priait souvent tout bas et, sans qu'on les lui suggérât, il récitait des prières, des invocations à la Sainte Vierge, et répétait souvent à diverses intervalles, ce cri d'amour du roi prophète : *Quid mihi est in cœlo et a te quid volui super terram* (1) ? et avec un accent plus prononcé : *Et pars mea Deus in æternum.*

_____

(1) Qu'y a-t-il pour moi dans le ciel ? Et hors de vous, qu'ai-je voulu sur la terre ? Dieu de mon cœur, vous êtes mon partage pour l'éternité.

Le matin du 7 février, un de MM. les directeurs du séminaire qui était présent, le pria de
vouloir bien le bénir avant qu'il montât au saint
autel, et de demander pour lui à Dieu la grâce
de bien dire la sainte messe, de la dire saintement. Mgr de Simony lui donna sa bénédiction
en prononçant toute la formule, puis il ajouta :
« Oui, dites toujours bien la messe, dites-la
toujours saintement, ce sera le plus grand bonheur de votre vie. Pour moi, continua-t-il avec
l'accent d'une sincère humilité, je ne suis plus
capable de rien. Je m'abandonne à Dieu, je m'a-
bandonne à Marie et à tous les saints du ciel. »
Dans la matinée, son état parut s'améliorer, sans
que toutefois le danger eût aucunement disparu.
Le pieux pontife en fut surpris, et il dit à une
personne qui lui manifestait sa joie de cette légère
amélioration : » Je n'y comprends plus rien, on
aura fait des prières pour moi, ce n'est pas ce
qui m'est avantageux. » Et une autre fois : « On
m'a fait là un mauvais présent, j'étais bien disposé à mourir. » Cependant il ne se fit pas illusion sur cette amélioration momentanée, à quelques instants de calme succédaient des crises plus
violentes, et on regardait comme à peu près
inutile de tenter de nouveaux remèdes contre un
mal intérieur qui paraissait irrémédiable. Dieu
semblait ne prolonger de quelques jours la vie de
ce vertueux prélat, que pour faire durer plus

longtemps les témoignages de sa foi, de sa religion, de sa piété. Constamment occupé de ce qu'il appelait sa grande affaire, alors même qu'il paraissait absorbé par de vives douleurs, on le voyait lever les yeux vers le ciel, joindre les mains et s'adresser à Dieu, avec la ferveur d'une âme pleine du ciel, et qui semblait ne plus tenir à la terre. Dans les quelques accès de délire que lui causaient la violence de la fièvre, il retrouvait facilement, et comme à sa volonté, la suite de ses idées, lorsqu'on lui suggérait quelque pensée pieuse, quelqu'acte des vertus chrétiennes. Il y avait dans cette âme quelque chose de plus fort que la douleur, c'était le sentiment de la foi et de la charité, c'était cette inépuisable bonté de cœur qui avait été le principal caractère de sa vie. *Aussi vivant par le cœur que mourant par le corps*, ce vénérable prélat, recevait avec une reconnaissance calme et affectueuse, les soins intelligents et dévoués qui lui étaient prodigués, et il n'avait pour tous ceux qui approchaient de lui que des paroles de bonté qu'il achevait, lorsque les forces lui manquaient, par un regard plein de douceur et de tendresse. Il n'avait plus qu'un souffle de vie, qu'il levait encore ses mains défaillantes pour bénir sa vertueuse famille et les ecclésiastiques qui fondaient en larmes au pied de son lit.

Pendant les quelques jours que Dieu le retint,

pour ainsi dire, aux portes du tombeau, deux
sentiments paraissaient surtout occuper son âme :
un vif désir du ciel joint à une ferme confiance,
et en même temps un sentiment de crainte, une
vive appréhension des jugements de Dieu, qui
est le propre des âmes innocentes et pures. Comme
il exprimait souvent la crainte que ses péchés ne
fussent un obstacle à la miséricorde de Dieu sur
lui, quelqu'un lui dit de s'adresser à la mère de
toutes grâces, à celle que l'Eglise appelle avec
tant de raison, la consolation de ceux qui sont
dans la peine. « Et puis, ajouta-t-il, n'est-ce pas
vous, Monseigneur, qui avez obtenu au Diocèse
la faveur d'invoquer publiquement Marie sous
son titre d'*immaculée* dans sa conception. Certainement elle aura été sensible à cet honneur,
et elle va vous rendre maintenant en grâces, ce
que vous lui avez procuré en gloire. » Ce souvenir
fit sur lui une douce impression, un rayon de confiance éclaira ses yeux et il dit avec un ineffable
sourire : c'est vrai, mon enfant, et il se mit à
répéter sept ou huit fois de suite : *Maria, sine
tabe concepta, ora pro nobis*. Marie conçue sans
péché, priez pour nous.

Le 22 février, il perdit connaissance et ne re-
couvra plus l'usage de la raison que par intervalles. Enfin après deux jours d'agonie, le samedi
24 février, vers une heure du matin, Dieu ap-
pela ce bon pasteur à lui pour le récompenser

d'une vie toute de bonnes œuvres et de vertus.
Mgr de Simony était âgé de 78 ans et sept mois.
Il avait été sacré évêque de Soissons, le 24 avril
1825, et il y avait justement un an, qu'il avait
sacré lui-même son successeur et remis en ses
mains le fardeau de l'épiscopat.

Aussitôt que le bruit de la mort du saint évêque
se répandit dans le public, ce fut un deuil véritable dans chaque famille. La ville entière se
montra digne du pasteur qu'elle venait de perdre,
en partageant la vive douleur du clergé. Chacun s'abordait pour s'entretenir de cette triste
nouvelle, et confondre ses larmes et ses regrets.
Les uns rappelaient sa vertu constamment égale,
sa bonté, sa douceur, sa patience, qui n'avaient
jamais rencontré un seul ennemi dans une position et dans des circonstances si difficiles; les
autres, son recueillement, sa dignité, sa piété
angélique aux pieds des autels; les pauvres redi-
saient sa charité, qui l'avait tant de fois dépouillé
de ce qu'il possédait pour nourrir leur faim et
couvrir leur nudité; les affligés (1), les paroles

---

(1) On a vu que presque toute la fortune de Mgr de Simony avait passé en bonnes œuvres, et que sa charité l'avait
réduit volontairement à n'avoir plus qu'un très-modeste re-
venu. Toutefois, il voulut perpétuer après lui les effets de sa
charité pour les pauvres, et de sa pieuse libéralité pour son
grand séminaire et pour son église cathédrale. Entre autres
dispositions de son testament, Mgr de Simony lègue à perpétuité, 400 francs de rente aux pauvres de sa ville épiscopale; 600 francs de rente, au Chapitre et à la Fabrique de

d'onction et de suavité, qui versaient dans leur
âme le baume des divines consolations; tous,
sans exception, faisaient l'éloge de ses vertus;
tous proclamaient sa sainteté, et allaient jusqu'à
dire, dans leur naïf enthousiasme : « On en a
canonisé qui ne valaient pas Mgr de Simony. »
Ce concert unanime de larmes, de regrets qui,
à cette triste nouvelle, s'éleva de toutes les parties du Diocèse, fut, sans contredit, le plus beau
tribut d'éloges décerné à ce pieux pontife. Il
n'appartenait qu'à une vertu suréminente, et
qui ne s'était jamais démentie, d'exciter ces témoignages universels de douleur et de vénération.

Ces sentiments éclatèrent, le lendemain, dans
une circonstance solennelle. M. l'abbé Chervaux
ce jour-là (premier dimanche de Carême) commençait, dans la cathédrale, la station Quadra-
gésimale. Fils de l'ancien élève et ami de Mgr de
Simony, qui l'avait tenu lui-même sur les fonts
de baptême, il était arrivé au moment même où
expirait celui qu'il appelait son second père, et
comme pour recevoir son dernier soupir. Il venait de parler du bonheur du vrai chrétien. Après

---

son église cathédrale, à la condition qu'un service solennel
y sera célébré tous les ans, pour le repos de l'âme des évêques de Soissons ; 400 francs de rente au grand séminaire,
auquel il a laissé tous ses ornements pontificaux. On sait que
c'est à sa munificence que le grand séminaire doit, depuis
longtemps, le magnifique parc de Mercin, qui lui sert de
campagne.

avoir retracé le tableau de la mort du juste,
s'inspirant dans la péroraison, des sentiments de
douleur de son auditoire, il s'arrêta, et bientôt reprit avec une émotion profonde : « Ce tableau de
la mort du juste que je viens de vous tracer, n'est-
ce pas celui qu'hier nous avions sous les yeux?...
Ah ! vos cœurs m'ont compris et ont nommé le
saint prélat qui, pendant tant d'années, fut votre
pasteur et votre père!... Heureux voyageur, il
est parvenu au terme de son pèlerinage; fruit
mûr pour le ciel, qui l'enviait à la terre, il a été
cueilli pour être transporté dans les greniers du
Père de Famille... Ah ! comme l'Apôtre, il a pu
dire, à son heure dernière : **Mes combats ont été
couronnés de succès** : *Bonum certamen certavi.*
Ma course s'est terminée heureuse et sans naufrage : *cursum consummavi.* J'ai conservé intact
et sans mélange le dépôt sacré de la foi qui m'a
été confié : *fidem servavi.* Il ne me reste plus,
au soir de la vie, qu'à recevoir la couronne de
justice qui m'a été promise : *in reliquo repo-
sita est mihi corona justitiæ.*

« Allez donc, ô saint pontife, allez habiter la
patrie! allez recevoir la récompense de vos vertus!.. Mais du sein de cet heureux séjour où
nous aimons à espérer que vous êtes déjà, n'oubliez pas ceux que vous avez aimés, qui étaient
vos enfants, et qui restent dans cette vallée de
larmes, exposés à tant de périls!... N'oubliez

pas ce troupeau chéri, objet si longtemps de vos soins et de vos sollicitudes... Ce troupeau !.. ah ! que cette pensée a dû vous consoler à votre heure dernière !.. ce troupeau, il ne sera pas abandonné et sans pasteur. Vous lui avez laissé sur la terre un autre vous-même, l'élu de votre cœur, le confident de vos desseins, le continuateur de vos œuvres, l'héritier de vos vertus... Vous revivrez en lui... En le voyant, on croira vous revoir encore, et, témoin de sa douceur, de son zèle, de son ardente charité, chacun sera forcé de dire : Nous avons retrouvé notre père !..» Pendant cette touchante péroraison, les larmes coulaient de tous les yeux, les sanglots étaient à peine contenus, et Mgr de Garsignies, d'une voix entrecoupée par la douleur, put à peine achever les paroles de la bénédiction.

Cependant, chacun attendait avec une pieuse impatience, le moment où il lui serait donné d'aller rendre à ce père bien-aimé, un dernier hommage sur sa couche funèbre. Le corps de Mgr de Simony, embaumé par le docteur qui, pendant sa longue et cruelle maladie, lui avait prodigué les soins les plus assidus, fut exposé dans soirée du dimanche, 25 février. On avait, à cet effet, transformé en chapelle ardente, la pièce qui lui servait de salon. Il était étendu sur un lit de parade, revêtu de tous ses habits pontificaux. Son visage, quoique creusé par la maladie et dé-

ɔloré par la mort, avait conservé toute sa séré-
ité. Ses mains, jointes sur la poitrine, lui don-
ɩaient l'attitude de la prière; on eût dit qu'il se
réparait à monter au saint autel. Deux élèves
u séminaire, en habit de chœur, se succédaient
ɩ jour et la nuit, pour prier près de ce sacré
épôt. Les membres du Chapitre de la cathé-
rale et du clergé paroissial, venaient aussi,
'heure en heure, y réciter en particulier l'office
es morts. Dans la matinée, des messes étaient
élébrées de demi-heure en demi-heure, pour le
epos de l'âme du vénérable pontife, par les
ɩrêtres qui pouvaient avoir ce bonheur. Mais
andis que, pour se conformer à l'esprit de l'E-
ζlise, qui ne croit jamais trop faire pour assurer
e salut de ses enfants, ils sollicitaient en sa fa-
eur la miséricorde divine, la plupart se sen-
aient intérieurement pressés de réclamer pour
ux-mêmes le suffrage de ses prières. Les fidèles,
ɩénétrés du même sentiment, portèrent encore
ɩlus loin l'expression de leur vénération. Aus-
itôt que l'accès leur fut ouvert, une foule im-
nense, composée des habitants de la ville et des
campagnes voisines, ne cessa, pendant trois
jours que le corps fut exposé, de remplir la chapelle ardente, de venir déposer, aux pieds du
saint pontife, le tribut de ses regrets, de son
respect, de son amour, et de faire toucher par
milliers, à ce corps vénéré, des chapelets, des

médailles, des images, des livres, et jusqu'à du linge et des vêtements. Les soldats de la garnison, qui ne connaissaient Mgr de Simony que par sa réputation universelle de sainteté, cédaient eux-mêmes à l'entraînement général, et venaient consacrer leurs armes en les faisant toucher à ses précieux restes.

Les obsèques avaient été fixées au jeudi, 1er mars. Elles furent célébrées avec la pompe et la magnificence que commandaient les vertus et la dignité du pieux prélat. La garde nationale, convoquée en partie, voulut y assister tout entière par un élan spontané. Le cortége se mit en marche, au milieu des flots compacts de la population, échelonnée depuis la maison mortuaire jusqu'à la cathédrale. Il se composait de la garde nationale, de toutes les troupes de la garnison, d'un clergé nombreux venu des diverses parties du Diocèse, de toutes les autorités civiles, judiciaires et militaires, et d'une multitude innombrable accourue de toutes parts, pour payer un dernier tribut d'hommages à la mémoire de celui qui avait été si longtemps leur premier pasteur et leur père. Le cercueil, soutenu par six prêtres, était recouvert des insignes pontificaux du saint évêque, dont les restes mortels étaient partout, sur leur passage, l'objet de la vénération publique. L'office fut célébré par Mgr Gousset, archevêque de Reims, qui était venu rendre les derniers devoirs au premier et au plus ancien suffragant de sa province, à un pieux prélat, dont il avait toujours admiré les vertus et vénéré la sainteté.

Après l'Evangile, Mgr de Garsignies, les traits empreints d'une émotion profonde, et les yeux pleins de larmes, monta en chaire pour louer les vertus de celui qu'il avait toujours regardé comme son père et son modèle, jeter sur sa tombe un dernier adieu, et solliciter de lui une dernière bénédiction. Le saint sacrifice étant achevé, les absoutes solennelles furent faites successivement par Mgr l'archevêque de Reims, par Mgr de Garsignies et par M. Ruellan, doyen du chapitre. Les chants devenaient plus solennels et plus lugubres. Le son des cloches et le grondement du canon qui retentissait au-dehors, venait expirer au pied du cercueil comme pour saluer une dernière fois, le pontife qui allait entrer dans la demeure de son éternité. Le corps de Mgr de Simony fut ensuite descendu et déposé dans le caveau des évêques, placé sous le côté gauche du sanctuaire, et où un tombeau avait été préparé pour recueillir sa dépouille mortelle. (1)

---

(1) Ce caveau, profané en 1792, contient encore une partie des restes mortels de huit évêques de Soissons. Ce sont NN. SS. Jean Millet, mort en 1503; Symphorien Bullioud, en 1533; Charles de Roucy, en 1586; Jérôme Hennequin, en 1619; Simon Legras, en 1656; Charles de Bourlon, en 1685; Fabio Brulart de Sillery, en 1714; et Charles-François Lefebvre

A peine les derniers devoirs étaient rendus à Mgr de Simony, que l'on conçut le projet de lui élever dans la cathédrale un monument qui perpétuât le souvenir des vertus chrétiennes et sacerdotales, dont il avait été un si parfait modèle, et tout à la fois, la reconnaissance et l'affection filiale de son Diocèse. Le clergé de Soissons n'a pas eu l'initiative de ce noble projet, auquel toutefois, il s'est associé avec empressement. Les habitants de la ville épiscopale ont généreusement commencé; tout le Diocèse suivra, nous l'espérons, et un jour, dans cette église si souvent témoin des vœux et des prières que ce pieux pontife adressait à Dieu pour son peuple, en face de ce trône pontifical qu'il rehaussait par le double éclat de sa dignité et de ses vertus; au pied de ce tombeau, qui sera pour nous un gage de plus de la protection du ciel, s'élèvera une statue qui représentera Mgr de Simony, dans l'attitude et dans l'occupation si chères à son cœur, de la prière, et qui nous rappellera qu'il continue d'être notre intercesseur à tous dans le ciel.

Toutefois, nous le dirons en terminant, une im-

---

de Laubrière, mort au grand séminaire, en 1738. Les quatre autres prélats qui ont occupé le siége épiscopal de Soissons, depuis cette époque jusqu'à Mgr de Simony, ont été inhumés ailleurs : ce sont NN. SS. de Fitz-James, de Bourdeilles, de Beaulieu et de Villèle. Il y avait cent onze ans que la ville de Soissons n'avait été témoin des funérailles d'un évêque.

mortalité plus vraie que celle que peut donner le ciseau du sculpteur, la plume de l'écrivain, la voix de l'orateur, est réservée, même dès ici bas, au pieux et saint pontife dont nous avons essayé de retracer les vertus. Il vivra toujours dans la mémoire de ce nombreux clergé qu'il a enfanté au sacerdoce, et qui peut se glorifier d'avoir vu toutes les vertus pontificales réunies dans un seul homme, dans son premier pasteur. Il vivra dans le cœur de ces jeunes lévites, aux prières desquels il aimait, dans ses derniers jours, à venir mêler ses prières et qu'il édifiait par le spectacle des plus humbles et des plus touchantes vertus. Il vivra dans le souvenir des habitants de cette cité qui ont su apprécier le riche trésor que Dieu leur avait donné, et qui jusqu'à sa mort, l'ont entouré de tant d'amour, de respect et de vénération. Il vivra enfin dans la mémoire des pauvres et des malheureux dont il s'est toujours montré l'appui, le consolateur et la Providence. Parmi tant et de si hautes vertus que sa vie toute entière nous découvre, peut-être sera-ce surtout à cette divine charité, admirable abrégé de toute la perfection chrétienne, que Mgr de Simony devra la double immortalité du ciel et de la terre selon ces paroles du roi prophète : « Il a répandu avec profusion ses biens sur les pauvres, sa justice subsistera dans tous les siècles des siècles, sa force sera couronnée de gloire· *Dispersit, dedit pauperibus, justitia ejus manet in seculum seculi, cornu ejus exaltabitur in gloria.* (PSALM. CXI, 9.)

FIN

TABLE DES MATIÈRES.

40*

FIN DE LA TABLE.

SOISSONS. — IMPRIMERIE DE EM. FOSSÉ DARCOSSE.

IMPRIMEUR DE L'ÉVÊCHÉ, RUE DES RATS, 10.

ERRATA.

Page 8, ligne 19. — Près l'impératrice, *lisez :* près de l'impératrice.

Page 9, ligne 16. — De l'estime et de la confiance générale, *lisez :* générales.

Page 42, ligne 26. — Sa sœur et son mari, *lisez :* Mme de Villers sa sœur, et son mari.

Page 43, ligne 9. — Restent toujours, *lisez :* restent toujours les mêmes.

Page 54, ligne 15. — Jamais homme, *lisez :* jamais personne.

Page 105, ligne 17. — Choisissant, *lisez :* choisissent.

Page 110, ligne 9. — Cherche-t-il par tous les moyens imaginaires, etc., *lisez :* par tous les moyens, à rendre sa volonté indépendante de tous ces besoins imaginaires.

Page 113, ligne 22. — A combien..., *lisez :* à combien de personnes.

Page 179, *(note)* ligne 9. — Son panégyrique fut prononcé à la cathédrale, *lisez :* son oraison funèbre fut prononcée dans la cathédrale.

Page 308, ligne 21. — A répandu partout, *lisez :* a répandu parmi nous.

www.ingramcontent.com/pod-product-compliance
Lightning Source LLC
Chambersburg PA
CBHW050547270326
41926CB00012B/1957